新时期交通土建类高职高专规划教材

公路工程造价
Gonglu Gongcheng Zaojia

李 艳 周庆华 主编

人民交通出版社股份有限公司
北京

内 容 提 要

本书为新时期交通土建类高职高专规划教材，以交通运输部颁布的现行定额和编制办法为依据，主要介绍公路工程造价文件及招投标阶段造价文件编制的全过程。

全书共分为6个项目，分别是公路工程造价基本知识、公路工程定额、工程量计算、公路工程概（预）算文件编制、公路工程招标、投标阶段的造价编制、工程费用结算。

本书可作为高职高专工程造价（公路工程造价）、道路桥梁工程技术、公路养护与管理等专业的教学用书，也可供从事工程造价、工程设计、施工管理、工程监理等的工程技术人员参考。

图书在版编目（CIP）数据

公路工程造价 / 李艳，周庆华主编. — 北京：人民交通出版社股份有限公司，2020.1
ISBN 978-7-114-16227-5

Ⅰ.①公… Ⅱ.①李…②周… Ⅲ.①道路工程—工程造价—高等职业教育—教材 Ⅳ.①U415.13

中国版本图书馆CIP数据核字（2020）第005208号

新时期交通土建类高职高专规划教材

书　　　名：	公路工程造价
著 作 者：	李　艳　周庆华
责任编辑：	刘　倩
责任校对：	张　贺
责任印制：	刘高彤
出版发行：	人民交通出版社股份有限公司
地　　　址：	（100011）北京市朝阳区安定门外外馆斜街3号
网　　　址：	http://www.ccpress.com.cn
销售电话：	(010)59757973
总 经 销：	人民交通出版社股份有限公司发行部
经　　　销：	各地新华书店
印　　　刷：	中国电影出版社印刷厂
开　　　本：	787×1092　1/16
印　　　张：	14.5
字　　　数：	243千
版　　　次：	2020年1月　第1版
印　　　次：	2024年1月　第6次印刷
书　　　号：	ISBN 978-7-114-16227-5
定　　　价：	44.00元

（有印刷、装订质量问题的图书由本公司负责调换）

新时期交通土建类高职高专规划教材编审委员会

主　　　任：杨云峰

副　主　任：王天哲　薛安顺

委　　　员：张　鹏　魏　锋　王愉龙　田建辉
　　　　　　邹艳琴　焦　莉　殷青英　周庆华
　　　　　　王少宏　王学礼　张　建　米国兴
　　　　　　尚同羊　石雄伟　李芳霞　赵仙茹
　　　　　　赵国刚　李彩霞　赵亚兰　柴彩萍
　　　　　　王亚利　李青芳　黄　娟　李　艳
　　　　　　张军艳　李婷婷　张丽萍　王万平
　　　　　　张松雷　李晶晶

序

PREFACE

建设教育强国是中华民族伟大复兴的基础工程。交通运输是国民经济基础性、先导性、战略性产业。交通高等职业教育鼎力支持交通运输事业,弘扬劳模精神和工匠精神,营造"劳动光荣、技能宝贵、创造伟大"的社会风尚和精益求精的敬业风气,建设知识型、技能型、创新型劳动者大军,培养德智体美全面发展的社会主义建设者和接班人。

习近平总书记明确指出,"十三五"是交通运输基础设施发展、服务水平提高和转型发展的黄金时期,要抓住这一时期,加快发展,不辱使命,为实现中华民族伟大复兴的中国梦发挥更大的作用。当前,在我国经济发展进入新常态后,交通运输作为国民经济重要的基础性、先导性、服务性行业的基础地位没有改变,在经济社会发展中先行官的职责和使命没有改变,在稳增长、促投资、促消费中的重要作用没有改变,由基本适应向适度超前发展的阶段性特征和态势没有改变。我国正由"交通大国"向"交通强国"迈进。交通高等职业教育肩负着交通运输人才培养、科学研究、社会服务、文化传承创新的神圣使命,在实现"两个一百年"奋斗目标的伟大进程中必须有担当、有作为。

陕西交通职业技术学院是国家优质高职院校立项建设单位、陕西省优秀示范性高职院校,被誉为中国西部"交通建设管理人才的摇篮"。学校以全国交通运输示范专业——道路桥梁工程技术专业为核心,构建公路工程专业集群,弘扬"吃苦实干,爱岗敬业,默默奉献,图强创新"的"铺路石"精神,秉持"立足交通,服务交通,引领交通"的发展理念,坚持"校企合作实践育人,提升能力内涵发展"的建设思想,锻造"公在心中,路在脚下,铁肩担当,道存目击"的精神文化,开展"大专业小方向"的专业改革,实施"岗位导向,学训交替,能力递进,分组顶岗"的人才培养模式,紧密对接交通运输行业转型升级,紧紧围绕交通基础设施建设与管理的产业需求,培养热爱交通、扎根基层、吃苦实干的公路交通技术技能人才。

近年来,陕西交通职业技术学院不忘初心、拼搏奋斗,深化教育教学改革,优化专业体系结构,加强师资队伍建设,完善质量保证体系,始终致力于提升内涵建设品质,提高人才培养质量,增强社会服务能力。公路工程专业集群以道路桥梁工程技术专业为引领,先后获得国家级教学团队、全国职业院校交通运输类示范专业、高等职业教育创新发展行动计划骨干专业、陕西高职院校"一流专业"、陕西省重点专业、陕西省示范院校建设重点专业、陕西高职院校综合改革试点专业等重大荣誉和政策支持。"十三五"是交通运输基础设施加速成网的黄金时期,也是我国交通运输基础设施集中建设、扩大规模的重要时期,更是交通运输优化结构、提升服务水平的关键时期。在这样的背景下,陕西交通职业技术学院成立"新时期交通土建类高职高专规划教材"编审委员会,以长期教育教学改革实践为基础,系统总结教学内涵建设经验,编写系列教材,期望以此形式固化、展示、应用、分享改革建设的成果,培养符合新时期交通运输发展需求的高质量技术技能人才。

"新时期交通土建类高职高专规划教材"以提高人才培养质量为根本目标,贯彻高等职业教育教学改革发展新理念,对接交通运输行业最新颁布标准、规范、规程,努力从内容到形式上都有所创新。教材丛书依据专业集群的核心课程而规划,体现产教融合特色。教材突出工匠精神、职业道德、职业技能和就业创业能力教育的完美融合,注重学生全面培养。教材功能基于服务课程教学的基本载体和直观媒介而定位,凸显学生主体地位;教材内容按照职业岗位知识和能力需求而取舍,突出实践能力培养;教学方法遵循高职学生学习特点和认知规律而设计,强调理实一体教学。我们期待这套教材能在新时期交通土建类高职人才培养中起到积极的作用。

向支持交通高职教育教材建设的人民交通出版社表示衷心感谢。向关心、支持、帮助教材编审的合作企业、专家学者、校友致以崇高敬意和诚挚谢意。

新时期交通土建类高职高专
规划教材编审委员会主任

2017 年 12 月

前言
FOREWORD

随着我国对交通基础设施投资力度的加大,公路建设迅猛发展。为了提高公路建设投资效益,严格控制成本,需要在工程建设的各个阶段合理地确定工程造价。

本书是根据我国最新修订的相关标准、规范,以及国家在公路工程造价领域最新出台的法律、法规编写而成的。具体采用的新标准、规范包括:《公路工程建设项目投资估算编制办法》(JTG 3820—2018)、《公路工程建设项目概算预算编制办法》(JTG 3830—2018)、《公路工程概算定额(上、下)》(JTG/T 3831—2018)、《公路工程预算定额(上、下)》(JTG/T 3832—2018)、《公路工程机械台班费用定额》(JTG/T 3833—2018)、《公路工程估算指标》(JTG/T 3821—2018)、《公路工程标准施工招标文件》(2018年版)。

本书的编写模式充分地体现了工学结合的原则,即"学习的内容是工作,通过工作进行学习",实现工作与学习的整合,理论与实践的整合,专业能力和社会能力的整合;在内容编排上打破了传统的章节体例格式,以公路工程造价文件和招投标文件编制的全过程为主线。本书根据交通职业院校人才培养目标和教学内容改革的要求,突出专业培养的针对性和实用性。具体特点如下:

(1)基于工作任务和工作过程,整合、序化教材内容,突出教材内容的针对性,强化工作任务的实用性,以学生职业能力培养为核心,更好地适应"校企合作、工学结合"的人才培养模式。

(2)按照"以职业能力为本位,以应用能力为核心"的原则,淡化理论,加强实训,突出职业技能训练,筛选具有代表性的案例;根据公路工程造价文件和招投标文件的编制流程,训练学生的专业技能,并与相应的职业资格标准和岗位要求相衔接,体现行业发展要求。

(3)强调培养学生的动手能力,重点强调学生怎么做、如何做。典型工作任务贯穿不同的学习单元,每个任务后都配有一定数量的思考题、案例分析题,帮助学生对所学内容进行总结和理解。

本书由陕西交通职业技术学院李艳、周庆华担任主编并由周庆华统稿。具体编写情况如下:项目一和项目四由陕西交通职业技术学院李艳编写;项目二、项目三和项目五及附录由陕西交通职业技术学院周庆华编写;项目六由陕西交通职业技术学院焦莉编写。

本书在编写过程中参考了有关著作与教材,已列入参考文献,在此向相关作者表示感谢。由于编者水平有限,书中的疏漏或不足在所难免,恳请读者批评指正。

编　者

2019 年 10 月

目　录
CONTENTS

项目一　公路工程造价基本知识 ·· 1
　　任务一　认识公路工程基本建设项目 ·· 1
　　任务二　认识公路工程造价体系 ·· 7
　　能力训练 ·· 12

项目二　公路工程定额 ·· 13
　　任务一　认识公路工程定额 ·· 13
　　任务二　认识公路工程定额体系 ·· 16
　　任务三　认识公路工程定额的组成 ·· 21
　　任务四　运用《公路工程预算定额》 ·· 25
　　能力训练 ·· 36

项目三　工程量计算 ·· 38
　　任务一　认识工程量计算的依据与原则 ···································· 38
　　任务二　路基工程计量 ·· 40
　　任务三　路面工程计量 ·· 46
　　任务四　桥涵工程计量 ·· 48
　　任务五　隧道工程计量 ·· 54
　　任务六　材料平均运距计算 ·· 56
　　能力训练 ·· 59

项目四　公路工程概(预)算文件编制 ···································· 61
　　任务一　学习公路工程概(预)算基础知识 ························ 61
　　任务二　建筑安装工程费的计算 ·· 65
　　任务三　土地使用及拆迁补偿费的计算 ···································· 86
　　任务四　工程建设其他费用的计算 ·· 88
　　任务五　预备费及建设期贷款利息计算 ···································· 95
　　任务六　概(预)算文件编制实例 ··· 98
　　能力训练 ·· 138

项目五　公路工程招标、投标阶段的造价编制 ·················· 140
　　任务一　认识公路工程施工招标、投标 ···································· 140
　　任务二　工程量清单及其编制 ·· 146
　　任务三　施工招标控制价(标底)的编制 ······························· 153

任务四　施工投标报价的编制··· 156
　　能力训练··· 170
项目六　工程费用结算··· 171
　　任务一　学习合同管理基础知识··· 171
　　任务二　工程变更费用的确定·· 176
　　任务三　工程索赔费用的确定·· 182
　　任务四　工程费用结算与支付·· 191
　　能力训练··· 204
附录一　概预算总项目表·· 209
附录二　路面工程项目分表·· 217
参考文献·· 220

项目一　公路工程造价基本知识

【概述】　本项目主要介绍公路基本建设的概念、特点、项目组成、建设程序及资金来源；公路工程造价构成、计价原则、特征以及工程建设各阶段的造价形式等内容。

任务一　认识公路工程基本建设项目

 学习目标

(1) 了解公路工程基本建设的内容；
(2) 了解公路工程基本建设的概念；
(3) 掌握公路工程基本建设的内容、特点和项目组成；
(4) 了解公路工程基本建设程序；
(5) 了解公路项目投资构成和资金来源。

 任务描述

本任务的目的是认知公路工程造价的相关内容。通过完成本任务，要求学生理解公路工程建设的内容及特点，知道公路工程基本建设基层单位组成，掌握公路工程基本建设项目组成和公路工程基本建设程序内容，进而领会公路工程基本建设程序，为继续学习公路工程造价打基础。

 相关知识

一、公路工程建设及其特点

(一) 公路工程建设的内容

公路工程建设是为公路运输业提供或更新固定资产(如道路、桥梁和隧道等)构造物的行为活动。公路工程建设内容按其任务与分工不同可以分为以下三方面。

1. 公路工程的小修和保养

公路工程构造物在长期使用过程中，受到行车荷载和自然因素的作用而不断损坏，只有通过定期和不定期的小修和保养，才能保证构造物的正常使用，保持运输生产不间断地进行，使原有生产力得到维持。

2. 公路工程大、中修与技术改造

受不同材料、结构、设备等功能的制约，公路各组成部分必然具有不同的使用期限。某些组成部分到一定年限后，就会丧失功能，经过维修也不能继续使用，就需要更新、改造。它一般

是与公路工程的技术改造相结合进行的(如对线形改造、加宽路基和提高路面等级等)。通过这种更新与技术改造,可提高公路的通行能力,实现固定资产简单再生产和部分扩大再生产。

3. 公路工程基本建设

为了适应生产和流通发展的需要,公路必须通过新建、扩建、改建和重建四种基本建设形式来实现固定资产的扩大再生产,达到不断扩大公路运输能力的目的。

(二)公路工程建设的特点

公路工程建设的特点可以从公路建筑产品和公路工程施工两个方面来描述。

1. 公路建筑产品的特点

(1)产品的固定性

公路建筑产品生根于大地,一经建成,其地点固定不变,不能移动。施工人员、材料和设备等要随着建筑物所在地点的变更或其施工部位的改变发生流动。

(2)产品的多样性

由于公路的使用目的、技术标准、技术等级、自然条件、结构形式和主体功能的不同,使得公路的各组成部分、形体构造也千差万别,并且复杂多样。

(3)产品形体庞大性

公路工程是线性构造物,其组成部分形体庞大,占用土地及空间较多。

(4)产品部分结构的易损性

公路工程构造物承受行车荷载作用及自然因素的影响,其暴露于大自然的部分以及直接受行车荷载作用的部分容易损坏。

2. 公路工程施工的特点

(1)施工流动性大

公路工程建设线长点多,工程数量分布不均匀,由于公路建筑产品的固定性和严格的施工顺序,因此要组织各类工作人员和机械围绕这一固定产品,在同一工作面不同时间或同一时间不同工作面上进行施工活动。

(2)施工协作性高

由于公路工程类型多、施工环节多、工序复杂,每一项工程都需要建设、设计、施工等单位的密切配合,需要材料、动力、运输等部门的通力协作。因此,施工过程中的综合平衡和调度、严密的计划和科学的管理就显得特别重要。

(3)施工周期长

由于公路产品体积庞大,耗用的各种类型的资源多,施工工艺复杂、难度大,因此,施工的时间较生产工业产品要长得多。这决定了公路建筑产品的生产不可能像工业产品的生产那样达到批量化,只能通过合理组织施工、安排进度,达到多、快、好、省,完成施工任务的目的。

(4)受气候和自然条件的影响和制约

公路施工是露天作业,其各部位施工工艺受气候条件的极大制约,尤其遇冬季和雨季,不但加大了施工难度,而且对公路质量也会造成很大的影响。

(5)造价高、投资大

公路工程建设规模一般比较大,公路工程建设项目投资一般是非常巨大的,其建设工程合同的价额基本上是几千万元、上亿元甚至几百亿元。

二、公路工程基本建设

(一)公路工程基本建设的概念

基本建设是指固定资产的建筑、添置和安装,是国民经济各部门为了扩大再生产而进行的增加固定资产的建设工作。具体来讲,就是把一定的建筑材料、半成品、设备等,通过购置、建造和安装等活动,转化为固定资产的活动,如一条公路、一座桥梁的建设。

公路工程基本建设是通过勘察、设计、施工以及有关的经济活动来实现的。按项目性质可分为新建、改建、扩建和重建,其中新建和改建是最主要的形式;按经济内容可分为生产性建设和非生产性建设;按项目建设总规模和总投资可分为大型、中型和小型项目。

(二)公路工程基本建设的内容

公路工程基本建设内容按其投资构成和工作性质主要分为建筑安装工程、土地征用及拆迁补偿、其他基本建设三个部分。

1. 建筑安装工程

建筑安装工程是指兴工动料的施工活动,包括公路建筑工程和设备安装工程。公路建筑工程主要指路基、路面、桥涵、隧道、交叉工程及其他工程等。设备安装工程是指公路、大型桥梁隧道及附属工程所需各机械、设备、仪器的安装及测试等工作,以及为满足公路运营、服务、管理、养护所需要购置设备的采购或安装。

2. 土地征用及拆迁补偿

土地征用及拆迁补偿是指为满足公路建设、运营、管理、养护所需用于土地征用或拆迁而给予被征用单位和个人以及被拆迁房屋所有人的补偿费用。

3. 其他基本建设

其他基本建设是指不属于上述各项,但又不可或缺的基本建设工作,如勘察、设计及与之有关的调查和技术研究工作,公路筹建阶段和建设阶段的管理工作,为公路运营所需要进行的办公和生活用家具的购置、生产人员的培训、施工机构迁移工作等。

三、公路基本建设项目组成

公路基本建设项目按其工作内涵大小可分为基本建设项目、单项工程、单位工程、分部工程和分项工程。这些组成单位按照由大到小的次序,形成一个完整而规律的体系。

1. 基本建设项目

基本建设项目又称为建设项目,是指按照一个总体设计或初步设计进行施工的基本建设工程。一个基本建设项目是按一个项目编制项目建议书和可行性研究报告进行建设,实行统一核算、统一管理,建成后具有完整的系统,可以独立发挥生产能力或者满足生活需要。例如,一座工厂、一所学校、一条公路、一条铁路、一个港口的建设,都是一个建设项目。一个建设项目可以分期进行修建。

2. 单项工程

单项工程又称为工程项目,它是建设项目的组成部分,是指具有独立的设计文件,可以独立组织施工,竣工后能独立发挥设计规定的生产能力或效益的工程,如一座工厂的生产车间、办公楼等,一所学校的教学楼、图书馆等。公路建设单项工程一般指一个建设项目中分期修建的路段、独立大桥工程、独立隧道、公路工程等。但一条路线中的桥梁或隧道,在整个路线未修通前,并不能发挥交通功能,也就不能作为一个单项工程。

3．单位工程

单位工程是单项工程的组成部分,一般是指不能独立发挥生产能力或效益的,但具有独立施工条件的工程。例如,某生产车间的厂房修建、设备安装、给排水工程等;独立隧道工程中土建工程、照明、通风工程等;一条公路的路线、桥涵工程等。

4．分部工程

分部工程是单位工程的组成部分,一般是按单位工程中的主要结构、部位来划分的。例如,路线工程中按工程部位可划分为路基工程、路面工程、桥涵工程等;按工程结构和施工工艺可划分为土石方工程、混凝土工程、砌筑工程等。

5．分项工程

分项工程是分部工程的组成部分,是按照工程的不同结构、不同材料和不同施工方法等因素划分的,它是预算定额的基本计量单位,也称为工程细目或工程定额子目。例如,路面工程可分为级配砾石路面、沥青混凝土路面等;基础工程可划分为围堰、挖基、砌筑基础和回填等分项工程。

四、公路基本建设程序

按照建设项目发展的内在联系和发展过程,建设程序可分为若干阶段,从构想、选择、评估、决策、设计、施工到竣工验收、投入生产等,这些发展阶段有严格的先后次序,不能任意颠倒。

公路基本建设程序具体如下。

(一)项目建议书

根据国民经济发展的长远规划和公路网建设规划,提出项目建议书。项目建议书既是进行各项前期准备工作的依据,又是可行性研究的基础。它应对拟建项目的目的、要求、主要技术指标、原材料、投资估算及资金来源等提出文字说明。

(二)可行性研究

公路建设项目可行性研究是在对拟建工程所在地区社会、经济发展和公路网状况进行充分调查、研究、评价、预测和必要的勘察工作的基础上,对项目建议的必要性、经济合理性、技术可行性和实施可能性提出综合性研究论证报告。

可行性研究按工作深度可划分为预可行性研究和工程可行性研究两个阶段。预可行性研究应重点阐明建设项目的必要性,通过踏勘现场和调查研究,提出建设项目的规模、技术标准,进行简要的经济效益分析。工程可行性研究应通过必要的测量、地质勘探(如大桥、隧道及不良地质地段等),在认真调查研究、拥有必要资料的基础上,对不同建设方案在经济上、技术上进行综合论证,提出推荐建设方案。工程可行性研究报告经审批后可作为初步设计的依据。工程可行性研究的投资估算与初步设计概算总额之差应该控制在10%以内。

(三)设计工作阶段

公路工程基本建设一般采用两阶段设计,即初步设计和施工图设计。对于技术简单、方案明确的小型建设项目,可采用一阶段设计,即施工图设计;对于技术复杂而又缺乏经验的建设项目或建设中个别路段、特殊大桥、互通式立体交叉、隧道等,必要时采用三阶段设计,即初步设计、技术设计和施工图设计。

1. 初步设计

初步设计应根据批准的可行性研究的要求和初测资料,拟订修建原则,选定设计方案,计算主要工程数量,提出施工方案意见,编制设计概算,提供文字说明和图表资料。经审查批准的初步设计文件,是国家控制建设项目投资及编制施工图设计文件或技术设计文件的依据,并且是订购或准备主要材料及机具设备、安排重大科研项目、筹划征用土地及控制项目投资的依据。

2. 技术设计

技术设计应根据已批准的初步设计和补充初测,对重大、复杂的技术问题进行科学试验、专题研究,加深勘探调查及分析比较,解决初步设计中未能解决的问题,进一步落实各项技术方案,计算工程数量,提出修正的施工方案,编制修正设计概算。批准后的技术设计文件将作为施工图设计的依据。

3. 施工图设计

一阶段施工图设计应根据批准的可行性研究和定测资料,拟订修建原则,确定设计方案和工程数量,提出文字说明和图表资料及施工组织计划,编制施工图预算,满足审批的要求并能适应施工的需要。

两阶段(或三阶段)施工图设计应根据批准的初步设计(或技术设计)和定测(或补充初测)资料,进一步对所审定的修建原则、设计方案、技术决定加以细化和深化,最终确定工程数量,提出文字说明和适应施工需要的图表资料以及施工组织计划,编制施工图预算。

设计文件必须由具有相应资质的公路勘察设计单位编制,其编制和审批应按原交通部《公路建设监督管理办法》第九条(2006年第6号)办理。

(四)列入年度基本建设计划

当建设项目的初步设计和概算经上报批准后,才能列入国家基本建设年度计划。建设单位根据颁布的国家年度基本建设计划,按照批准的可行性研究报告和设计文件,编制本单位的年度基本建设计划,报经批准后,再编制物资、劳动和财务计划。这些计划分别经过主管机关审查平衡后,作为国家安排生产、宏观调控物资和财政拨款或贷款的依据,并通过招标或其他方式落实施工和监理单位。

(五)施工准备

为了保证施工的顺利进行,在施工准备阶段,建设单位、勘测设计单位、施工单位、监理单位和银行均应在自己的职责范围内,针对施工要求充分做好各项准备工作。例如,建设单位应根据计划要求的建设进度,组建专门的项目管理机构,办理登记及拆迁,做好施工沿线有关单位和部门的协调工作,抓紧配套工程项目的落实,提供技术资料,落实材料、设备的供应;勘测设计单位应按照技术资料供应协议,按时提供各种图纸资料,做好施工图纸的会审及移交工作;施工单位应组织机具、人员进场,进行施工测量,修筑便道及生产、生活等临时设施,建立试验室,组织材料、物资采购,熟悉图纸的要求,编制实施性施工组织设计和施工预算,提出开工报告等。

(六)施工组织

施工单位应遵照施工程序合理组织施工,施工过程严格按照设计要求和施工规范,确保工程质量和施工安全;应推广应用新技术,努力缩短工期,降低造价,同时做好施工记录,建立技术档案。施工组织应确保工程进度、施工质量和项目成本三者的协调统一。

(七)竣工验收、交付使用阶段

基本建设项目竣工验收是工程建设阶段的最后一道程序,也是项目转入生产和使用阶段、发挥投资效益的标志,是一项严肃和细致的工作,必须按照和交通运输部颁发的《公路工程竣工(交)验收办法》的要求,认真负责地对全部基本建设工程进行总验收。竣工验收包括两部分内容:一是工程技术验收;二是工程资金决算。

全部基本建设工程经验收合格后,应立即移交给生产部门正式使用。

(八)建设项目后评价

建设项目后评价是指建设项目竣工验收合格,正式投产并达到设计生产能力后对项目进行的再评价,是项目管理的延伸。后评价与可行性研究报告阶段的前评价前后呼应,通过对项目的立项阶段、设计施工、竣工投产、生产运营等全过程的再一次技术经济分析,以检测项目实施所取得的实际效果与预期效果的偏差,总结投资项目管理经验,为今后的项目决策和投资计划、政策的制定提供依据。

五、公路基本建设资金来源

当前,公路基本建设项目投资资金的来源渠道主要有以下 5 种。

1. 国家财政预算投资

由国家预算安排的并列入年度基本建设计划的建设项目投资为国家财政预算投资,又称为国家投资。

2. 自筹资金

自筹资金是指建设单位收到的来自上级主管部门、地方政府和单位、城乡个人的自筹资金。自筹资金必须纳入国家使用计划,并控制在国家确定的投资总规模以内。地方和企业的自筹资金,应由建设银行统一管理,其投资要同预算内投资一样,事先进行可行性研究和技术经济论证,严格按基本建设程序办事,以确保自筹投资有较好的投资效益。

3. 银行贷款

银行利用信贷资金所发放的投资性贷款,一直是基本建设项目投资构成的最大来源。

4. 国外资金

在国家统一政策指导下,通过积极慎重地引进国外资金以弥补我国建设资金的不足,加快我国经济建设的发展。其来源主要有从国外借入资金或由投资者直接投资两个方面。其形式有国际金融机构和组织的贷款、国外政府贷款、出口信贷、合资经营、发放国外债券及外商独资等。

5.其他资金来源

系指通过发行债券和股票等形式,利用有价证券市场筹措建设基金。

任务二　认识公路工程造价体系

学习目标

(1)熟悉公路工程造价概念及其构成;
(2)掌握公路工程造价计价特征、计价原则及计价依据;
(3)掌握公路工程建设程序和各阶段工程造价的关系。

任务描述

本任务的目的是认知公路工程造价的相关内容。通过学习本任务,要求学生理解公路工程建设内容及特点,知道公路工程基本建设基本单位组成,掌握公路工程基本建设项目组成和建设程序,进而掌握公路工程基本建设程序,为继续学习公路工程造价打基础。

相关知识

一、公路工程造价及其构成

公路工程造价是指建设一条公路或一座独立大桥或隧道,使其达到设计要求所花费的全部费用。

1.建筑安装工程费用

建筑安装工程费包括直接费、设备购置费、措施费、企业管理费、规费、利润、税金和专项费用。

2.土地使用及拆迁补偿费

土地使用及拆迁补偿费包括永久占地费、临时占地费、拆迁补偿费、水土保持补偿费和其他费用。

3.工程建设其他费用

工程建设其他费用包括建设项目管理费、研究试验费、建设项目前期工作费、专项评价(估)费、联合试运转费、生产准备费、工程保通管理费、工程保险费和其他相关费用。

4.预备费

预备费由基本预备费和价差预备费两部分组成。

5.建设期贷款利息

建设期贷款利息是指工程项目使用的贷款部分在建设期内应计取的贷款利息,包括各种金融机构贷款、建设债券和外汇贷款等的利息。

二、公路工程计价依据与计价原则

(一)公路工程计价依据

用以计算工程造价的基础资料总称为计价依据,它包括定额、指标、费率、基础单价、工程量数据以及政府主管部门颁发的各种有关经济政策、法规和计价办法等。

(二)公路工程计价原则

为确保建设项目的顺利实施,工程造价文件的计价过程必须遵循以下基本原则。

1. 计价应符合国家的有关规定

公路工程项目的实施关系着国家国民经济的发展,因此,必须接受国家对于项目投资规模、投资方向、投资结构等方面进行的宏观调控,以符合国家整体的发展计划。工程计价过程中也要符合国家的有关规定、法规和政策,确保国家的宏观调控政策得以实施。

2. 保证计价依据的准确性

保证计价依据的准确性是合理确定工程造价的保证,主要从以下四个方面着手,即正确计算工程量,合理确定工、料、机单价;选用适当的工程定额;合理使用费用定额;注意计价依据的时效性。

3. 技术与经济相结合

工程造价的确定离不开施工工艺和施工方法的选择,不同工艺方法会产生不同的工程造价。公路施工项目在节约成本、降低造价的同时,也要考虑施工技术方法的适用性、可行性和先进性,做到技术和经济的完美结合。

三、公路工程建设各阶段的造价形式

为了对公路基本建设工程进行全面而有效的经济管理,公路基本建设从项目建议书到工程竣工验收的各阶段都必须编制相应的工程造价文件。公路工程造价的编制泛指估算、概算、预算、标底、报价、工程结算和竣工决算等造价文件的编审工作,这些不同造价文件的投资额则要根据其主要内容要求,由不同测算工作来完成,它们构成了一个完整的公路基本建设投资额测算体系。公路工程造价体系与基本建设程序关系如图1-1所示。

1. 投资估算

投资估算一般是指在投资前期,建设单位向国家申请拟建项目或国家对拟建项目进行决策时,为了测算建设项目在规划、项目建议书、可行性研究不同阶段的相应投资总额而编制的造价文件。它分为两类:一类是项目建议书投资估算;另一类是工程可行性研究投资估算。交通运输部于2018年12月颁布了《公路工程建设项目投资估算编制办法》(JTG 3820—2018)和《公路工程估算指标》(JTG/T 3821—2018),在编制公路工程投资估算时,应按其规定执行,并应满足预可行性研究报告和工程可行性研究报告的要求。

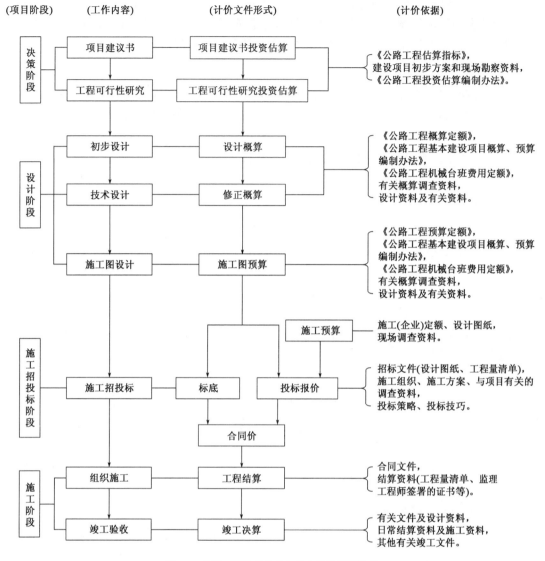

图 1-1 公路工程造价体系与基本建设程序关系

2. 工程概算

设计概算是初步设计阶段,由设计单位根据设计资料、概算定额、各类费用定额、建设地区的自然条件和技术经济条件等资料,计算和确定建设项目从筹建至竣工验收的全部建设费用的造价文件。它是设计文件的重要组成部分,是国家确定和控制公路基本建设投资总额、安排基本建设计划、选择最优设计方案的依据。

修正概算是建设项目采用三阶段设计时,技术设计阶段产生的一种修正计算。修正概算主要是根据更为具体的技术设计资料,对设计概算进行修正调整。它虽比设计概算更为精确,但受到设计概算的控制。建设项目概算一经批准,在其随后的其他阶段是不能随意突破的。

3. 施工图预算

施工图设计阶段应编制施工图预算。施工图预算是设计单位根据施工图设计的工程量和施工组织计划,按预算定额和各类费用定额编制的反映工程造价的具体文件。它是考核施工图设计经济合理性的依据。对于按施工图预算承包的工程，它又是签订建筑安装工程合同、实行建设单位和施工单位投资包干与办理工程结算的依据。对于施工招标的工程，施工图预算既是编制工程标底的依据，也是施工单位加强经营管理和搞好经济核算的基础。

4. 施工预算

施工预算是指工程施工阶段，在施工图预算的控制下，施工单位根据施工图计算的分项工程量、施工定额、施工组织设计或分部工程施工过程设计以及其他有关技术资料，通过工、料、机分析，计算和确定完成一个工程项目、一个单位工程或其中的分部分项工程所需的人工、材料、机械台班使用定额以及其他相应费用的经济文件。它是施工单位进行成本控制与成本核算的主要依据，是施工单位进行劳动组织和材料、机械管理的依据，对施工组织和施工生产有着极为重要的作用。

5. 标底

在建设项目招投标过程中，招标单位按发包工程内容、设计文件、合同条件以及技术规范和有关定额等资料编制标底价格。标底是一项重要的投资额测算，既是评标的一个基本依据，也是衡量投标人报价水平高低的基本指标，在招投标工作中起着关键的作用。标底编制包括两方面：一方面应遵守国家的有关规定和要求，另一方面应力求准确。标底一般以设计概算和施工图预算为基础编制，以其中的建筑安装工程费为主，且不准超过批准的概算或施工图预算。

6. 报价

报价是针对拟投标的合同段或工程项目，由投标单位编制，根据招标文件及有关定额、项目所在地区施工条件及施工组织方案等，计算完成招标工程所需各项费用的经济文件。报价是投标文件最重要的组成部分，既是投标工作的关键和核心，也是决定能否中标的主要依据。中标单位的报价，将直接成为工程承包合同价的主要基础，并对将来的施工过程有严格的制约作用。

7. 工程费用结算

工程项目结算是建设过程中，建设单位同其他各经济实体之间由于器材采购、劳务供应、施工单位已完成工程点的移交等经济活动而引起的货币收支行为。项目结算的主要内容包括货物结算、劳务供应结算、工程费用结算及其他货币资金的结算等。其中，工程费用结算是指建设单位同施工单位之间，由于拨付各种预付款和支付已完工程等费用而发生的结算，是项目结算中最重要和关键的部分。工程结算是施工企业根据合同价、施工过程中的工程变更资料及工程签证资料等编制的，它是工程承发包双方办理竣工结算的重要依据。

8. 竣工决算

竣工决算是指在建设项目竣工验收阶段，由建设单位编制的、从建设项目筹建到建成投产或使用的、反映全部实际成本的技术经济文件。竣工决算是公路建设投资管理的重要环节，是公路工程验收、交付使用的重要依据，也是公路建设进行项目财务总结、银行对其实行监督的必要手段。

应当注意的是，施工单位也会根据工程结算结果，编制单位工程竣工成本决算，核算单位工程的预算成本、实际成本和成本降低额。工程结算作为企业内部分析成本、反映经营效果、总结经验、提高经营管理水平的手段，它与建设项目的竣工决算在概念上是不同的。

以上工程建设项目各阶段的造价文件都是以价值形态贯穿于整个投资过程之中,从申请建设项目、确定和控制基本建设投资额、进行基本建设经济管理和施工单位进行经济核算,到最后以决算形成企(事)业单位的固定资产,构成了一个有机的整体,缺一不可。一般要求决算不能超过预算,预算不能超过概算,概算则不能超出估算所允许的幅度范围,结算不能突破合同价的允许范围,合同价不能偏离报价与标底太多,而报价(指中标价)则不能超出标底的规定范围,并且标底不允许超出概算。

四、公路工程计价特征

1. 单件计价特征

由于公路工程建筑产品的多样性,没有两个完全相同的公路建筑产品。因此,公路建筑产品的计价是单个计价的。公路工程计价的个别性是从单位工程开始的,每一个单位工程可以作为一个独立的造价对象进行计价和审核。

2. 多次计价特征

因为建设工程周期长、规模大、造价高,所以按建设程序要分阶段进行,相应地也要在不同阶段多次性计价,以保证工程造价确定与控制的科学性。多次性计价是一个逐步深化、逐步细化和逐步接近实际造价的过程。其过程示意图如图1-2所示。

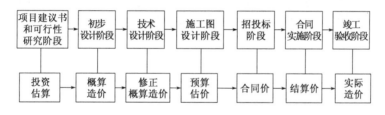

图1-2 工程多次计价示意图

3. 组合性计价

建筑工程规模大、结构复杂的特点决定了公路建筑产品在计价时不能简单、直接地计算出整个建设产品的价格。工程计价的组合性是指将公路建筑产品进行分解细化,从建筑产品最细小的分项工程开始进行计价组合,逐步形成整个公路建筑产品的价格。其计算过程和计价组合是,分部分项工程造价—单位工程造价—单项工程造价—建设项目造价。

4. 计价方法多样性

公路建筑产品计价采用多次性计价,每一次计价所处的阶段不同,计价依据和造价精度要求也不同,这就决定了公路建筑产品的计价方法存在多样性。投资估算主要采用生产能力指数法和设备系数法;设计概算主要采用单价法和实物法等;施工图预算主要采用定额法和清单法。

5. 计价依据的多样性

公路建筑产品计价的多次性、计价方法的多样性以及影响造价的因素众多,这些都决定了公路建筑产品计价依据的多样性和复杂性。

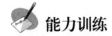 能力训练

一、思考题

1. 公路工程建设包括哪些内容？
2. 公路工程基本建设的含义是什么？它主要包括哪些内容？
3. 公路工程基本建设程序的各型内容是什么？
4. 简述公路工程施工的特点。
5. 工程造价的含义是什么？它由哪几部分构成？
6. 工程造价计价的顺序是什么？
7. 建筑安装工程费包括哪些内容？
8. 绘制公路基本建设程序框图。
9. 列表分析公路工程造价体系与基本建设程序之间的关系(要求：表格内容需包括项目建设阶段—工程造价种类—编制单位—作用)。

二、填空题

1. 公路工程建筑产品的特点包括_____、_____、_____和_____。
2. 公路工程计价特征包括_____、_____、_____和_____。
3. 预备费包括_____和_____。
4. 工程概算分为_____和_____。
5. 建筑安装工程费用包括_____、_____、_____、_____、_____、_____、_____和_____。

项目二　公路工程定额

【概述】　在计算公路工程造价的众多依据中,工程定额是工程计价的核心依据。本项目将重点介绍公路工程定额的含义、发展历史、特性以及其分类体系,并以公路工程预算定额为主要对象,详细介绍公路工程预算定额的内容组成和使用方法。

任务一　认识公路工程定额

 学习目标

(1)公路工程定额的含义;
(2)公路工程定额的发展历史;
(3)公路工程定额的作用;
(4)公路工程定额的特性。

 任务描述

公路定额属于计价依据的范畴,是计算人工、材料、机械台班消耗的主要依据。通过学习,要求学生掌握公路工程定额的含义,了解公路工程定额的发展历史、作用及特性。

 相关知识

一、公路工程定额的含义

在公路工程施工过程中,完成任何一件产品,都需要消耗一定数量的人工、材料和机械,而这些资源的消耗是随着生产中各种因素的不同而变化的。定额就是在正常生产条件以及合理地组织施工、合理地使用材料和机械的情况下,完成单位合格产品所必需的人工、材料、机械、设备及资金消耗的限额标准。同时,在定额中还规定了相应的工作内容和要达到的质量标准以及安全要求。

定额属于计价依据的范畴,是计算人工、材料、机械台班消耗的主要依据。计价依据是指用来计算公路工程造价的基础资料的总称,除包括定额、指标、费率、基础单价外,还包括工程数量数据以及政府主管部门颁布的各种相关经济法规、政策、计价办法等。

二、公路工程定额的产生和发展

公路工程定额的出现应该追溯至 1954 年 8 月,交通部(2008 年更名为交通运输部)在当时公路总局的设计局内设立了预算定额科,由此拉开了公路工程定额编制工作及管理工作的序幕。1954 年,在国家技术标准、技术规范统一的前提下,开始增加力量编制《公路基本建设预算定额》。1955 年,正式在全国公布施行。从 1957—1976 年,概预算定额工作虽几经反复,

但一直处于停滞状态。直到1978年,随着公路工程建设高潮的到来,定额工作得以快速发展并从此迈入正规化管理的轨道。1984年11月15日,在国家计委有关文件的指导下,经交通部批准组建了交通部公路工程定额站,此后公路工程定额编制及管理工作在全国各省区定额站全面展开。公路造价人员经过对其他土建行业定额工作的研究分析,建立了公路工程定额及造价完整的工作体系。该体系既适应公路工程技术标准、规范的发展需要,又与国家的经济方针、政策相协调,并且具有公路工程造价管理的特色。

近年来,随着我国公路建设市场经营体制的大力发展,为适应活跃的市场经济活动,交通部于1992年、1996年和2007年先后颁布了《公路工程施工定额》《公路工程预算定额》《公路工程概算定额》《公路工程估算指标》《公路工程机械台班费用定额》《公路基本建设工程概算预算编制办法》《公路基本建设工程投资估算编制办法》等计价文件。在随后多年的应用过程中,经济水平和施工技术又有了新的发展,这些定额显然已不能满足建设市场需求,于是全国众多省、自治区、直辖市根据交通运输部颁布的公路工程定额,结合本地具体情况,编制出适合地方的公路工程补充定额,开创了定额向市场迈进的步伐。为了满足新时期公路建筑市场经济的需求,交通运输部于2018年又颁布了新的《公路工程建设项目投资估算编制办法》(JTG 3820—2018)、《公路工程建设项目概算预算编制办法》(JTG 3830—2018),同期颁布了新的《公路工程估算指标》(JTG/T 3821—2018)、《公路工程概算定额》(JTG/T 3831—2018)、《公路工程预算定额》(JTG/T 3832—2018)、《公路工程机械台班费用定额》(JTG/T 3833—2018)等,并从2019年5月1日起实施。

三、公路工程定额的特性

我国公路工程定额具有科学性、系统性、统一性、法令性和稳定性等特点。

1. 公路工程定额的科学性

公路工程定额的科学性表现在定额中的各类参数是遵循客观规律要求、运用科学的方法确定的。定额项目的内容采用了经过实践证明是成熟的、行之有效的先进技术和操作方法,同时编制时吸取了现代科学管理的成就,形成了一套科学的、严密的确定定额水平的手段和方法。因此,定额中各种消耗量指标,均能正确反映当前社会生产力的水平。

2. 公路工程定额的系统性

任何一种专业定额都是一个完整的、独立的系统。公路工程定额与公路技术标准、规范配套,完全、准确地反映了公路工程施工工艺流程中的每一个环节。

公路工程定额是一个庞大的实体系统,其项目可以分解为成千上万道工序,而其内部却层次分明,任何一个分部分项工程在公路工程定额中都能一一确定(如概算定额中,一共用七章定额来将所有公路工程的内容分割、包容),而且在编制定额的过程中,每一个不同的工作都有不同的计算规则和计算模型,它们互相协调,组成一个完善的系统。

3. 公路工程定额的统一性

公路工程定额的统一性主要是由国家对经济发展有计划的宏观调控职能决定的。为了使国民经济按照既定的目标发展,就需要借助于某种标准、定额和参数等对工程建设进行规划、组织、调节及控制。

公路工程定额由初期借助于国家统一的技术标准、规范到现在依据交通工程的统一标准、规范,在交通运输部定额总站的统一领导下,按照定额的制定、颁布和贯彻执行统一制度,使定额管理工作具有统一的程序、原则、要求和标准。

4. 公路工程定额的法令性

公路工程定额的法令性表现在定额是由国家主管部门或其他授权机关统一制定的,一经颁布便具有了法令性质,只要在执行范围以内,任何单位都必须严格执行,不得任意变更定额的内容和水平。定额的法令性保证了对工程项目有一个统一的核算尺度,使国家对设计的经济效果和施工管理水平能够实行统一的考核和监督。

5. 公路工程定额的相对稳定性

工程建设定额中的任何一版都是一定时期内施工技术和管理水平的反映,因此,在一定时期内都表现出稳定的状态。根据具体情况不同,稳定的时间有长有短,公路工程定额的稳定期一般在5~10年,但是定额会随着生产力水平的变化而变化。由于公路工程定额的编制和修改需要动员和组织大量的人力、物力,需要很长的周期才能完成,因此,当生产力水平变化不大时,有必要保持定额的相对稳定;但当生产力变化幅度较大时,定额必须随之变动。从一段时期来看,定额是稳定的;从长时间看,定额是变动的。

随着新工艺、新材料和新技术的不断涌现,定额应该及时补充新内容。补充定额就是随着设计、施工技术的发展,在现行定额不能满足需要的情况下,为了补充缺项所编制的定额。例如,各省、自治区、直辖市交通厅可编制公路工程概(预)算补充定额以及公路工程机械台班费用补充定额。补充定额只能在指定的范围内使用,并可以作为以后修订定额的基础。

四、定额在现代管理中的地位与作用

定额是科学管理的基础,也是现代管理科学中的重要内容和基本环节。我国要实现工业化和生产的社会化、现代化,就必须积极吸收和借鉴世界上发达国家的先进管理方法,必须充分认识定额在社会主义经济管理中的地位和作用。

定额的作用主要表现如下。

1. 定额具有节约社会劳动和提高生产效率的作用

一方面,企业以定额作为促使工人节约社会劳动(工作时间、原材料等)和提高劳动生产效率、加快工作进度的手段,以增加市场竞争能力,获取更多的利润。另一方面,作为工程造价计算依据的各类定额,又促使企业加强管理,把社会劳动的消耗控制在合理的限度内。此外,作为项目决策依据的定额指标,又在更高的层次上促使项目投资者合理而有效地利用和分配社会劳动。

2. 定额是国家对工程建设进行宏观调控和管理的手段

利用定额对工程建设进行宏观调控和管理,是国家对工程建设进行宏观调控和管理的手段,主要表现在以下方面:

(1)对工程造价进行宏观管理和调控。

(2)对资源配置进行预测和平衡。

(3)对经济结构(包括企业结构和所有制结构),进行合理的调控,也包括对技术结构和产品结构的调控。

3. 定额有利于市场公平竞争

公平竞争、优胜劣汰是市场运行的基本准则。定额既是对市场信息的加工,又是对市场信息的传递,为各经济主体之间的公平竞争提供了有利条件,促进市场经济更加繁荣。

4. 定额有利于规范市场行为

一方面,定额是投资决策的依据。投资者可以利用定额权衡自己的财务状况和支付能力,预测资金投入和预期回报,还可以充分利用有关定额的大量信息,有效地提高其项目决策的科学性,优化投资行为。另一方面,定额是价格决策的依据。对于企业来说,由于定额在一定程度上制约着工程中人工、材料和机械台班(时间)的消耗,因此势必会影响产品的价格水平。企业在投标报价时,只有充分考虑定额的要求,才能在投标报价时作出正确的价格决策,才能占据市场竞争优势,才获得更多的工程合同。

由此可见,定额不但规范了市场主体的经济行为,还对完善我国固定资产投资市场和工程建设市场起到了重要作用。也就是说,定额在工程建设市场竞争中扮演着经济尺度的角色。

5. 定额有利于完善市场的信息系统

定额管理既是对大量市场信息进行加工,也是对大量信息进行市场传递,同时也是市场信息的反馈。信息是市场体系中不可缺少的要素,它的可靠性、完备性和灵敏性是市场成熟和市场效率的标志。在我国,以定额形式建立和完善市场信息系统,是以公有制经济为主体的社会主义市场经济的特色,这在发达的资本主义国家是难以想象的。

6. 定额有利于推广先进的施工技术和工艺

定额中包含着已成熟的、先进的施工技术和经验,工人要达到或超过定额,就必须掌握和应用这些先进技术;工人如果要大幅度超过定额,就必须创造性地劳动。第一,在自己的工作中注意改进工具和技术操作方法,注意原材料的节约,避免能源的浪费。第二,企业或主管部门为了贯彻定额推行施工工具和施工方法,也就意味着推广先进技术。第三,企业或主管部门为了推行定额,往往要组织技术培训,以帮助工人达到或超过定额。这样,新技术、新工艺、新材料和新经验就很容易被推广而大大提高全社会的劳动生产效率。

任务二　认识公路工程定额体系

学习目标

(1)公路工程定额的分类体系;
(2)各种工程定额之间的关系。

任务描述

根据使用对象和组织生产的目的不同,定额可分为很多种类。通过学习,要求学生掌握按照生产要素以及用途不同对公路工程定额进行的分类,掌握不同工程定额之间的关系,了解整个定额体系的组成。

相关知识

工程定额是一个综合的概念,是工程建设中各类定额的总称。它包括许多种类定额,由于具体的生产条件各异,根据使用对象和组织生产的目的不同,编制出不同的定额。

一、按编制程序和用途分类

公路工程定额按编制程序和用途可以分为施工定额、预算定额、概算定额和投资估算指标四种(图 2-1)。

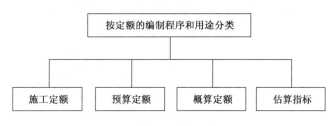

图 2-1　按定额的编制程序和用途分类

1. 施工定额

施工定额是施工企业(建筑安装企业)为了组织生产和加强管理,在企业内部使用的一种定额,属于企业生产定额的性质。它由劳动定额、材料定额和机械定额三个相对独立的部分组成。为了适应组织生产和管理的需要,施工定额的项目划分很细,是工程建设定额中分项最细、定额子目最多的一种定额,也是工程建设定额中的基础性定额。在预算定额的编制过程中,施工定额的劳动、材料、机械消耗的数量标准,是计算预算定额中劳动、材料、机械消耗数量标准的重要依据。

2. 预算定额

预算定额是指在编制施工图预算时,计算工程造价和计算工程中劳动量、材料需要量、机械台班时使用的一种定额。预算定额是一种计价性的定额,在工程委托承包的情况下,它是确定工程造价的主要依据;在招标和投标的过程中,它是计算标底和确定报价的主要依据。由此可见,预算定额在工程建设定额体系中占有很重要的地位。从编制程序上来看,施工定额是预算定额的编制基础,而预算定额则是概算定额或估算指标的编制基础。

3. 概算定额

概算定额是指在编制设计概算时,计算和确定工程概算造价,计算劳动量、机械台班和材料需要量时所使用的定额,其项目划分粗细程度与初步设计的深度相适应。它一般是在预算定额的基础上经综合扩大而编制的。概算定额是控制项目投资的重要依据,在工程建设的投资管理中起着重要作用。

4. 估算指标

估算指标是指在项目建议书和可行性研究报告阶段编制投资估算、计算投资需要量时使用的一种定额。它非常概略,往往以独立的单项工程或完整的工程项目为计算对象,其概略程度与可行性研究相适应。它的主要作用是为项目决策和投资控制提供依据。估算指标虽然往往根据历史的预、决算资料和价格变动等资料编制,但其编制基础仍然离不开预算定额和概算定额。

上述各种定额与工程造价有着紧密关系,在工程建设过程的各阶段有不同的造价方式,所使用的定额也各不相同。它们之间的关系如图 2-2 所示,各种工程定额的比较见表 2-1。

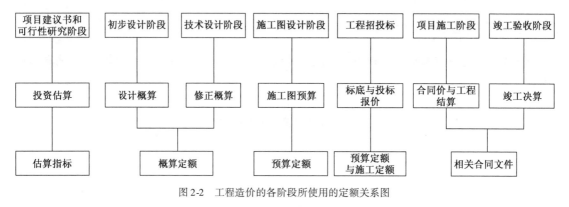

图2-2 工程造价的各阶段所使用的定额关系图

各种工程定额的比较 表2-1

定额种类	施工定额	预算定额	概算定额	估算指标
使用范围	工序	分项工程或结构构件	扩大分项工程或扩大结构构件	独立的单项工程或完整的工程项目
项目划分	最细	细	粗	很粗
定额水平	平均先进	社会平均		
定额性质	企业定额	计价定额		

二、按生产要素分类

公路工程定额按生产要素可以分为劳动定额、材料消耗定额和机械台班使用定额。这是最基本的分类法,它直接反映出生产某种单位合格产品所必须具备的因素,如图2-3所示。

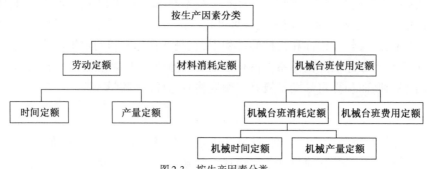

图2-3 按生产因素分类

1. 劳动定额

劳动定额又称为劳动消耗定额、工时定额或人工定额,它是指在正常的生产技术和生产组织条件下,为完成单位合格产品或工作所规定的劳动消耗量标准。

劳动定额的表现形式有时间定额和产量定额两种。

(1)时间定额

时间定额是指在技术条件正常、生产工具使用合理和劳动组织正确的条件下,工人为生产单位合格产品所必须消耗的工作时间。工人的工作时间包括定额时间和非定额时间两种,即工人的工作时间有些可以计入时间定额内,有些不能纳入时间定额。

时间定额以工日为单位,1个工日相当于1个工人工作8h的劳动量,其中潜水工作按6h、隧道工作按7h计算。时间定额的计算方法如下:

$$S = \frac{D}{Q} \tag{2-1}$$

式中:S——时间定额(劳动量单位/产品单位);
　　D——耗用劳动量数量,一般单位为工日;
　　Q——完成合格产品数量(产品实物单位)。

(2)产量定额

产量定额是指在技术条件正常、生产工具使用合理和劳动组织正确的条件下,工人在单位时间内完成合格产品的数量。产量定额与时间定额互为倒数的关系,其计量单位以产品数量/工日计,如 m^3/工日、m^2/工日。产量定额的计算方法如下:

$$C = \frac{Q}{D} = \frac{1}{S} \tag{2-2}$$

式中:C——产量定额(产品单位/劳动量单位);
　　其余符号意义同前。

【例 2-1】 已知人工挖运普通土(运输距离 20m)的时间定额为:完成 $1000m^3$ 天然密实方,需要 181.1 工日,试确定人工每工日产量定额。

解 按照时间定额和产量定额互为倒数的关系,可得知每工日的产量定额为

$$C = \frac{Q}{D} = \frac{1000}{181.1} = 5.52(m^3/\text{工日})$$

2. 材料消耗定额

材料消耗定额又称为材料定额,它是指在节约和合理使用材料的条件下,生产单位合格产品所必须消耗的一定品种规格的材料、半成品、配件以及水、电、燃料等的数量标准。计算单位是以材料的实物计量单位表示,如 m、kg、t、m^3 等。

材料定额是由材料净消耗定额和材料损耗及废料定额两部分组成。材料净消耗是指直接用于构造物上的材料量;材料损耗及废料是指施工中不可避免的废料和必要的工艺性损耗,如在浇灌混凝土构件或砌体浆砌时,混凝土混合料或砂浆混合料在搅拌运输过程中不可避免地会产生损耗。材料损耗量和材料净用量之比称为材料损耗率,即

$$\text{材料损耗率} = \frac{\text{材料损耗量}}{\text{材料净用量}} \times 100\% \tag{2-3}$$

一般材料定额的基本计算公式为

$$\text{材料消耗定额} = (1 + \text{材料损耗率}) \times \text{完成单位产品的材料净用量} \tag{2-4}$$

此外,材料消耗定额还有两种表现形式,即材料产品定额和材料周转定额。

材料产品定额是指一定规格的原材料,在合理的操作条件下,获得的合格产品的数量。这种定额形式在公路工程定额中应用较少,这里不做叙述。

工程中有些材料(如模板、支架、拱盔等)非一次性使用,而是周转使用的,这种材料统称为周转材料。周转材料在施工中合理周转使用的次数或用量称为材料周转定额。在预算定额中,周转性材料均按其正常周转次数计入定额之中。

3. 机械台班使用定额

机械台班使用定额简称机械定额,一般可分为按台班数量计算的机械台班消耗定额和以货币形式表示的机械台班费用定额(如小型机具使用费等)。机械台班消耗定额,它是指在正常的施工条件下,合理组织和利用某种机械完成单位合格产品所必需的机械台班消耗标准,或

在单位时间内机械完成的产品数量。因此,机械台班消耗定额有机械时间定额和机械产量定额两种。

机械时间定额是指在一定的操作内容及质量、安全要求的条件下,某种机械完成单位合格产品所必须消耗的工作时间。机械时间定额以"台时"或"台班"为单位。一台机械工作一个小时为一台时,潜水设备每台班按6h计算,变压器和配电设备每昼夜按一个台班计算,除此之外,各类机械每台班均按8h计算。

机械产量定额是指在一定的操作内容及质量、安全要求的条件下,某种机械每单位作业量(如台班、台时等)所完成的合格产品的数量标准。机械时间定额和机械产量定额互成倒数。

【例2-2】 已知90kW以内履带式推土机推运普通土(运距20m)的机械时间定额为:完成单位1000m^3天然密实方,需要2.39台班,试问其产量定额是多少?

解 由于推土机的时间定额为2.39台班/1000m^3天然密实方,按照互为倒数的关系,则该机械的产量定额为

$$1000/2.39 = 418.4(m^3/台班)$$

机械台班费用定额是以机械的一个台班为单位,规定其所消耗的工时、燃料及费用等数量标准并可折算为货币形式表现的定额,它是计算机械台班单价的依据。

三、按照颁发部门和管理权限分类

公路工程定额按照颁发部门和管理权限划分,可以分为全国统一定额、行业统一定额、地区统一定额、企业定额和补充定额五种。

1. 全国统一定额

由国家建设行政主管部门,综合全国工程建设中技术和施工组织管理的情况编制,并在全国范围内执行的定额,如全国统一安装工程定额。

2. 行业统一定额

考虑到各行业部门专业工程技术特点以及施工生产和管理水平而编制的,一般只在本行业和相同专业性质的范围内使用的专业定额,如公路工程定额、水运工程定额等。

3. 地区统一定额

地区统一定额主要是考虑地区性特点和全国统一定额水平做适当调整补充而编制的定额。由于各地区不同的气候条件、经济技术条件、物质资源条件和交通运输条件等,构成对定额项目、内容和水平的影响,是地区统一定额存在的客观依据。

4. 企业定额

由施工企业考虑本企业具体情况,参照国家、部门或地区定额的水平制定的定额。企业定额只在企业内部使用,是企业素质的一个标志。企业定额水平一般应高于国家现行定额,才能满足生产技术发展、企业管理和市场竞争的需要。

5. 补充定额

补充定额是指随着设计、施工技术的发展,现行定额不能满足需要的情况下,为了补充缺项所编制的定额。补充定额只能在指定的范围内使用,可以作为以后修订定额的基础。

四、定额体系

通过以上分析,并根据定额的用途来看,各个公路工程定额之间形成了一个完整的定额体

系,每个类别的定额均在一定范围内发挥着不同的作用,成为这个体系中的一个环节,相互之间既有区别又紧密联系,是互为补充的,它们均为公路建设的投资和管理发挥着不可或缺的作用。公路工程定额体系示意图如图2-4所示。

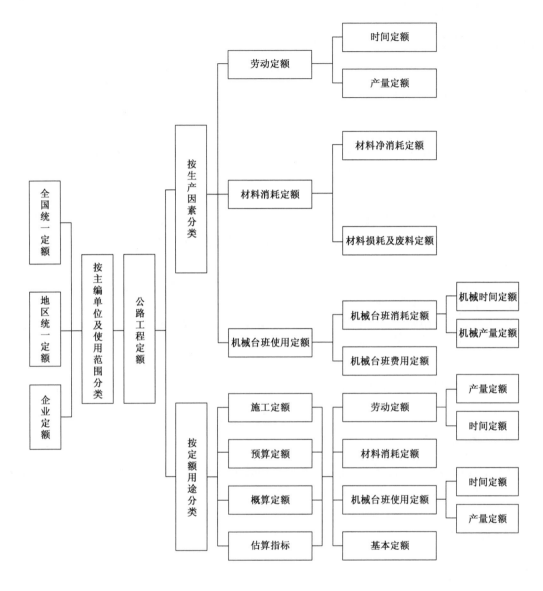

图2-4 公路工程定额体系示意图

任务三 认识公路工程定额的组成

以公路工程预算定额为例,详细掌握定额的组成内容。

 **任务描述**

公路工程预算定额是工程造价文件编制过程中广泛使用的一种定额。通过学习,要求学生详细掌握预算定额的组成内容。

 **相关知识**

本书以现行的《公路工程预算定额》(JTG/T 3832—2018)(以下简称《预算定额》)为例,详细介绍了定额中的主要内容。《预算定额》主要包括路基工程、路面工程、隧道工程、桥涵工程、交通工程及沿线设施、绿化及环境保护工程、临时工程、材料采集及加工、材料运输九章内容及附录。

《预算定额》由颁发定额的公告、总说明、目录、各种工程的章节说明,定额表及附录组成。

(一)颁发定额的公告

颁发定额的公告是指刊印在定额前部分的政府主管部门(交通运输部)关于发布定额及施行日期,阐明定额性质、适用范围及负责解释部门等的法令性文件。

(二)总说明

总说明是各章说明的总纲,具有统管全局的作用。使用定额时应仔细阅读,认真理解,切实掌握,适当记忆总说明,否则稍有疏忽,将产生错误,进而影响分析计算成果。

(三)目录

目录位于总说明之后,简明扼要地反映定额的全部内容及相应的页码,对查用定额起索引作用。由于现行预算定额分上、下两册,故在总目录后,增加了上、下册目录。

(四)章节说明

根据工程项目特点及性质的不同,各章又分出若干小节。除附录外,各章节前面均附有说明。章节说明主要介绍本章节工程项目的共性问题、工程量的计算方法和规则、计算单位、尺寸的起讫范围、应增加或扣除的部分以及计算使用的系数和附表等。它是工程量计算及应用定额的基础,必须全面、准确地掌握,以防止错误发生。

(五)定额表

定额表是各种定额最基本的组成部分,它是定额指标数量的具体表示,见表2-2。
定额表内容及形式包括:
(1)表号及定额表的名称

定额是由大量的定额表组成的,每张定额表都具有自己的表号和表名。表2-2中所示的"4-7-4"为表号,其含意是第4章第7节第4表;"预制圆管涵"是定额表的名称。

(2)工程内容

工程内容位于定额表的左上方,主要说明本定额表所包括的主要操作内容。查定额时,必须将实际发生的操作内容与表中的工程内容相对照,若不一致时,应按照章(节)说明中的规定进行调整或抽换。

预算定额表内容及形式 表2-2

4-7-4　预制圆管涵

工程内容：(1)搭、拆临时脚手架、跳板；(2)制作、安装、拆除、修理、涂脱模剂、堆放；(3)钢筋除锈、下料、弯曲、电焊、绑扎；(4)混凝土浇筑、捣固及养护。

顺序号	项目	单位	代号	混凝土 预制圆管管径(m) 10m³ 实体		预制圆管涵 1t	
				1.0以内	2.0以内	钢筋	冷拔低碳钢丝
				1	2	3	4
1	人工	工日	1001001	43.7	32.8	6	6.4
2	普C30-32.5-2	m³	1503009	(10.10)	(10.10)	—	—
3	HPB300钢筋	t	2001001	—	—	1.025	0.336
4	冷拔低碳钢丝	t	2001012	—	—	—	0.699
5	20~22号铁丝	kg	2001022	—	—	4.62	4.45
6	钢模板	t	2003025	0.118	0.074	—	—
7	电焊条	kg	2009011	—	—	—	0.95
8	水	m³	3005004	16	16	—	—
9	中(粗)砂	m³	5503005	4.65	4.65	—	—
10	碎石(2cm)	m³	5505012	7.98	7.98	—	—
11	32.5级水泥	t	5509001	4.101	4.101	—	—
12	其他材料费	元	7801001	21.2	16	—	—
13	5t以内汽车式起重机	台班	8009025	0.61	0.46	—	—
14	32kV·A以内交流电弧焊机	台班	8015028	—	—	—	0.16
15	小型机具使用费	元	8099001	4.8	4.9	4.7	4.5
16	基价	元	9999001	8111	6615	4081	5165

注：表中的表号"4-7-4"是定额的真正表号。

(3)定额单位

定额单位位于定额表的右上方，如表2-2中所示的"10m³ 实体""1t"。定额单位是合格产品的计量单位，实际的工程数量应是定额单位的倍数。当定额表有两个或两个以上定额单位时，其定额值不能叠加，而应按不同的定额单位分开单列。

(4)顺序号

顺序号是定额表中的第1项内容，如表2-2中所示的"1,2,3,…"顺序号表征人工、材料、机械及费用的顺序号，起简化说明的作用。

(5)项目及项目单位

项目是定额表中第2项内容，如表2-2中所示"人工、普C30-32.5-2…"。项目是本定额表中工程所需的人工、材料、机具、费用的名称和规格。项目单位是指各项目内容所对应的单位。

(6)代号

代号是采用计算机编制概(预)算时，作为对工、料、机械名称识别的符号，不可随便变动。编码共采用7位数字，第1、2位按照工、料、机的类型进行编制，如配合比材料、路面混合料及制(成)品等材料代号前两位均为15，第3、4位采用奇数编制，后3位采用顺序编制。当编制补充定额时,遇有新增材料或机械名称,编码采用同样方法编制,第1、2位取相近品种材料或机械代号,但第3、4位采用偶数编制。

(7)工程细目

工程细目表征本定额表所包括的具体内容,如表2-2中所示的管径"1.0以内"等。但要注意的是,定额细目表中注明"某某数以内"或"某某数以下"时,均包括某某数本身;而注明"某某数以外"或"某某数以上"时,则不包括某某数本身。

(8)栏号

栏号是指工程细目的编号,如管径"1.0以内"的定额栏号为"1","钢筋"的定额栏号为"3"。

(9)定额值

定额值是指表中各种资源消耗量的数量值。

(10)基价

基价是指该工程细目以规定的工、料、机基价计算的工程价格,它是人工费、材料费和机械使用费的合计价值。基价中的人工费、材料费按附录四计算,机械使用费按《公路工程机械台班费用定额》(JTG/T 3833—2018)计算,它是计算其他费用的基数。项目所在地海拔超过3000m以上,人工、材料、机械基价乘以系数1.3。

(11)小注

有些定额表在其表下方列有注解。"注"是对定额表中内容的补充说明,使用时必须仔细阅读,以免发生错误。

(六)附录

附录包括路面材料计算基础数据;基本定额;材料的周转及摊销和定额基价人工、材料单位质量、单价表四部分内容。

1. 路面材料计算基础数据

路面材料计算基础数据主要列出了路面工程概、预算定额中各种材料定额消耗量计算所依据的各项基础数据。例如,路面压实混合料干密度、各种路面材料松方干密度、单一材料结构的压实系数。

2. 基本定额

基本定额是介于施工定额和预算定额之间的一种扩大施工定额,其项目是按完成某一专项作业将施工定额的有关工序加以综合而制订的,根据材料的周转和摊销次数、材料场内运输及操作损耗以及人工、机械的幅度差,综合为若干包括人工、材料和机械的基本定额。其目的是避免在编制预算定额时重复计算这些工序,并可统一计算方法和口径,简化计算工作。

基本定额由桥涵混凝土及钢筋混凝土工作,砂浆及混凝土消耗材料,砌筑工程石料及砂浆消耗,脚手架、踏步、井字架工料消耗四部分组成。

3. 材料的周转及摊销

材料的周转及摊销定额,对材料的周转和摊销次数作出了具体规定。

4. 定额基价人工、材料单位质量、单价表

表中给出了定额中人工和材料的代号、定额中材料名称的相应规格以及编制定额时采用的材料损耗率和工、料单价。

任务四　运用《公路工程预算定额》

学习目标

(1)掌握《预算定额》的使用方法;
(2)掌握《预算定额》的抽换方法。

任务描述

通过学习,要求学生掌握《预算定额》套用过程中常用的运距、厚度等施工条件的调整方法与技巧,掌握《预算定额》中混凝土强度等级、混合料配合比、周转性材料摊销量的抽换方法,能够运用预算定额完成常见工程的定额套用,将理论知识与实际工程应用相结合。

相关知识

一、《预算定额》的基本知识

(一)《预算定额》的使用步骤

1. 确定定额编号

(1)将公路工程施工任务分解至分项工程,应根据概(预)算项目表依次按项、目、节和细目确定待查定额的项目名称,再据此在定额目录中找到其所在的页次,从而确定定额的编号。

(2)检查定额表上的"工作内容"与设计要求、施工组织要求是否相符,如果相符,则可在表中找到相应的细目,并进一步确定定额子目(栏号)。一定要认真检查所确定的定额表号是否有误。如"浆砌块石护拱"与"浆砌块石护坡"虽然都是砌石工程,但前者为"桥涵工程",预算定额表号为[630-405-3-2],后者为"路基防护工程",预算定额表号为[117-1-4-11-2]。

(3)检查定额表的计量单位与工程项目取定的计量单位是否一致、是否符合章节说明规定的工程量计算规则。

2. 阅读说明和注解,确定定额值

(1)查得定额表号后,应详细阅读总说明和章节说明,并核对定额表左上方的"工程内容"及表下方的"注",看是否与所查子目的定额有关,若有关,则采取相应措施。

(2)根据设计图纸和施工组织设计检查一下,当设计内容或实际工作内容与定额表中规定的内容不完全相符时,应根据"说明"及"注"的规定调整定额值,即定额抽换。

(3)依子目各序号确定各项定额值,若不需要调整,就直接抄录,此时查用定额的工作结束;若需要调整,还应做下一步工作。

(二)引用定额的编号方法

定额编号在概预算文件中十分重要。一方面是保证复核、审查人员利用编号快速查找,核对所用定额的准确性;另一方面,对如此繁多的工程细目的工作内容以编号形式建立一一对应

的模式,便于计算机处理及修编定额人员的统计工作。

建立定额编号一般采用[页码-表号-栏号]或[表号-栏号]的方法,如《预算定额》中的[7-1-1-4-2]或[1-1-4-2],是指引用第7页的表1-1-4中第2栏,即人工挖土质台阶(土质为普通土)的定额(表2-3)。

表2-3

1-1-4 挖土质台阶

工程内容:(1)画线挖土,台阶宽不小于1m;(2)将土抛到填方处。

单位:1000m³

顺序号	项 目	单位	代号	人工挖台阶			挖掘机挖台阶		
				松土	普通土	硬土	松土	普通土	硬土
				1	2	3	4	5	6
1	人工	工日	1001001	17.4	28.1	43.7	1.6	1.9	2.1
2	1.0m³ 以内履带式液压单斗挖掘机	台班	8001027	—	—	—	1.12	1.3	1.49
3	基价	元	9999001	1849	2986	4644	1508	1755	2004

用计算机软件编制概预算文件时,可以采用8位数字编号方法(图2-5)。

图2-5 8位数字编号方法示意图

首位数字表示"章",第2、3位数字表示"节",第4、5位数字表示"表",最后3位数字表示"子目"。例如,人工挖土质台阶(土质为普通土)的定额亦可表示为"10104002"。

二、《预算定额》的运用

(一)《预算定额》的基本运用

如果设计的要求、工作内容及确定的工程项目,完全与相应定额的工程项目符合,则可直接套用定额。但是如果出现材料运输距离、结构层厚度、现场施工条件等基本参数与定额不符时,可以依照定额内容直接进行简单调整,以下为几种常见的定额调整运用练习。

1. 材料运输距离的调整——定额编号的确定

【例2-3】 试确定下列工程项目预算定额编号。

(1)8t 以内自卸汽车运路基土方 5km。
(2)8t 以内自卸汽车运输沥青混合料 5km。
(3)8t 以内自卸汽车运土 5km。
(4)8t 以内自卸汽车运路基石方 5km。

解 以上各题虽然都是汽车运输,但是由于运输对象不同,故各自的定额编号亦不同。

(1)汽车运输已明确是运路基土,因此,该工程属于"路基工程"的一项。其定额编号为[1-1-11-3+4],表名为"自卸汽车运土、石方"。

(2)汽车运路面混合料,属于"路面工程"中的一项。其定额编号为[2-2-13-1+2],表名为"沥青混合料运输"。

(3)因汽车运土未明确为何工程运土,因此,土应作为材料自办运输,属于"材料运输"中的一项,其定额编号为[9-1-6-Ⅲ-37+38],表名为"自卸汽车运输"。

(4)汽车运输机械采用自卸汽车,因此,该工程亦属于定额表"自卸汽车运土、石方"的内容,但是运输对象为路基石方,因此,本题定额编号与(1)中的不同,为[1-1-11-17+18]。

2. 路面结构层厚度调整——章、节说明的应用

【例2-4】 试确定20cm厚级配碎石面层的预算定额。该面层施工采用平地机分两层拌和,机械摊铺集料,见表2-4。

表2-4

单位:1000m²

顺序号	项目	单位	代号	机械摊铺集料											
				拖拉机带铧犁拌和						平地机拌和					
				压实厚度8cm			每增加1cm			压实厚度8cm			每增加1cm		
				面层	基层	底基层	面层	基层	底基层	面层	基层	底基层	面层	基层	底基层
				7	8	9	10	11	12	13	14	15	16	17	18
1	人工	工日	1001001	1.9	1.8	1.7	0.2	0.1	0.1	1.9	1.8	1.7	0.2	0.1	0.1
2	黏土	m³	5501003	14.66	—	—	1.83	—	—	14.66	—	—	1.83	—	—
3	碎石	m³	5505016	122.63	122.66	122.84	15.34	15.34	15.35	122.63	122.66	122.84	15.34	15.34	15.35
4	设备摊销费	元	7901001	2.1	2.1	2.1	0.1	0.1	0.1	—	—	—	—	—	—
5	120kW以内自行式平地机	台班	8001058	0.3	0.23	0.23	—	—	—	0.57	0.5	0.5	—	—	—
6	75kW以内履带式拖拉机	台班	8001066	0.22	0.22	0.22	—	—	—	—	—	—	—	—	—
7	12~15t光轮压路机	台班	8001081	0.12	0.12	0.12	—	—	—	0.12	0.12	0.12	—	—	—
8	18~21t光轮压路机	台班	8001083	0.91	0.8	0.68	—	—	—	0.91	0.8	0.68	—	—	—
9	10000L以内洒水汽车	台班	8007043	0.08	0.08	0.08	0.01	0.01	0.01	0.08	0.08	0.08	0.01	0.01	0.01
10	基价	元	9999001	11005	10660	10572	1215	1183	1184	11181	10836	10749	1215	1183	1184

解 依题意,该工程定额编号为[2-2-2-13+16],按照节说明第1条:泥结碎石、级配碎石、级配砂砾、天然砂砾、粒料改善土壤路面面层的压实厚度在15cm内,拖拉机、平地机和压路机的台班消耗按定额数量计算。若超过上述压实厚度且需进行分层拌和、碾压时,拖拉机、平地机和压路机的台班消耗量按定额数量加倍计算,每1000m²增加1.5个工日。因此,20cm厚级配碎石面层每1000m²的级配碎石面层需:

人工:$1.9+0.2\times12+1.5=5.8$(工日)

黏土:$14.66+1.83\times12=36.62$(m³)

碎石:$122.63+15.34\times12=306.71$(m³)

120kW以内自行式平地机:$0.57\times2=1.14$(台班)

12~15t光轮压路机:$0.12\times2=0.24$(台班)

18～21t 光轮压路机:$0.91 \times 2 = 1.82$(台班)

10000L 以内洒水汽车:$0.08 + 0.01 \times 12 = 0.20$(台班)

3. 现场施工条件的调整——定额表注解的使用

【例 2-5】 用 165kW 以内推土机推土(硬土),运距 50m,上坡坡度 15%,试确定其预算定额,见表 2-5。

表 2-5

1-1-12 推土机推土、石方

单位:1000m³ 天然密实方

顺序号	项目	单位	代号	土方										
				推土机功率(kW)										
				135 以内				165 以内				240 以内			
				第一个 20m			每增运 10m	第一个 20m			每增运 10m	第一个 20m			每增运 10m
				松土	普通土	硬土		松土	普通土	硬土		松土	普通土	硬土	
				13	14	15	16	17	18	19	20	21	22	23	24
1	人工	工日	1001001	2.4	2.6	2.9	—	2.4	2.6	2.9	—	2.4	2.6	2.9	—
2	135kW 以内履带式推土机	台班	8001006	1.09	1.21	1.34	0.4								
3	165kW 以内履带式推土机	台班	8001007	—	—	—	—	0.88	0.97	1.08	0.32				
4	240kW 以内履带式推土机	台班	8001008									0.62	0.67	0.76	0.23
5	基价	元	9999001	2000	2213	2453	640	1923	2114	2355	606	1715	1854	2098	542

注:当上坡推运的坡度大于 10% 时,按坡面的斜距乘以表列系数作为运距,见表 2-6。

表 2-6

坡度(%)	$10 < i \leq 20$	$20 < i \leq 25$	$25 < i \leq 30$
系数	1.5	2.0	2.5

解 查得定额编号为[1-1-12-19+20],由于推土机推土为上坡运输,需要按照表格注解进行新运距计算转换。新的运距 = $50 \times 1.5 = 75$(m),所以,每 1000m³ 天然密实方需:

人工:2.9 工日

推土机:$1.08 + 0.32 \times \dfrac{50 \times 1.5 - 20}{10} = 2.84$(台班)

基价:$2355 + 606 \times \dfrac{50 \times 1.5 - 20}{10} = 5688$(元)

(二)《预算定额》的复杂套用

【例 2-6】 某桥梁工程,采用钻孔灌注桩,桩径为 1.8m,所有桩的桩长均在 40m 以下,其中 8 根桩在枯水位以上,其余 20 根桩在枯水位以下,河床以下的岩层主要为砂砾层和次坚石层,试确定钻孔过程的预算定额。

解 (1)确定成孔方法。根据对河床地质报告的分析,以及施工组织设计文件中推荐的施工方案,选用反循环钻机钻孔。

(2)分类套用定额。定额栏号选取过程中,需要参照干处(湿处)、桩长、岩层类型等因素,综合选取。

陆地上钻孔:砂砾层成孔定额为[4-4-4-67],次坚石层成孔定额为[4-4-4-71]。

水中平台上钻孔:砂砾层成孔定额为[4-4-4-275],次坚石层成孔定额为[4-4-4-279]。

(3)定额调整

根据第四章第四节的节说明第十条,当设计桩径与定额采用桩径不同时,可按表2-7中系数调整。

调整系数   表2-7

计算基数		桩径150cm以内			桩径200cm以内			桩径250cm以内			
桩径(cm)		120	130	140	160	170	180	190	210	220	230	240
调整系数	冲击锥、冲击钻	0.85	0.9	0.95	0.8	0.85	0.9	0.95	0.88	0.91	0.94	0.97
	回旋钻	—	0.94	0.97	0.75	0.82	0.87	0.92	0.88	0.91	0.94	0.96

定额采用的桩径为200cm,而题目中实际桩径为180cm,因此需要对以上定额消耗做出"×0.87"的调整。

(具体工料机消耗略。)

【例2-7】 编织袋围堰,围堰高2m,采用人工挑抬装土,运距为70m,试确定预算定额(表2-8)。

表2-8

4-2-2 编织袋围堰

工程内容:(1)人工挖运土;(2)装袋、缝口、运输、堆筑;(3)中间填土夯实;(4)拆除清理。

单位:10m围堰

顺序号	项目	单位	代号	围堰高度(m)								
				1.0	1.2	1.5	1.8	2.0	2.2	2.5	2.7	3.0
				1	2	3	4	5	6	7	8	9
1	人工	工日	1001001	5.9	7.8	11.8	16.5	21.4	26	34.7	41.8	54
2	塑料编织袋	个	5001052	260	358	543	741	950	1139	1498	1781	2255
3	土	m³	5501002	(17.16)	(22.71)	(33.54)	(45.30)	(57.20)	(68.41)	(88.40)	(104.39)	(130.26)
4	基价	元	9999001	1004	1348	2041	2828	3652	4415	5860	7025	9009

注:围堰高度与定额不同时,可内插计算。

解 查得编织袋围堰的定额编号为[4-2-2-5],单位10m围堰,按照第四章第二节说明第二条,草土、编织袋、竹笼、木笼铁丝围堰定额中已包括50m以内人工挖运土方的工日数量,定额括号内所列"土"的数量不计价,仅限于取土运距超过50m时,按人工挖运土方的增运定额,增加运输用工。本题中由于运距超过50m,需考虑人工挖运土方的增运定额[1-1-6-4],单位1000m³天然密实方。

每10m围堰需:

人工:$21.4 + \frac{57.2}{1000} \times 5.9 \times \frac{70-50}{10} = 22.1$(工日)

草袋:950个

基价:$3652 + \frac{57.2}{1000} \times 627 \times \frac{70-50}{10} = 3724$(元)

(三)《预算定额》的抽换

当设计中所规定内容与定额中工作内容、材料规格不相符时,应查用相应的定额或基本定额予以替换。在抽换前应仔细阅读定额总说明、章节说明及表下方的注解。以下是允许对定额中某些项目进行抽换的几种情况：

(1)砂浆、混凝土设计强度等级与定额不符。

(2)水泥、石灰稳定土基层设计配合比与定额配合比不符。

(3)周转及摊销材料实际周转次数达不到定额规定次数时的抽换。

(4)片石混凝土定额的片石掺量调整。

(5)钢筋混凝土锚碇体积比换算。

(6)定额钢筋品种比例调整。

(7)每10t预应力钢筋、钢筋束的根数及束数的计算。

1.水泥混凝土或水泥砂浆的抽换——基本定额的运用

基本定额是指在合理的条件下，为生产单位数量半成品、中间产品所规定的各种资源(工、料、机、费用等)的消耗量标准。其分类与组成如图2-6所示。

图2-6 基本定额分类与组成图

基本定额的主要作用：

(1)基本定额是定额抽换的依据。

(2)分析分项工程或半成品所需人工、材料、机械等的消耗量。当设计中出现定额表中查不到的个别分项工程时，可根据定额分析计算该工程所需的工、料、机的数量。

【例2-8】 试确定用C30普通混凝土耳背墙的预算定额(表2-9)。

表2-9

4-6-4 盖梁、系梁、耳背墙及墩顶固结

工程内容：(1)定型钢模板安装、拆除、修理、涂脱模剂、堆放；(2)钢筋除锈、制作、电焊、绑扎及骨架吊装入模；(3)混凝土浇筑、捣固、养护。

Ⅰ.混凝土　　　　　　单位：10m³ 实体

顺序号	项目	单位	代号	盖梁		系梁				耳背墙	墩梁固结现浇段
				非泵送	泵送	非泵送		泵送			
						地面以下	地面以上	地面以下	地面以上		
				1	2	3	4	5	6	7	8
1	人工	工日	1001001	12.3	11.0	6.1	12.1	4.3	10.4	17.7	16.4
2	普 C25-32.5-4	m³	1503033	—	—	—	—	—	—	(10.20)	—
3	普 C30-32.5-4	m³	1503034	(10.20)	—	(10.20)	(10.20)	—	—	—	(10.20)
4	泵 C30-32.5-4	m³	1503084	—	(10.40)	—	—	(10.40)	(10.40)	—	—
5	HPB300 钢筋	t	2001001	0.0	0.0						
6	型钢	t	2003004	0.1	0.1			0.084		0.084	

续上表

顺序号	项目	单位	代号	盖梁 非泵送	盖梁 泵送	系梁 非泵送 地面以下	系梁 非泵送 地面以上	系梁 泵送 地面以下	系梁 泵送 地面以上	耳背墙	墩梁固结现浇段
				1	2	3	4	5	6	7	8
7	钢管	t	2003008	0.0	0.0	—	—	—	—	—	—
8	钢模板	t	2003025	0.2	0.2	0.07	0.196	0.07	0.196	0.086	0.154
9	螺栓	kg	2009013	0.1	0.1	0.56	0.12	0.56	0.12	9.52	15.97
10	铁件	kg	2009028	30.9	30.9	1.88	0.34	1.88	0.34	5.62	9.42
11	水	m³	3005004	12.0	18.0	12	12	18	18	12	12
12	中(粗)砂	m³	5503005	5	6	4.69	4.69	5.82	5.82	4.9	4.69
13	碎石(4cm)	m³	5505013	8.5	7.6	8.47	8.47	7.59	7.59	8.47	8.47
14	32.5级水泥	t	5509001	3.8	4.4	3.845	3.845	4.368	4.368	3.417	3.845
15	其他材料费	元	7801001	109.8	109.8	11.5	12.5	11.5	12.5	84.8	207.4
16	60m³/h 以内混凝土输送泵	台班	8005051	—	0.1	—	—	0.12	0.14	—	—
17	25t 以内汽车式起重机	台班	8009030	0.7	0.3	0.31	0.64	0.08	0.31	1.1	1.26
18	小型机具使用费	元	8099001	11.4	9.4	10.8	11	9	9.2	15.7	14.2
19	基价	元	9999001	6033	5822	3838	5887	3684	5633	6276	7020

解 (1)依题意,该工程定额编号为[4-6-4-7]。

由定额表内容可知:

每 $10m^3$ 实体需普通 C25-32.5-4 混凝土 $10.2m^3$,人工 17.7 工日,钢模板 0.086t,螺栓 9.52kg,铁件 5.62kg,水 $12m^3$,中(粗)砂 $4.90 m^3$,碎石(4cm) $8.47m^3$,32.5 级水泥 3.417t,其他材料费 84.8 元,25t 以内汽车式起重机 1.1 台班,小型机具使用费 15.7 元,基价 6276 元。

由于定额所列混凝土强度等级与设计强度等级 C30 不符,所以混凝土材料定额值应予以调整抽换。

(2)根据基本定额(二)中混凝土配合比表(表 2-10)。

表 2-10

单位:$1m^3$ 混凝土

序号	项目	单位	普通混凝土 碎(砾)石最大粒径(mm)													
			20		40											
			混凝土强度等级													
			C55	C60	C10	C15	C20	C25	C30	C35	C40	C45				
			水泥强度等级													
			52.5	52.5	32.5	32.5	32.5	32.5	32.5	32.5	42.5	32.5	42.5	32.5	42.5	52.5	42.5	52.5
			16	17	18	19	20	21	22	23	24	25	26	27	28	29	30
1	水泥	kg	516	539	225	267	298	335	377	355	418	372	461	415	359	440	399
2	中(粗)砂	m³	0.42	0.41	0.51	0.5	0.49	0.48	0.46	0.46	0.45	0.46	0.43	0.44	0.46	0.44	0.44
3	碎(砾)石	m³	0.74	0.71	0.87	0.85	0.84	0.83	0.83	0.84	0.82	0.83	0.81	0.82	0.81	0.81	0.84
4	片石	m³	—														

每 1 m³ 碎石最大粒径为 4cm 的 C30 普通混凝土需:32.5 级水泥:377kg;中(粗)砂:0.46 m³;碎石:0.83m³。

因此,每 10 m³ 实体 C30 混凝土的材料定额抽换值(采用值)为

32.5 级水泥:$0.377 \times 10.2 = 3.845(t)$

中(粗)砂:$0.46 \times 10.2 = 4.69(m^3)$

碎石(4cm):$0.83 \times 10.2 = 8.47(m^3)$

原定额中人工、其他材料及机械消耗量和其他材料费不变。

2. 路面半刚性基层材料的抽换

《预算定额》第二章路面工程第一节路面基层及垫层说明第 2 条中规定:各类稳定土基层定额中材料消耗系数按一定配合比编制的,当设计配合比与定额标明的配合比不同时,有关材料可按下式换算:

$$C_i = [C_d + B_d \times (H - H_0)] \times \frac{L_i}{L_d} \tag{2-5}$$

式中:C_i——按设计配合比换算后的材料数量;

C_d——定额中基本压实厚度的材料数量;

B_d——定额中压实厚度每增减 1cm 的材料数量;

H_0——定额的基本压实厚度;

H——设计的压实厚度;

L_d——定额中标明的材料百分率;

L_i——设计配合比的材料百分率。

【例 2-9】 某 30cm 厚设计配合比为 4:11:85 的石灰粉煤灰稳定碎石基层,施工采用路拌法,稳定土拌和机分层拌和施工(表 2-11)。试确定其预算定额。

表 2-11
单位:1000m²

顺序号	项目	单位	代号	石灰粉煤灰碎石 石灰:粉煤灰:碎石 5:15:80		石灰粉煤灰矿渣 石灰:粉煤灰:矿渣 6:14:80		石灰粉煤灰煤矸石 石灰:粉煤灰:煤矸石 6:14:80	
				压实厚度 20cm	每增减 1cm	压实厚度 20cm	每增减 1cm	压实厚度 20cm	每增减 1cm
				35	36	37	38	39	40
1	人工	工日	1001001	16	0.6	15.6	0.6	13.8	0.5
2	粉煤灰	t	5501009	63.963	3.198	48.163	2.408	53.148	2.657
3	熟石灰	t	5503003	22.77	1.139	22.044	1.102	18.92	0.946
4	矿渣	m³	5503011	—	—	227.12	11.36	—	—
5	煤矸石	m³	5505009	—	—	—	—	200.5	10.03
6	碎石	m³	5505016	222.11	11.1				
7	其他材料费	元	7801001	301	—	301		301	
8	120kW 以内自行式平地机	台班	8001058	0.42		0.42		0.42	
9	12~15t 光轮压路机	台班	8001081	0.37		0.37		0.37	
10	18~21t 光轮压路机	台班	8001083	0.8		0.8		0.8	

续上表

顺序号	项目	单位	代号	石灰粉煤灰碎石 石灰:粉煤灰:碎石 5:15:80		石灰粉煤灰矿渣 石灰:粉煤灰:矿渣 6:14:80		石灰粉煤灰煤矸石 石灰:粉煤灰:煤矸石 6:14:80	
				压实厚度 20cm	每增减 1cm	压实厚度 20cm	每增减 1cm	压实厚度 20cm	每增减 1cm
				35	36	37	38	39	40
11	235kW 以内稳定土拌和机	台班	8003005	0.26	0.02	0.26	0.02	0.26	0.02
12	10000L 以内洒水汽车	台班	8007043	0.31	0.02	0.36	0.03	0.35	0.03
13	基价	元	9999001	36622	1748	32748	1565	27484	1301

解 依题意该工程定额编号为[2-1-4-Ⅲ-35+36]。

由定额表内容可知:定额配合比为5:15:80,设计压实厚度15cm与设计要求不同,需对相关定额值调整。

按照节说明第1条:各类稳定土基层、其他种类的基层和底基层的压实厚度在20cm以内,拖拉机、平地机、摊铺机和压路机的台班消耗按定额数量计算。若超过上述压实厚度进行分层拌和、摊铺、碾压时,拖拉机、平地机、摊铺机和压路机的台班消耗量按定额数量加倍计算,每1000 m² 增加1.5个工日。因此,30cm厚设计配合比为4:11:85的石灰粉煤灰稳定碎石基层预算定额为

人工:$16 + 0.6 \times 10 + 1.5 = 23.5$(工日)

粉煤灰:$[63.963 + 3.198 \times (30-20)] \times 11/15 = 70.36$(m³)

熟石灰:$[22.77 + 1.139 \times (30-20)] \times 4/5 = 27.33$(m³)

碎石:$[222.11 + 11.1 \times (30-20)] \times 85/80 = 353.93$(m³)

120kW 以内自行式平地机:$0.42 \times 2 = 0.84$(台班)

12~15t 光轮压路机:$0.37 \times 2 = 0.74$(台班)

18~21t 光轮压路机:$0.8 \times 2 = 1.6$(台班)

235kW 以内稳定土拌和机:$0.26 + 0.02 \times 10 = 0.46$(台班)

10000L 以内洒水汽车:$0.31 + 0.02 \times 10 = 0.51$(台班)

基价调整计算(略)。

3. 周转及摊销材料用量的抽换——材料周转与摊销定额的运用

周转性材料是指在施工过程中多次重复进行使用的材料,如工作模板、脚手架等,它只在施工过程中参与工程修建,而不构成工程的主要实体。

《预算定额》附录三中的"材料周转与摊销"是为周转性材料而制定的,它规定了各种周转性材料(如模板、拱盔、支架等)在施工中合理使用的周转或摊销的次数。其分类与组成如图2-7所示。

材料周转与摊销定额的主要作用如下:

(1)规定各种周转性材料在施工中合理使用的周转次数、摊销次数。

综上所述定额用量不是周转定额的实际用量,而是每周转使用一次应承担的摊销数量。

(2)对达不到规定周转次数的材料定额进行抽换。

预算定额总说明第八条规定:定额中周转性的材料模板、支撑、脚手杆、脚手板和挡土板等的数量,已考虑了材料的正常周转次数并计入定额内。其中,就地浇筑钢筋混凝土梁用的支架

及拱圈用的拱盔、支架,如确因施工安排达不到规定的周转次数时,可根据具体情况进行换算并按规定计算回收,其余工程一般不予抽换。

1. 混凝土和钢筋混凝土构件、块件模板材料周转及摊销次数
2. 脚手架、踏步、井字架、金属门式吊架、吊盘等摊销次数
3. 临时轨道铺设材料摊销
4. 基础及打桩工程材料摊销次数
5. 灌注桩设备材料摊销
6. 吊装设备材料摊销次数
7. 预制构件和块件的堆放、运输材料摊销次数

图 2-7　材料周转与摊销分类及组成图

当材料的实际周转次数达不到规定的周转次数时,定额表中周转材料的定额用量应予抽换,即按照实际的周转次数重新计算实际定额。其计算公式如下:

$$\text{实际定额用量} = \frac{\text{规定的周转次数}}{\text{实际的周转次数}} \times \text{规定定额用量} \qquad (2-6)$$

【例 2-10】　试确定跨径 $L=2\text{m}$ 的拱涵拱盔及支架周转使用 3 次时的实际定额用量(表 2-12)。

表 2-12

4-9-1　涵洞拱盔、支架

工程内容:制作、安装、拆除。　　　　　　　　　　　　单位:100m² 水平投影面积

顺序号	项目	单位	代号	拱涵拱盔及支架		板涵支架
				跨径(m)		
				2 以内	4 以内	
				1	2	3
1	人工	工日	1001001	41.4	33.8	23.5
2	铁件	kg	2009028	87.1	42.8	64.3
3	铁钉	kg	2009030	3.3	2.2	—
4	原木	m³	4003001	3.25	2.44	2.31
5	锯材	m³	4003002	1.71	1.58	0.88
6	φ500mm 以内木工圆锯机	台班	8015013	0.63	0.57	0.26
7	小型机具使用费	元	8099001	21.7	19.5	9
8	基价	元	9999001	11659	9400	7121

解　依题意,该工程定额编号为[4-9-1-1]。

由定额表"涵洞拱盔、支架"内容可知,跨径 $L=2\text{m}$ 的拱涵拱盔及支架,每 100m² 水平投影面积需:

铁件:87.1kg;铁钉:3.3kg;原木:3.250 m³;锯材:1.71m³。

查《预算定额》附录三"材料周转与摊销",见表 2-13。

表 2-13

(一)混凝土和钢筋混凝土构件、块件模板材料周转及摊销次数

1.现浇混凝土的模板及支架、拱盔、隧道支撑

序号	材料名称	单位	工料机代号	空心墩及索塔钢模板	悬浇箱形梁钢模	悬浇箱形梁、T形梁、T形刚构、连续梁木模板	其他混凝土的木模板及支架、拱盔、隧道开挖衬砌用木支撑等	水泥混凝土路面
				1	2	3	4	5
1	木料	次数	—	—	—	8	5	20
2	螺栓、拉杆	次数	—	12	12	12	8	20
3	铁件	次数	2009028	10	10	10	5	20
4	铁钉	次数	2009030	4	4	4	4	4
5	8~12号铁丝	次数	2001021	1	1	1	1	1
6	钢模	次数	2003025	100	80			

各种材料的周转次数分别为木料:5次;铁件:5次;铁钉:4次。

所以拱涵拱盔及支架周转使用3次时的实际定额用量为

铁件:87.1×5/3 = 145.2(kg)

铁钉:3.3×4/3 = 4.4(kg)

原木:3.25×5/3 = 5.417(m³)

锯材:1.71×5/3 = 2.85(m³)

4. 钢筋品种比例调整

【例 2-11】 某桥梁预制预应力箱梁,钢筋采用集中加工的方式,图纸中显示钢筋的设计使用量为:光圆钢筋4.1t、带肋钢筋8.6t,试确定该箱梁钢筋工程定额(表2-14)。

表 2-14

4-7-15 预制、安装预应力箱梁

工程内容:

预制:(1)钢模板安装、拆除、修理、涂脱模剂、堆放;(2)钢筋除锈、下料、制作、骨架入模、电焊、绑扎;(3)混凝土浇筑、捣固及养护。

安装:(1)整修构件;(2)构件起吊、纵移、落梁、横移就位、校正、锯吊环;(3)双导梁纵移过墩;(4)构件搭接钢板的切割、电焊;(5)吊脚手架的安装、拆除、移动;(6)现浇接缝混凝土的模板工作及混凝土的浇筑、捣固、养护。

单位:表列单位

顺序号	项目	单位	代号	预制等截面箱梁混凝土		预制安装预应力箱梁钢筋		安装			现浇连续梁接缝混凝土
								双梁式架桥机			
				非泵送	泵送	现场加工	集中加工	简支梁	连续梁		
								跨径(m)			
								30以内	50以内		
				10m³		1t		10m³			
				1	2	3	4	5	6		7
1	人工	工日	1001001	27.5	16.4	6.3	4.8	6.4	5.1		23.5
2	普C50-42.5-2	m³	1503018	(10.10)	—						(10.20)

续上表

顺序号	项目	单位	代号	预制等截面箱梁混凝土		预制安装预应力箱梁钢筋		安装 双梁式架桥机		现浇连续梁接缝混凝土
								简支梁	连续梁	
								跨径(m)		
				非泵送	泵送	现场加工	集中加工	30以内	50以内	
				10m³		1t		10m³		
				1	2	3	4	5	6	7
3	泵 C50-42.5-2	m³	1503069	—	(10.30)	—	—	—	—	—
4	预制构件	m³	1517001	—	—	—	—	(10.00)	(10.00)	—
5	HPB300 钢筋	t	2001001	0.002	0.002	0.156	0.156	—	—	—
6	HRB400 钢筋	t	2001002	—	—	0.869	0.864	—	—	—
7	钢丝绳	t	2001019	0.004	0.004	—	—	—	—	—
8	20~22 号铁丝	kg	2001022	—	—	3.25	3.98	—	—	—
9	型钢	t	2003004	0.002	0.002	—	—	0.003	0.002	0.017
10	钢板	t	2003005	—	—	—	—	0.018	0.012	—

解 依题意,该工程定额编号为[4-7-15-4]。

由定额表中查得光圆钢筋与带肋钢筋的比例为 $0.156:0.869=0.18$,而设计图纸中光圆钢筋与带肋钢筋的比例为 $4.1:8.6=0.477$,可知钢筋设计比例与定额比例不符,根据《预算定额》第四章说明第2条(2)中的规定,当设计图纸的钢筋比例与定额有出入时,可调整钢筋品种的比例关系。

由《预算定额》附录四可知光圆钢筋、带肋钢筋的场内运输及操作损耗为 2.5%,因此,实际定额为

$$光圆钢筋=(1+0.025)\times\frac{4.1}{4.1+8.6}=0.331(t)$$

$$带肋钢筋=(1+0.025)\times\frac{8.6}{4.1+8.6}=0.694(t)$$

能力训练

一、思考题

1. 简述公路工程定额的含义及其特性。
2. 按生产要素分类,定额可以分为哪几种?
3. 按编制程序和用途分类,定额可以分为哪几种?简述它们之间的关系。
4. 《预算定额》的内容包括哪几部分?
5. 简述《预算定额》的编制步骤。

二、计算题

习题1:某轻型混凝土墩台,采用 C30 普通钢筋混凝土(水泥强度等级为42.5),试确定混凝土材料的预算定额。

习题2:某二灰稳定碎石基层,厚32cm,采用稳定土拌和机沿路拌和、分层拌和、碾压,材

料配合比为石灰：粉煤灰：碎石 =6:17:77，试确定该项目的预算定额。

习题3：某土方工地有挖方 60000m³ 天然密实方，土质为硬土，采用 10m³ 自行式铲运机运土方，运距为 400m，沿路升 15% 的坡，若总工期为 30d，试确定铲运机的数量。

习题4：某桥现浇预应力等截面箱梁的设计图纸中光圆钢筋为 2.50t，带肋钢筋为 8.20t，试确定该分项的钢筋预算定额。

习题5：某 3 孔拱桥，跨径为 20m，采用满堂式木拱盔，试确定其预算定额。

三、综合练习题

1. 某二级公路长度为 6km，基层宽 24.60m，厚度为 20cm，基层材料为 5.5% 水泥稳定碎石，底基层宽 25.16m，厚度为 32cm，分层摊铺(16cm+16cm)，底基层材料为 4% 水泥稳定碎石。施工方案中采用 300t/h 稳定土拌和设备集中拌和，12t 自卸汽车运输，运距为 4.5km。路面两侧设置 C30 水泥混凝土预制块路缘石，试分析该项目基层、底基层和路缘石工程的预算定额细目。

2. 某桥梁的钻孔灌注桩工程，其主要工程量见表 2-15。

工 程 量 表　　　　　　　　　　表 2-15

桩基础	C30 混凝土	HRB400 钢筋	HPB300 钢筋	声 测 管
	m³	kg	kg	kg
	203.3	16291.8	6690.3	597.8

已知，该桥桩基桩径为 1.6m，单根桩基长度 15~20m，共 6 根，桩基总长为 101.2m。其中，穿越砂砾层的总长为 46.3m，穿越卵石层的总长为 54.9m。试列出该桥桩基础的预算定额细目。

3. 某二级公路路基土石方设计，无挖方，按断面计算的填方数量为 201000m³，平均填土高度 5.0m，边坡坡度 1:1.5。本标段路线长度为 6km，路基宽度为 26m，施工之前进行原地面清表，厚度为 20cm。另外，已知地面以上路基断面范围内填方中 40% 从其他标段调用，平均运距为 3km；其他为借方，平均运距为 2km，均按普通土考虑。为保证路基边缘的压实度需加宽铺筑，宽填宽度为 50cm，完工后虽要刷坡但不远运。假设填前压实沉陷厚度为 15cm，土的压实干密度为 1.4t/m³，自然土的含水率约低于最佳含水率 2%，水的平均运距为 1km。

试列出编制本项目土方工程、石方工程所需的预算定额细目。

项目三　工程量计算

【概述】 工程量是编制工程造价的基础数据资料。本项目主要介绍概(预)算定额中路基工程、路面工程、桥涵工程和隧道工程等的主要工程量计算规则与方法,同时介绍材料平均运距的计算方法。

任务一　认识工程量计算的依据与原则

 学习目标

(1)了解工程量计算的依据;
(2)熟悉工程量计算的原则。

 任务描述

本任务详细介绍工程量计算的依据和原则。通过学习本任务,要求学生正确计算工程数量,需要准确掌握计算过程的依据和计算原则。

 相关知识

工程造价的确定,是以该工程所完成的工程实体数量为依据,对实体数量做出正确的计算,并以一定的计量单位表述工程量,是工程造价计算过程中的一个重要环节。以物理计重单位或自然计量单位表示各分项工程或结构构件数量的过程就是工程量计算。

工程量计算是编制公路工程施工图预算和工程量清单的基础工作,是预算文件和工程量清单的重要组成部分。能否正确计算工程量,直接关系到编制概、预算文件等造价文件的正确性和编制结果的准确性。工程量既是施工企业编制施工计划、组织劳动力和供应材料、机具的重要依据,也是基本建设管理职能部门(如计划和统计部门)工作的重要内容之一。因此,正确计算工程量对建设单位和施工企业加强管理和正确确定工程造价都具有重要的现实意义。

一、工程量计算的依据

1. 经审定的施工设计图纸及设计说明

施工设计图纸是计算工程量的基础资料,因为施工图纸反映工程实物的构造和各部位的尺寸,是计算工程量的基本依据。在取得施工图纸和设计说明等资料后,必须全面细致地熟悉和核对有关图纸和资料,检查图纸是否齐全、正确。如果发现设计图纸有错漏或相互间有矛盾,应及时向设计部门提出修改意见,进行更正。经过审核、修正后的施工图才能作为计算工程量的依据。

2. 工程量清单计价规范、工程定额

《公路工程工程量清单计量规则》和省、自治区、直辖市颁发的地区性工程定额都比较详细地规定了各个分部分项工程量的计算规则和计算方法。计算工程量时，必须严格按照工程适用时规定中的计量单位、计算规则和方法进行；否则，将可能出现计算结果的数据和单位等的不一致。

3. 经审定的施工组织设计或施工技术措施方案和施工现场情况

计算工程量时，除直接计算施工图纸中的实物工程量外，还必须参照施工组织设计或施工技术措施方案进行。例如，计算挖基坑土方工程量仅仅依据施工图是不够的，因为施工图中并未标明实际施工场地土壤的类别及施工中是否放坡开挖，或者是否采用基坑支挡防护、围堰等方式。对于这类问题，需要借助于施工组织设计或施工技术措施方案加以解决。

4. 经确定的其他有关技术经济文件

其他有关技术经济文件是指国家和行业主管部门发布的、现行的与概预算等造价文件编制有关的法规、规范、规程等技术经济文件，如当地规定的征地拆迁费用、土地青苗补偿等。招标文件中的计量规定及计量方法等有关技术经济文件也是工程量计算的依据。

二、工程量计算的原则

为了保证工程量计算方法的合理性，计算结果的准确性，计算工程量时必须遵循以下原则。

1. 工程量计算所用原始数据必须和设计图纸相一致

工程量是每一分项工程根据设计图纸进行计算的，计算时所采用的原始数据都必须以施工图纸所表示的尺寸或施工图纸能读出的尺寸为准，不得任意加大或缩小各部位尺寸。

特别对工程量有重大影响的尺寸（如建筑物的外包尺寸、轴线尺寸等）以及价值较大的分项工程（如钢筋混凝土工程等）的尺寸，其数据的取定，均应根据图纸所注尺寸线及尺寸数字，通过计算确定。

2. 计算口径必须与有关的工程量清单计价规范或预算定额一致

计算工程量时，根据施工图纸列出的工程子目的口径（工程子目所包括的工作内容），必须与预算定额中相应的工程子目的口径相一致，不能将定额子目中已包含了的工作内容拿出来另列子目计算。工程量清单项目的划分，一般以一个"综合实体"进行设置，每一清单项目包括多个分项工程内容，据此规定的工程量计算规则与预算定额的计算规则有所区别。

3. 工程量的计算单位必须与工程量清单计价规范或预算定额一致

按施工图纸计算工程量时，所计算的工程子目的工程量单位必须与预算定额表中右上角的单位相一致。例如，预算定额是以 $100m^3$ 作单位的，所计算的工程量也必须以 $100m^3$ 作单位。

4. 工程量计算规则必须与工程量清单计价规范或预算定额一致

工程量计算必须与定额中规定的工程量计算规则（或计算方法）相一致。预算定额中对分项工程的工程量计算规则和计算方法都作了具体规定，计算时必须严格按规定执行。

5. 工程量的计算的准确度

工程量的数字计算要准确,一般应精确到小数点后 3 位,汇总时,其准确度取值要达到以下要求:

(1) 立方米(m^3)、平方米(m^2)及米(m)以下取两位小数;
(2) 吨(t)以下取 3 位小数;
(3) 千克(kg)、件、建筑面积等取整数。

任务二　路基工程计量

学习目标

(1) 正确对土石方进行分类,区分天然密实方与压实方;
(2) 正确计算路基计价方数量;
(3) 掌握路基土石方工程、排水工程、软基加固工程和防护工程的计量规则。

任务描述

结合表 3-1 中的路基工程案例,通过学习路基土石方工程数量的计算方法,要求学生能够正确区分各类土石方工程数量,结合土石方调配结果,认识利用方、借方、弃方和计价方等,能够计算路基计价方数量。同时,要求学生能够完成特殊地基处理、路基排水工程和防护工程的计量。

相关知识

一、路基土石方数量计算

路基土石方是公路工程的主要工程量,在整个工程项目中所占比例较大。土石方的数量及其调配,关系到取土或弃土地点、公路用地范围,是确定工程造价的主要依据。

(一) 土石方计算方法

由于天然地面起伏多变,填挖体积不可能是一个简单的几何体,因此,路基土石方的计算通常只能近似计算,计算精度按工程的要求而定。一般情况下,横断面的面积以平方米为单位,取小数后一位;土石方的体积以立方米为单位,取整数。

1. 横断面面积

路基横断面面积是指原地面线与路基设计线所包围的面积,包括填方面积和挖方面积,同一桩号横断面的填挖面积需分别计算。

(1) 面积计算

横断面面积计算有积距法、几何图形法等方法。目前,公路设计均采用路线软件设计,路基横断面尺寸确定后,横断面面积可以自动生成。

路基每公里土石方数量表

×× 二级公路改建工程　　SⅢ-11　　表3-1

起讫桩号	长度	挖方 (m³) 总体积	挖方 土方 松土	挖方 土方 普通土	挖方 土方 硬土	挖方 石方 软石	挖方 石方 次坚石	挖方 石方 坚石	填方 (m³) 总数量	填方 土方	填方 石方	本桩利用 土方	本桩利用 石方	远运利用 土方	远运利用 石方	远运利用 平均运距(km) 土方	远运利用 平均运距 石方	借方 土方	借方 石方	借方 平均运距 km	废方 土方	废方 石方	废方 平均运距 km 土方	备注
K36+767 - K37+000	233	1334.0	266.8	1067.2					592.8	592.8		190.0		402.8		0.082								调出土 544.107m³
K37+000 - K38+000	1000	4861.1	972.2	3888.9					3734.9	3734.9		1897.5		1837.4		0.496								调入土 544.107m³
K38+000 - K39+000	1000	4655.1	931.0	3724.1					2615.5	2615.5		1055.5		1560.0		0.895								调入土 789.544m³
K39+000 - K40+019	1019	4310.6	862.1	3448.5					3988.6	3988.6		1663.9		2324.7		0.871								调入土 2256.596m³
K40+019 - K41+000	981	4123.6	824.7	3298.8					4930.9	4930.9		865.7		4065.2		0.679								调入土 2093.849m³
K41+000 - K42+000	1000	3027.5	605.5	2422.0					1613.4	1613.4		762.8		850.6		0.071								调出土 194.053m³
K42+000 - K43+000	1000	6168.0	1233.6	4934.4					6832.5	6832.5		1684.1		5148.4		0.888								调入土 1769.840m³
K43+000 - K44+000	1000	5392.0	1078.4	4313.6					2194.2	2194.2		1451.9		742.3		0.121								调出土 2401.162m³
K44+000 - K45+000	1000	3471.1	694.2	2776.9					6462.4	6462.4		1585.2		4877.2		0.760								调入土 3504.106m³
K45+000 - K46+000	1000	2563.3	512.7	2050.7					3942.3	3942.3		1450.5		2491.8		0.844								调入土 2245.866m³
K46+000 - K47+000	1000	4343.5	868.7	3474.8					1256.2	1256.2		1079.2		177.0		0.048								调出土 2445.596m³
K47+000 - K48+000	1000	26133.1	5226.6	20906.4					30997.5	30997.5		817.0		21003.7		0.304		9176.9		5.493				调出土 451.405m³

第 1 页　共 3 页

续上表

起讫桩号	长度	挖方(m²) 总体积	挖方 土方 松土	挖方 土方 普通土	挖方 土方 硬土	挖方 石方 软石	挖方 石方 次坚石	挖方 石方 坚石	填方(m³) 总数量 m³	填方 土方 m³	填方 石方 m³	本桩利用 土方 m³	本桩利用 石方 m³	远运利用 土方 m³	远运利用 石方 m³	远运利用 平均运距(km) 土方	远运利用 平均运距(km) 石方	借方 土方 m³	借方 石方 m³	借方 平均运距 km 土方	借方 平均运距 km 石方	废方 土方 m³	废方 石方 m³	废方 平均运距(km) 土方	废方 平均运距(km) 石方	备注
K48+000~K49+000	1000	17236.1	3447.2	13788.9					25956.2	25956.2		371.6		18282.8		1.050		7301.8		5.542						调入土6940.351m³
K49+000~K50+000	1000	8340.6	1668.1	6672.5					9241.8	9241.8		534.1		8707.7		0.309										调出土2975.539m³
K50+000~K51+000	997	8363.2	1672.6	6690.6					1657.1	1657.1		598.3		1058.7		0.111										调出土5470.529m³
K51+000~K56+400	5400	1461.1	292.2	1168.8					617.5	617.5		395.1		222.3		0.079										调入土129.413m³
K56+400~K57+000	600	1543.2	308.6	1234.6					1057.4	1057.4		532.0		525.4		0.132										调出土257.834m³
K57+000~K58+000	1000	1886.5	377.3	1509.2					7393.5	7393.5		1441.0		424.7		0.402		5527.8		10.774						调入土257.834m³
K58+000~K59+000	1000	2324.6	464.9	1859.7					5769.9	5769.9		1716.0		3914.8		1.330		139.1		10.590						调出土3649.630m³
K59+000~K60+000	1000	6286.5	1257.3	5029.2					1798.7	1798.7		505.5		1293.2		0.474										调出土3558.982m³
K60+000~K61+000	1000	1747.0	349.4	1397.6					1985.4	1985.4		337.1		1648.3		0.235										调出土587.107m³
K61+000~K62+000	1000	3136.9	627.4	2509.5					3943.3	3943.3		1358.2		907.7		0.190		1677.3		7.124						调出土179.584m³
K62+000~K63+000	1000	1313.7	262.7	1050.9					3092.4	3092.4		777.7		162.3		0.088		2152.4		6.050						调出土179.584m³
K63+000~K64+000	1000	2227.9	445.6	1782.3					9871.3	9871.3		1769.6		2484.9		0.599		5616.8		5.338						调出土2355.718m³
K64+000~K65+000	1000	5427.6	1085.5	4342.1					2252.5	2252.5		1093.9		1158.6		0.161										调出土2373.170m³
小计		131677.9	26335.6	105342.3					14798.0	14798.0		29933.3		86272.6				31592.1				0.0				

（2）面积计算时应注意的问题

①填方和挖方的面积应分别计算。

②填方或挖方的土石因其造价不同，也应该分别计算。

③有些情况下，横断面上的某一部分面积既可能是挖方面积，也可能被算作填方面积。例如，遇到淤泥既要挖除，又要回填其他材料。又如，当地面自然坡度较陡时，按《公路路基设计规范》（JTG D30—2015）的要求需开挖台阶的面积等。

2. 填挖方体积计算

路基土石方数量常用的计算方法有平均断面法和似棱体法。

（1）平均断面法

若相邻两断面均为填方或均为挖方且面积大小相近，则可假定两断面之间为一棱柱体，其体积的计算公式为

$$V = \frac{1}{2}(A_1 + A_2)L \tag{3-1}$$

式中：V——体积，即土石方数量（m³）；

A_1、A_2——分别为相邻两断面面积（m²）；

L——相邻两断面之间的距离（m）。

（2）似棱体法

若 A_1 和 A_2 相差甚大，则采用似棱体法。其计算公式为

$$V = \frac{1}{3}(A_1 + A_2)L\left(1 + \frac{\sqrt{m}}{1+m}\right) \tag{3-2}$$

其中，$m = A_1/A_2$，且 $A_1 < A_2$。

用平均断面法计算与似棱体法计算结果比较，如果误差超过5%，应采用似棱体法计算（图3-1）。

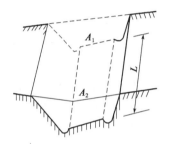

图3-1 土石方数量计算

(二)计量注意事项

1. 路基土方与石方应分类计量

路基土方与石方的开挖、压实工作对于不同类别的土壤及岩石，其施工的难易程度不同，所需的费用也不同。因此，在编制概（预）算时，应将不同类别的土壤、岩石分类计量。按照《公路工程概算定额》《公路工程预算定额》的规定，按开挖难易程度将路基土壤、岩石分为六类。其中，土壤可分为松土、普通土和硬土三类；岩石可分为软石、次坚石和坚石三类。

土、石分类与六级土、石分类和十六级土、石分类对照表见表3-2。

土、石分类与六级土、石分类和十六级土、石分类对照表　　表3-2

土、石分类	松土	普通土	硬土	软石	次坚石	坚石
六级分类	Ⅰ	Ⅱ	Ⅲ	Ⅳ	Ⅴ	Ⅵ
十六级分类	Ⅰ~Ⅱ	Ⅲ	Ⅳ	Ⅴ~Ⅵ	Ⅶ~Ⅸ	Ⅹ~ⅩⅥ

2. 正确区分天然密实方和压实方

天然密实方是指土体在自然状态下的体积。压实方是指将天然密实方压（夯）实之后的体积。在路基施工中，路基土方和石方的开挖、装卸及运输是按天然密实方体积计算的，而填

方是按压(夯)实以后的几何尺寸计算的。

在公路工程计量时规定:除定额中另有说明者外,土方挖方按天然密实体积计算,填方按压(夯)实后的体积计算,石方爆破按天然密实体积计算。当以填方压实体积为工程量,采用以天然密实方为计量单位的定额时,如果路基填方为利用方,所采用的定额应乘以表3-3中的换算系数;如果路基填方为借方,则应在下列系数基础上增加0.03的损耗。

压实方与天然密实方间的换算系数 表3-3

公路等级	土类	土 方			石 方
		松土	普通土	硬土	
二级及以上等级公路		1.23	1.16	1.09	0.92
三、四级公路		1.11	1.05	1.00	0.84

3. 施工组织设计中提出的一些工程量,应并入路基填方数量内计算

(1) 清除表土或零填方地段的基底压实、耕地填前夯(压)实后,回填至原地面高程所需的土、石方数量。

(2) 因路基沉陷需增加填筑的土、石方数量。

(3) 为保证路基边缘的压实度需加宽填筑时,所需的土、石方数量。

(三) 计价土、石方数量

在路基土、石方调配中,所有挖方,无论是弃方还是调运至其他路段的方量,都属于计价方;但对于填方则不然,它要根据土的来源来决定:如果是移挖作填、调配利用则不应计价;如果是路外借土则需要计价。因此,计价土石方的数量必须通过土、石方调配来确定。各种土、石方数量关系如下:

$$\text{设计断面方} = \text{挖方(天然密实方)} + \text{填方(压实方)} \tag{3-3}$$

$$\text{挖方(天然密实方)} = \text{利用方(天然密实方)} + \text{弃方(天然密实方)} \tag{3-4}$$

$$\text{填方(压实方)} = \text{利用方(压实方)} + \text{借方(压实方)} \tag{3-5}$$

$$\text{计价方} = \text{挖方(天然密实方)} + \text{填方(压实方)} - \text{利用方(压实方)}$$

$$= \text{挖方(天然密实方)} + \text{借方(压实方)} \tag{3-6}$$

【例3-1】 某二级路路基工程挖方 1600m^3 天然密实方,(其中,松土 460m^3,普通土 380m^3,硬土 760m^3);填方数量为 960m^3 压实方。在该路段内可移挖作填土方 620m^3,天然密实方(其中松土 240m^3,普通土 160m^3,硬土 220m^3)。试求计价方数量。

解 计价方数量 = 挖方数量 + 借方数量

(1) 挖方数量

挖方应按天然密实方计量,故挖方数量依题意为 1600m^3 天然密实方。

(2) 借方数量

借方数量 = 填方数量 − 移挖作填(本桩利用)数量

借方应按压实方计量。由于移挖作填方数量是按天然密实方计量的,故应将其分别除以表3-2中的系数,将其换算为压实方,即

$$\text{移挖作填数量} = \frac{240}{1.23} + \frac{160}{1.16} + \frac{220}{1.09} = 535 \, (\text{m}^3)$$

$$\text{借方数量} = 960 - 535 = 425 \, (\text{m}^3)$$

(3)计价方数量 = 1600 + 425 = 2025(m³)

二、特殊路基处理工程量计算

(一)工程量计算方法

(1)袋装砂井及塑料排水板处理软土地基,工程量为设计深度。
(2)振冲碎石桩的工程数量为设计桩长。
(3)挤密碎石桩、灰土桩、砂桩和石灰砂桩处理软土地基的工程量为设计桩断面积乘以设计桩长。
(4)水泥搅拌桩和高压旋喷桩处理软土地基的工程量为设计桩长。
(5)土工布的铺设面积为锚固沟外边缘所包围的面积,包括锚固沟的底面积和侧面积。

(二)计算示例

【例3-2】 某软土地基,采用土工布处理。已知锚固沟内边宽9m,长600m,四周锚固沟深0.6m,底宽0.4m,边坡1:0.5,如图3-2、图3-3所示。试求土工布的铺设面积。

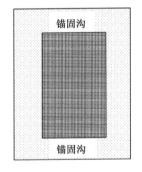
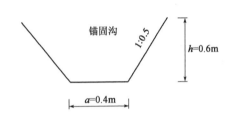

图3-2 软土地基平面图　　　　　图3-3 锚固沟结构图

解 按照土工布铺设面积的计量规定,其铺设面积应为锚固边沟外缘所包围的面积,包括锚固沟的底面积和侧面积,即

$$土工布铺设面积 = \left\{9 + 2 \times \left[2 \times \sqrt{0.6^2 + \left(0.6 \times \frac{0.5}{1.0}\right)^2} + 0.4\right]\right\} \times$$

$$\left\{600 + 2 \times \left[2 \times \sqrt{0.6^2 + \left(0.6 \times \frac{0.5}{1.0}\right)^2} + 0.4\right]\right\}$$

$$= 7531(m^2)$$

三、排水工程数量计算

(一)工程量计量规则

(1)砌筑工程的工程量为砌体的实际体积,包括构成砌体的砂浆体积。
(2)预制混凝土构件的工程量为预制构件的实际体积,不包括预制构件中空心部分的体积。

(3)挖截水沟、排水沟的工程量为设计水沟断面积乘以水沟长度与水沟圬工体积之和。

(4)路基盲沟的工程量为设计设置盲沟的长度。

(5)轻型井点降水定额按 50 根井管为一套,不足 50 根井管的按一套计算。井点使用天数按日历天数计算,使用时间按施工组织设计确定。

(6)如果雨水箅子的规格与定额不同时,可按设计用量抽换定额中铸铁箅子的消耗。

(二)计算示例

【例 3-3】 某路段设置有长度为 800m 的浆砌片石排水沟,排水沟的横断面如图 3-4 所示,试计算该浆砌片石排水沟的工程量。

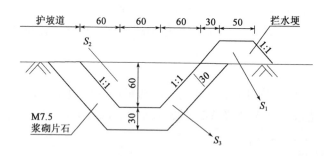

图 3-4 某路段排水沟横断面图(尺寸单位:cm)

解 $S_1 = \frac{1}{2} \times (0.5 + 0.5 + 0.3 \times 2) \times 0.3 = 0.24 (\text{m}^2)$

$S_2 = \frac{1}{2} \times (0.6 \times 3 + 0.6) \times 0.6 = 0.72 (\text{m}^2)$

$S_3 = \frac{1}{2} \times (0.6 \times 3 + 0.3 \times \sqrt{2} \times 2 + 0.6 + 0.3 \times \tan 22.5° \times 2) \times (0.6 + 0.3) = 1.574 (\text{m}^2)$

$S_{沟} = S_3 - S_2 = 1.574 - 0.72 = 0.854 (\text{m}^2)$

$S_{总} = S_1 + S_{沟} = 0.24 + 0.854 = 1.094 (\text{m}^2)$

排水沟的工程量 $V = S_{总} \times L = 1.094 \times 800 = 875.2 (\text{m}^3)$

任务三 路面工程计量

学习目标

(1)熟悉路面工程各部位工程量的计量规则;

(2)正确计算路面各结构层的工程量。

任务描述

本任务结合表 3-4 中的路面工程案例,要求学生学习和掌握路面工程各部位工程量的计算方法。

路面工程数量表

表 3-4

序号	起讫桩号		铺筑长度 (m)	行车道及路缘带宽度 (m)	总厚 (cm)	行 车 道														路缘石		
						SMA-13 上面层		AC-16 中面层		AC-25 下面层		乳化沥青黏层	乳化沥青稀浆封层	5.5%水泥稳定碎石基层			4%水泥稳定碎石底基层			C30 混凝土（预制）		体积 (m^3)
						厚度 (cm)	面积 ($1000m^2$)	厚度 (cm)	面积 ($1000m^2$)	厚度 (cm)	面积 ($1000m^2$)	面积 ($1000m^2$)	面积 ($1000m^2$)	厚度 (m)	宽度 (m)	面积 ($1000m^2$)	厚度 (m)	宽度 (m)	面积 ($1000m^2$)	长度 (m)		
1	2		3	4	5	6	7	8	9	10	11	12	13	14	15	16	17	18	19	20		21
1	K31+425	— K32+500	1075	24	70	4	25.80	6	25.80	8	25.80	51.60	26.45	20	24.6	26.45	16+16	25.12	27.00	2150		110
2	K32+500	— K32+650	150	24	10	4	3.60	6	3.60			3.60											
3	K32+650	— K36+775	4125	24	70	4	99.00	6	99.00	8	99.00	198.00	101.48	20	24.6	101.48	16+16	25.12	103.62	8250		423
26	本页小计		5350				128.40		128.40		124.80	253.20	127.92			127.92			130.62	10400		533

 **相关知识**

路面工程按工程部位、材料类别和施工方法等划分项目,在编制公路工程概、预算时,路面计价工程量的计算原则和方法基本相同。摘取工程量时应注意以下有关问题。

一、路面实体的计量单位

对于各种类型的路面、路槽、路肩、垫层以及基层等,除沥青混合料路面、厂拌基层稳定土混合料运输以 1000m³ 路面实体为计算单位外,其他均以 1000m² 为计算单位计算设计面积。路面实体则按设计面积乘以压实厚度计算。

二、路面、路肩厚度计量

路面项目中的厚度均为压实厚度,培路肩厚度为净培路肩的夯实厚度。

三、路面工程计量规则

(1)路面各结构层压实厚度规定。

各类稳定土基层、级配碎石、级配砾石基层的压实厚度在 15cm 以内;填隙碎石层的压实厚度在 12cm 以内;垫层、其他种类的基层和底基层压实厚度在 20cm 以内;泥结碎石、级配碎石、级配砾石、天然砂砾、粒料改善土壤路面的面层压实厚度在 15cm 以内时,拖拉机、平地机和压路机的台班消耗按定额数量计算。如果超过上述压实厚度进行分层拌和、碾压时,摊铺机、拖拉机、平地机和压路机的台班消耗按定额数量加倍计算,每 1000m² 增加 1.5 个工日。

(2)各类稳定土基层定额中材料消耗系按一定配合比编制,当设计配合比与定额标明配合比不同时,应对有关材料进行调整。

(3)泥结碎石及级配碎石、级配砾石面层定额中,均未包括磨耗层和保护层,需要时应按磨耗层和保护层定额另行计算。

(4)沥青路面定额中未包括透层、黏层和封层,需要时应按有关定额另行计算。

(5)整修和挖除旧路面按设计提出的需要整修(挖除)的旧路面体积计算。

(6)要根据施工组织设计或标段的划分,结合该地区现有拌和设备的生产能力,综合考虑临时用地、材料和混合料的运输费用等,合理确定拌和场的地点和面积、需要安拆的拌和设备的型号,并据此计算出混合料的平均运距。

任务四 桥涵工程计量

 **学习目标**

(1)熟悉桥梁工程各部位工程量的计量规则;
(2)能够完成桥梁各部位工程量的计算。

任务描述

本任务结合表 3-5 中的桥梁工程数量表,要求学生识读桥梁工程各部位的工程量。

桥梁工程数量表

表3-5

工程材料	项目	单位	上部构造 预制箱梁 预制	上部构造 预制箱梁 现浇	桥面铺装	伸缩缝	外侧防撞护栏	泄水管	支座及锚形块	小计	下部构造 桥墩 盖梁	下部构造 桥墩 挡块	下部构造 桥墩 支座垫石	下部构造 桥墩 墩身	下部构造 桥墩 系梁	下部构造 桥墩 桩基	下部构造 桥台 台帽	下部构造 桥台 挡块	下部构造 桥台 支座垫石	下部构造 桥台 背墙	下部构造 桥台 台身	下部构造 桥台 侧墙	下部构造 桥台 扩大基础	小计	附属工程 桥头搭板枕梁	小计	合计
混凝土	C50钢纤维混凝土	m³				4.3				4.3																	4.3
	C50	m³	461.4	53.4	121.6				0.3	636.6																	636.6
	C30	m³					108.4			108.4	108.5	3.0	2.1	192.4	45.4	203.3	13.6	0.6	0.6	19.2	575.0	336.7		588.7	49.9	49.9	747.0
	C25片石混凝土	m³																					669.8	911.7			911.7
	C20片石混凝土	m³																						669.8			669.8
	沥青混凝土	m²			68.4					68.4																	68.4
	桥面防水材料	m²			1368.0					1368.0																	1368.0
	φ15.2钢绞线	kg	11721.0	3773.0						15494.0																	15494.0
	φ50波纹管	m	351.0							351.0																	351.0
	φ55波纹管	m	2118.0							2118.0																	2118.0
纹管	φ70×25波纹管	m			90.0					90.0																	90.0
	φ90×25波纹管	m			570.0					570.0																	570.0
	C28	kg									11016.6													11016.6			11016.6
RB400钢筋	C25	kg	13838.4	2933.3						16771.7	20983.7	1844.4			3683.0	16077.4								42885.7	2883.2	2883.2	62540.6
	C22	kg	363.6	47.6						411.2																429.1	429.1	840.3
	C20	kg	10364.5	979.6			322.4		49.7	11716.7																1825.8	1825.8	13598.9
	C16	kg	11184.4				17995.9		372.6	29502.7				1320.8		214.4				56.4				3722.1	2257.0	2257.0	35481.8
	C14	kg				551.8				551.8																	551.8
	C12	kg	54902	2422.0	27056.0		5924.0		125.7	90479.4	700.2	164.7	1224.3	7715.2	1080.0	6690.3	1181.2		349.8	1005.7				20454.4	459.4	459.4	92138.2
	A10	kg	12091.6	2250.7						14342.3	2924.0	53.8					252.2			499.2				1199.4			3796.7
PB300钢筋	A8	kg	7639.0					78.4	90.0	7883.2															52.0	52.0	7935.2
	其他钢材	kg			75.8	2736.8		56.0		2736.8																	2736.8
泄水管	M15-3	个		36.0						56.0																	56.0
锚具	M15-4	套	168.0							36.0																	36.0
	M15-5	套	48.0							168.0																	168.0
	BM15-4	套		30.0						48.0																	48.0
	BM15-5	套		120.0						30.0																	30.0
支座	GYZ250×63(NR)	套								120.0																	120.0
	GYZF300×54(NR)	套	30.0							30.0																	30.0
	D-80型伸缩缝	m				24.0				24.0																	24.0
	桩基声测管	m			30.0					30.0																	30.0
																597.8								597.8			597.8

注：本桥数量应计入0、7号桥台及6号桥墩施工挖方2516.1m³；0、7号桥台基础回填795.84m³。7号桥台右侧沿河防冲刷钢筋240m³。

相关知识

桥涵工程结构复杂,类型繁多,因此其计价项目多,工程计量难度大。计价资料根据工程施工技术特点分为主体工程和辅助工程。主体工程是指构成桥梁工程的实体,一般从设计图表上可确定其计价工程量。辅助工程是指为完成主体工程所必须采取的措施,计价数量设计图纸上不反映,除挖基工程外,要根据项目实际情况和施工组织设计的要求取定。

在概(预)算文件编制中,桥涵工程都是以 m^3、m 和 t 作为计量单位,只是其综合扩大的工程内容各有所不同。下面将介绍桥涵工程中一些主要工程量计算方法。

一、基础工程

桥梁有砌石、混凝土基础、沉井和桩基础等结构形式。涵洞的基础多采用砌石,桥梁除采用砌石和混凝土基础外,灌注桩基础也较为普遍。

(一)开挖基坑

基坑的开挖工作应按土方、石方、深度、干处或湿处等不同情况分别统计其数量,并结合施工期内河床水位高低合理确定围堰的类别及数量、基坑排水台班消耗标准以及必须采取的技术安全措施等。

(1)基坑开挖工程量按基坑容积计算。

当基坑为平截方锥时,如图3-5所示。其计算公式如下:

$$V = \frac{h}{6} \times [ab + (a + a_1)(b + b_1) + a_1 b_1] \tag{3-7}$$

当基坑为截头圆锥时,如图3-6所示。其计算公式如下:

$$V = \frac{\pi h}{3} \times (R^2 + Rr + r^2) \tag{3-8}$$

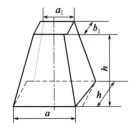

图3-5 平截方锥基坑示意图

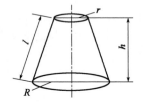

图3-6 截头圆锥基坑示意图

(2)基坑挡土板的支挡面积,按坑内需要支挡的实际面积计算。

(二)筑岛、围堰及沉井工程

(1)草土、草(麻)袋、竹笼围堰长度按围堰中心长度计算,围堰、筑岛高度按施工水深加 0.5m 计算。

(2)套箱围堰的工程量为套箱金属结构的质量。套箱整体下沉时悬吊平台的钢结构及套箱内支撑的钢结构均已经综合在定额中,不得作为套箱工程量进行计算。

(3)沉井制作的工程量:重力式沉井为设计图纸井壁及隔墙混凝土数量;钢丝网水泥薄壁浮运沉井为刃脚及骨架钢材的质量,但不包括铁丝网的质量;钢壳沉井的工程量为钢材的总质量。

(4)沉井下沉定额的工程量按沉井刃脚外缘所包围的面积乘以沉井刃脚下沉入土深度计算。沉井下沉按土、石所在的不同深度分别采用不同下沉深度的定额。定额中的下沉深度指沉井顶面到作业面的高度。定额中已经综合了溢流(翻砂)的数量,不得另加工程量。

(三)灌注桩工程

(1)灌注桩成孔工程量是按设计入土深度计算。定额中的孔深指护筒顶至桩底(设计高程)的深度。造孔定额中同一孔内的不同土质,不论其所在的深度如何,均采用总孔深定额。

(2)人工挖孔的工程量按护筒(护壁)外缘所包围的面积乘以设计孔深计算。

(3)浇筑水下混凝土的工程量按设计桩径的横断面面积乘以设计桩长计算,不得将扩孔因素计入工程量。

(4)灌注桩工作平台的工程量按施工组织设计需要的面积计算。

(5)钢护筒的工程量按照护筒的设计质量计算。当设计提供不出钢护筒的质量时,根据桩径参考定额说明中要求计算。

【例3-4】 某天然浅基础尺寸为8m×8m×3m,基坑深4m,基坑底部边缘距基础1.5m,坑壁斜率为1:0.33,如图3-7所示,计算人工挖基坑方量与回填量。

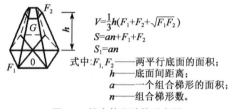

$V = \frac{1}{3}h(F_1 + F_2 + \sqrt{F_1 F_2})$
$S = an + F_1 + F_2$
$S_1 = an$
式中:F_1、F_2——两平行底面的面积;
h——底面间距离;
a——一个组合梯形的面积;
n——组合梯形数。

图3-7 棱台体积计算示意图

解 基坑横截面为梯形,下底长为 $8 + 1.5 \times 2 = 11(m)$;上底长为 $11 + 4.0 \times 0.33 \times 2 = 13.64(m)$。根据棱台体积的计算公式,可得

$$V_{挖} = \frac{1}{3} \times 4.0 \times (11^2 + 13.64^2 + 11 \times 13.64) = 609.45(m^3)$$

基坑回填量为

$$V_{回填} = 609.45 - 8 \times 8 \times 3.0 = 417.45(m^3)$$

二、下部结构

下部结构主要指桥梁墩台、索塔等,一般采用砌石、现浇混凝土及钢筋混凝土等形式。桥涵工程的实体结构物一般都具有较规则的几何形体,或者是由若干个简单的几何形体组成。因此,可以通过计算几何图形的面积、体积来计量其工程数量。

(1)墩台工程量为墩台身、墩台帽、支座垫石、拱座、盖梁、系梁、侧墙翼墙、耳墙、墙背、填平层、腹拱圈、桥台第二层以下的帽石等(有人行道时为第一层以下的帽石)等的工程数量之和。

(2)索塔的高度为触顶、承台顶或系梁底到索塔顶的高度。当塔、墩固结时,工程量为基础顶面或承台顶面以上至塔顶的全部数量;当塔、墩分离时,工程量应为桥面顶部以上至塔顶的数量,桥面顶部以下部分的数量应按墩台定额计算。

(3)斜拉索锚固套筒定额中已经综合加劲钢板和钢筋的数量,其工程量以混凝土箱梁中锚固套筒钢管的质量计算。

(4)斜拉索钢锚箱的工程量为钢锚箱钢板、剪力钉、定位件的质量之和,不包括钢管和型钢的质量。

三、上部结构

梁、板桥上部构造的工程量包括梁、板、横隔板、箱梁0号块、合龙段和桥面连续结构的工程量以及安装时的现浇混凝土的工程量。

拱桥上部构造的工程量包括拱圈、拱波、填平层、拱板、横墙、侧墙、横隔板、拱眉、行车道板、护拱和帽石的工程量,以及安装时拱肋接头混凝土、浇筑的横隔板和填塞砂浆的工程量。

钢桁架桥的工程量为钢桁架的质量。施工用的导梁、连接及加固杆件、上下滑道等不得计入工程量内。

行车道板与桥面铺装的工程量为行车道梁、人行道板和行车道水泥混凝土桥面铺装的数量之和。行车道沥青混凝土桥面铺装及人行道沥青砂铺装的数量已经综合在定额中,计算工程量时不得再计入这部分数量。

人行道及安全带的工程量按桥梁总长度计算。

通常将桥梁的上部构造划分为行车道系、桥面铺装和人行道系三部分,有砌石、现浇混凝土、预制安装混凝土构件、钢桁架和钢索吊桥等不同结构形式。一般需注意以下几点:

(1)预制构件的工程量为构件的实际体积(不包括空心部分的体积),但预应力构件的工程量为构件预制体积与构件端头封锚混凝土的数量之和。预制空心板的空心堵头混凝土已综合在预制定额内,计算工程量时不应再计列这部分混凝土的数量。

(2)当使用定额时,构件的预制数量应为安装定额中括号内所列的构件备制数量。

(3)安装的工程量为安装构件的体积。

(4)构件安装时的现浇混凝土的工程量为现浇混凝土和砂浆的数量之和。如果在安装定额中已计列砂浆消耗的项目,则在工程量中不应再计列砂浆的数量。

(5)预制、悬拼预应力箱梁临时支座的工程量为支座中混凝土及硫黄砂浆的体积之和。

四、钢筋工程

钢筋工程在计量时应注意以下几点:

(1)钢筋工程量为钢筋的设计质量,定额中已计入施工操作损耗。一般钢筋因接长所需增加的钢筋质量已包括在定额中,不再计入钢筋设计质量内,但对于某些特殊的工程,必须在施工现场分段施工采用搭接接长时,其搭接长度的钢筋质量,定额中未计入,应在钢筋设计质量内计算。

(2)预应力钢绞线、预应力精轧螺纹粗钢筋及配锥形(弗氏)锚的预应力钢丝的工程量为锚固长度与工作长度的质量之和。

(3)配镦头锚的预应力钢丝的工程量为锚固长度的质量。

(4)先张钢绞线质量为设计图纸质量,定额中已包括钢绞线损耗及预制场构件间的工作长度及张拉工作长度。

【例3-5】 某涵洞为1~1.5钢筋混凝土板涵,位于山岭重丘区三级公路,路基宽为7.5m,涵洞净跨径为1.10m。其结构尺寸详见设计图纸(图3-8),该涵洞共需0.99m宽中板6块,0.74m边板2块,桥面板厚为16cm,铺装层厚为9cm,台帽厚为20cm,试按照图纸计算出该涵洞中台帽的工程量。

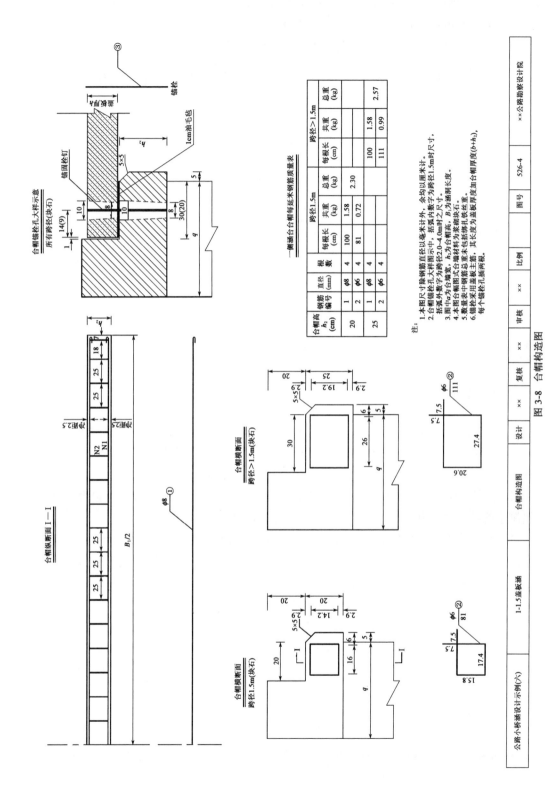

图 3-8 台帽构造图

解 (1)主筋(ϕ8mm):$1.58 \times 7.5 \times 2 = 23.7(\text{kg})$

(2)箍筋(ϕ6mm):$0.72 \times 7.5 \times 2 = 10.8(\text{kg})$

(3)锚栓(ϕ12mm):$(0.16 + 0.2) \times 2 \times 2 \times 8 = 11.52(\text{kg})$

(4)混凝土(C20):$\left[(0.55 \times 0.4) - (0.2 \times 0.25) - (0.05 \times 0.05) \times \dfrac{1}{2}\right] \times 7.5 \times 2 \approx 2.53(\text{m}^3)$

任务五 隧道工程计量

学习目标

(1)熟悉隧道工程各部位工程量的计量规则;

(2)能够完成隧道各部位工程量的计算。

任务描述

通过学习,要求学生能够识读隧道工程各部位的工程量。

相关知识

一、洞身工程

(1)隧道长度均指隧道进出口(不含与隧道相连的明洞)洞门端墙其墙面之间的距离,即两端墙面与路面的交线同路线中线交点间的距离。双线隧道按上、下行隧道长度的平均值计算。

(2)洞身开挖、出渣工程量按设计断面数量(成洞断面加衬砌断面)计算,包含洞身及所有附属洞室的数量,定额中已考虑超挖因素,不得将超挖数量计入工程量。

(3)现浇混凝土衬砌中浇筑、运输的工程数量,均按设计断面衬砌数量计算,包含洞身及所有附属洞室的衬砌数量。定额中已经综合因超挖及预留变形需回填的混凝土数量,不得将上述因素的工程量计入计价工程量中。

(4)防水板、明洞防水层的工程数量按设计敷设面积计算。

(5)止水带(条)、盲沟及透水管的工程数量,均按设计数量计算。

(6)拱顶压浆的工程数量按设计数量计算,设计时可按每延米0.25m³综合考虑。

(7)喷射混凝土的工程量按设计厚度乘以喷射面积计算,喷射面积按设计外轮廓线计算。

(8)砂浆锚杆工程量为锚杆、垫板及螺母等材料质量之和;中空注浆锚杆、自进式锚杆的工程量按锚杆设计长度计算。

(9)格栅钢架、型钢钢架工程数量按钢架的设计质量计算,连接钢筋的数量不得作为工程量计算。

(10)管棚、小导管的工程量按设计钢管长度计算,当管径与定额不同时,可调整定额中钢管的消耗量。

(11)横向塑料排水管每处为单洞两侧的工程数量;纵向弹簧管按隧道纵向每侧铺设长度之和计算;环向盲沟按隧道横断面敷设长度计算。

(12)洞内通风、风水管及照明、管线路的工程量按隧道设计长度计算。

二、洞门工程

洞门墙工程量为主墙和翼墙等圬工体积之和;仰坡、截水沟等应按有关定额另行计算。

洞门工程定额中的工程量均按设计工程数量计算。

三、辅助坑道和通风及消防安全设施安装

(1)斜井洞内通风、风水管、照明及管线路的工程量按斜井设计长度计算。

(2)通风机预埋件按设计所示为完成通风机安装而需预埋的一切金属构件的质量计算工程数量,包括钢拱架、通风机拱部钢筋、通风机支座及各部分连接件等。

(3)洞内预埋件工程量按设计预埋件的敷设长度计算,定额中已综合了预留导线的数量。

【例3-6】 某分离式山区高速公路隧道,全长1462m。(1)洞门部分:开挖土石方为6000m^3,其中Ⅴ类围岩30%、Ⅳ类围岩70%。(2)洞身部分:设计开挖断面为162m^2,开挖土石方为247180m,其中Ⅴ类围岩10%、Ⅳ类围岩70%、Ⅱ类围岩20%;钢支撑为445t;喷射混凝土为10050m^3,钢筋网138t,$\phi 25mm$锚杆为12600m,$\phi 22mm$锚杆为113600m。试计算相关工程量。

解 (1)计算洞门开挖数量。

Ⅴ类围岩开挖数量:$6000 \times 0.3 = 1800(m^3)$

Ⅳ类围岩开挖数量:$6000 \times 0.7 = 4200(m^3)$

(2)计算洞身开挖数量。

定额中工程量计算规则:开挖数量=设计开挖断面×隧道长度,则

洞身开挖数量:$162 \times 1462 = 236844(m^3) < 247180(m^3)$

说明给定的洞身开挖数量中含有超挖数量,按定额规定,超挖数量是不能计价的,因此计价工程量为设计开挖数量:

Ⅴ类围岩开挖数量:$162 \times 1462 \times 0.1 = 23684.4(m^3)$

Ⅳ类围岩开挖数量:$162 \times 1462 \times 0.7 = 165790.8(m^3)$

Ⅱ类围岩开挖数量:$162 \times 1462 \times 0.2 = 47368.8(m^3)$

(3)计算锚杆数量。

锚杆数量$(0.025^2 \times 12600 + 0.022^2 \times 113600) \times 3.14 \div 4 \times 7.85 = 387.539(t)$

(4)计算回填数量。

按照定额规定,定额中已综合考虑因超挖及预留变形需回填的混凝土数量,不得将上述因素的工程量计入计价工程量中。

任务六 材料平均运距计算

(1)掌握材料运输起终点的确定原则;
(2)掌握料场材料经济供应范围的确定方法;
(3)正确计算路线材料的平均运距。

通过学习,要求学生能够结合实际工程情况,分析材料运输的起、终点,确定材料供应的经济分界点,并能够计算出材料综合运输距离。

《公路工程基本建设项目概算预算编制办法》(JTG 3830—2018)中规定,一种材料如有两个以上供应点时,应根据不同的运距、运量、运价采用加权平均的方法计算运费。由于运距的变化对运费影响较大,因此,对于每种材料都应科学地确定其合理运距。

一、运料起、终点的确定

路线工程是线形构造物,材料运料终点的确定对运距的确定影响极大。运料终点原则上是工地仓库或工地堆料地点,但是当施工组织设计不能提供工地仓库或堆料地点的具体位置时,其运料终点为:

(1)独立大中桥为桥梁中心桩号,大型隧道为中心桩号,集中型工程为范围中心桩的桩号。

(2)路线工程,对于外购材料一般以路线中点里程作为运料终点,当工程用料分布不均衡时,可按加权平均法确定材料的卸料重心点位置作为运料终点;对于自采材料,则应根据料场供应范围、距料场的运距及各工程点用料量等情况具体计算确定。

二、材料经济供应范围的确定

当一条路线工程,在其沿线有多个供应同种材料的料场时,则应在各相邻料场间确定一个经济供应分界点,即经济合理地确定各自采材料料场的经济供应范围。料场经济供应范围与料场开采价格、路线各段点的用料量、料场至卸料点的运距、运价等有关。自采材料经济供应范围的划分方法有最大运距相等法和平均运距相等法两种。下面介绍比较直观的最大运距相等法。

按最大运距相等法确定料场间分界点的原则是,当 A 料场与 B 料场相邻,且料价和运价率相等,沿线材料用量均匀,则 A、B 两个料场至分界点 K 的运距相等(图3-9)。

(1)当 $a > (b + L_{AB})$,取消 A 料场,由 B 料场供料;
(2)当 $b > (a + L_{AB})$,取消 B 料场,由 A 料场供料;
(3)当 $a < (b + L_{AB})$ 且 $b < (a + L_{AB})$,两料场的经济分界点 K 计算表达式如下:

$$\left. \begin{array}{l} L_{\max} = a + L'_A = b + L_B \\ L'_A = \dfrac{[L_{AB} + (b-a)]}{2} \\ L_B = \dfrac{[L_{AB} - (b-a)]}{2} \end{array} \right\} \quad (3\text{-}9)$$

式中：a——A 料场至上路桩号运距；

b——B 料场至上路桩号运距；

L_{AB}——A 料场支线上路点 K_a 至 B 料场支线上路点 K_b 之间的运距；

L'_A——K_a 点至 K 点运距；

L_B——K 点至 K_b 点运距；

$L_{\max}$——最大运距。

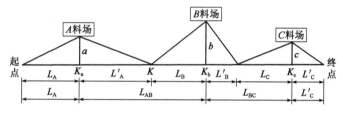

图 3-9 划分料场供应范围图

确定相邻料场间的经济分界点的注意事项：

(1) 路线起点或终点之外无料场时，则路线的起点和终点为自然分界点；若有料场，则应视为路线供应料场之一，按上述方法确定经济分界点。

(2) 计算运距时，要考虑断链的影响。

(3) 支线运距以调查的实际运距为准（不是空间距离）。

(4) 确定料场的取舍应充分考虑料场开发、运输的可行性；考虑运料重载升坡的影响。

(5) 当料场料价、运价差异很大时，可按两料场至分界点加权最大运距相等的原则来划分。

【例 3-7】 某公路工程的料场分布如图 3-10 所示。已知 A 料场的上路桩号为 K2+100，支线运距 1.6km，B 料场上路桩号为 K7+900，支线运距 2.5km。试确定 AB 料场间的经济分界点桩号。

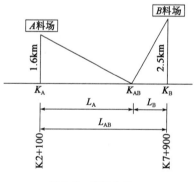

图 3-10 料场分布

解 由图 3-10 知，即：

$L_{AB} = 7.9 - 2.1 = 5.8 (\text{km})$ 　　　　　　$b - a = 2.5 - 1.6 = 0.9 (\text{km})$

$L'_A = 0.5 \times (5.8 + 0.9) = 3.35 (\text{km})$ 　　$L_B = 5.8 - 3.35 = 2.45 (\text{km})$

分界点 K_{AB} 桩号 $= (2+100) + 3.350(\text{km}) = \text{K}5+450$

复核：$1.6 + 3.35 = 2.5 + 2.45 = 4.95 (\text{km})$ 　　　（正确）

三、材料平均运距计算

为了计算运杂费，必须先确定各种材料的平均运距。当一种材料有多个供应点时，必须先确定各供应点的经济供应范围当一种材料有多个供应点或多个卸料点时,会产生多个运距(图3-11)。为了方便选取定额和运费计算,必须综合材料的多种运输路径,计算其平均运距。常见的计算材料平均运距的方法有加权平均法和算术平均法两种,在有条件的情况应优先选择加权平均法。

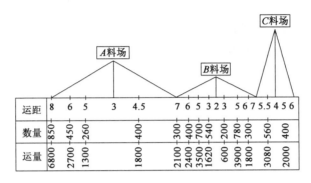

图3-11 路线材料供应示意图

1. 加权平均法

当料场供应范围及各卸料点的位置、运距、用料数量确定后,可按下式计算该种材料的全路线加权平均运距:

$$L_{综合} = \frac{\sum_{i=1}^{n} M_i}{\sum_{i=1}^{n} Q_i} = \frac{\sum_{i=1}^{n} Q_i L_i}{\sum_{i=1}^{n} Q_i} \tag{3-10}$$

式中:$L_{综合}$——某种材料全路线综合运距(km 或 m);

n——运输路线的个数;

M_i——运输路线 i 的材料运量(t·km);

Q_i——运输路线 i 的材料数量(t 或 m³);

L_i——运输路线 i 的运输距离(km 或 m)。

2. 算术平均值法

图3-10中所示路线材料的平均运距亦可采用算术平均值法计算:

$$L_{综合} = \frac{\sum_{i=1}^{n} L_i}{n} \tag{3-11}$$

式中:$L_{综合}$——某种材料全路线算术平均运距(km);

其他符号意义同前。

注意:上述公式计算的前提是某种材料的各料场材料单价相等,否则要考虑料场单位不相等的因素。

【例3-8】 某二级公路全长32km,全线路面基层采用水泥稳定碎石,拟采用稳定土拌和机沿路拌和施工,假设全线范围内路面基层厚度和宽度均相等。沿线 A 料场和 B 料场均可供应碎石,出厂价格和材料质量也相同。A 料场距离该段公路起始端6km,支线长度4km处;B 料场距离该段公路终点端8km,支线长度2km处(图3-12)。试确定两个料场供应碎石条件下该材料的平均运距。

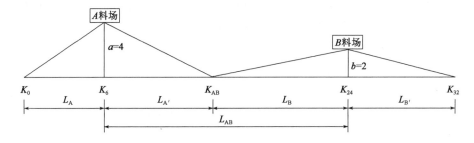

图3-12 例3-8图

解 (1)确定 A 料场和 B 料场的经济分界点。

根据式(3-5)可知,$L_A' = [L_{AB} + (b-a)]/2 = [18 + (2-4)]/2 = 8(km)$

$K_{AB} = K_6 + 8 = K_{14}$,即 A 料场和 B 料场的分界点为 K_{14}。

(2)分析本项目碎石材料的运输路线。

路线1:$K_0 \sim K_6$ 段,运输起点为 A 料场,终点为本段的中心桩号,即 K_3 处;

路线2:$K_6 \sim K_{14}$ 段,运输起点为 A 料场,终点为本段的中心桩号,即 K_{10} 处;

路线3:$K_{14} \sim K_{24}$ 段,运输起点为 B 料场,终点为本段的中心桩号,即 K_{19} 处;

路线4:$K_{24} \sim K_{32}$ 段,运输起点为 B 料场,终点为本段的中心桩号,即 K_{28} 处。

(3)计算不同运输路线上的材料数量和运距。由于本路面工程对碎石材料的需求较为均匀,因此设每 km 所需的碎石数量为 x。

路线1:$L_1 = 7km, Q_1 = 6x$;

路线2:$L_2 = 8km, Q_2 = 8x$;

路线3:$L_3 = 7km, Q_3 = 10x$;

路线4:$L_4 = 6km, Q_4 = 8x$。

(4)用加权平均法计算碎石材料的综合运距。

综合运距:$L_{综合} = \dfrac{\sum_{i=1}^{n} Q_i L_i}{\sum_{i=1}^{n} Q_i} = \dfrac{7 \times 6x + 8 \times 8x + 7 \times 10x + 6 \times 8x}{32x} = 7(km)$

【例3-9】 某工程需要某种材料,经调查有 A、B、C 三个供应地点,A 地可供量(质量分数)为 25%,B 地可供量(质量分数)为 35%,C 地可供量(质量分数)为 40%,运输方式为汽车运输。A 地离工地材料堆场的距离为 20km,B 地离工地材料堆场的距离为 24km,C 地离工地材料堆场的距离为 17km,试计算材料运距。

解 材料运距 $= (20 \times 25\% + 24 \times 35\% + 17 \times 40\%) = 20.2(km)$。

 能力训练

一、计算题

习题1:某一级路路基工程挖方 $2400m^3$ 天然密实方,(其中,松土 $900m^3$,普通土 $540m^3$,硬土 $960m^3$)。填方数量为 $1320m^3$ 压实方。在该路段内可移挖作填,土方为 $1120m^3$ 天然密实方(其中,松土 $540m^3$,普通土 $360m^3$,硬土 $220m^3$)。求解计价方数量。

习题2:某二级公路路段挖方 $1300m^3$ (其中,松土 $500m^3$,普通土 $600m^3$,硬土 $200m^3$),填方

数量为1200m³,本断面挖方可利用方量为900m³(其中,松土100m³,普通土600m³,硬土200m³),远运利用方量为普通土200m³(天然密实方)。求借方、弃方、计价方。

习题3:某隧道正洞开挖工程,两个洞口处的桩号分别为K6+500和K10+100,两个洞口处同时开挖,废渣分别运送到K3+700处的填方段和K12+100处的填方段,两边开挖掘进的速度基本一致。求隧道内分界点和废渣运输的综合运距。

习题4:某路段长40km,沿路用料均匀。当有两个供料地点时,而且供料地点1距路线的距离是2km,供料地点2距路线的距离是3km,路线全长为40km,供料地点1与路线的交点里程桩号是6km处,供料地点2与路线的交点里程桩号是26km处,具体位置如图3-13所示。试求材料的平均运距。

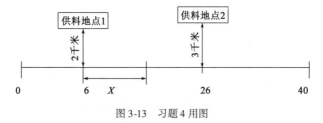

图3-13 习题4用图

习题5:某工程需要某种材料,经调查有A、B、C三个供应地点,A地可供量(质量分数)为30%,B地可供量(质量分数)为50%,C地可供量(质量分数)为20%,运输方式为汽车运输。A地离工地材料堆场的距离为30km,B地离工地材料堆场的距离为28km,C地离工地材料堆场的距离为40km。计算材料的加权平均运距。

二、综合练习题

1. 题目参考项目二中综合练习题第1题,试计算该项目基层、底基层和路缘石工程的工程量,并填入表格,需要时应列式计算或文字说明。

2. 题目参考项目二中综合练习题第2题,试计算该项目钻孔灌注桩工程的相关工程量,并填入表格,需要时应列式计算或文字说明。

3. 题目参考项目二中综合练习题第3题,试计算该项目路基土石方工程的相关工程量,并填入表格,需要时应列式计算或文字说明。

4. 某隧道长51m,其主要工程量见表3-6。已知:隧道断面积为156m²,其中中拱部面积为88m²。隧道洞身开挖中Ⅱ类围岩占90%、Ⅲ类围岩占10%,弃渣平均运距3km;洞内设计为中粒式沥青混凝土,厚度为15cm,混合料平均运距为4km。

隧道工程数量表 表3-6

隧道洞身开挖 (m³)	现浇拱墙		现浇拱部		回填土 (m³)	路面 (m³)
	混凝土(m³)	钢筋(t)	混凝土(m³)	钢筋(t)		
8780	2500	103	1700	131	1959	1200

要求:请根据上述资料列出本隧道工程造价所涉及的相关定额的名称、单位、定额代号、数量等内容,并填入表格,需要时应列式计算或文字说明。

项目四　公路工程概(预)算文件编制

【概述】　概(预)算文件编制质量的高低及各项计算的准确与否,直接关系着国家的经济利益。本项目主要介绍公路工程概(预)算基础知识、建安工程费组成计算、土地使用及拆迁补偿费的计算、工程建设其他费用的计算、预备费及建设期贷款利息计算等内容,并结合实例讲述公路工程概(预)算文件的编制方法。

任务一　学习公路工程概(预)算基础知识

学习目标

(1)了解公路工程概(预)算的含义;
(2)了解公路工程概(预)算的分类及作用;
(3)了解公路工程概(预)算的编制依据;
(4)理解公路工程概(预)算各项费用的组成;
(5)理解公路工程概(预)算项目表各部分的组成内容;
(6)掌握公路工程概(预)算项目表列项的基本要求。

任务描述

通过学习,使学生认知公路工程概(预)算文件的组成及概(预)算各表格之间的关系,通过学习,要求学生能理解公路工程概(预)算的含义,熟知公路工程概(预)算的分类、作用及编制依据,掌握公路工程概(预)算各项费用的组成及概(预)算项目表列项的基本要求,为概(预)算文件的正确编制打基础。

相关知识

一、公路工程概(预)算的分类及作用

公路工程概(预)算是指公路建设过程中,根据各个设计阶段的设计文件内容,按照国家的有关政策和规定,预先计算和确定建设项目从筹建到竣工验收所需全部工程费用的技术经济文件。

根据设计阶段和测算主体的不同,公路工程概(预)算分为设计概算(修正概算)、施工图预算。具体区别见表4-1。

二、公路工程概(预)算费用组成

公路工程概(预)算费用组成如图4-1所示。

公路工程概(预)算分类　　　　　　　　　　表 4-1

分　类	测算阶段	费用范围	作　用
设计概算、修正概算	初步设计、技术设计	从筹建至竣工验收交付使用全过程建设费用	(1)国家确定和控制基本建设总投资的依据； (2)确定工程投资的最高限额； (3)工程承包、招标的依据； (4)核定贷款额度的依据； (5)考核、分析设计方案经济合理性的依据
施工图预算	施工图设计	从筹建至竣工验收交付使用全过程建设费用	(1)考核工程成本、确定工程造价的主要依据； (2)编制标底、签订承发包合同的依据； (3)工程价款结算的依据； (4)施工企业编制施工计划的依据

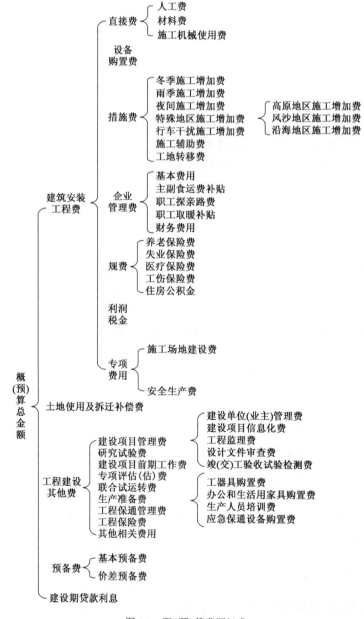

图 4-1　概(预)算费用组成

三、概(预)算编制依据

公路工程概(预)算的编制是一项十分细致的工作,编制前应全面了解工程所在地的建设条件、掌握各种基础资料和国家、行业相关法律和政策,编制依据主要包括以下内容:

(1)国家发布的有关法律、法规、规章及规程等。

(2)现行的《公路工程概算定额》(JTG/T 3831—2018)(简称《概算定额》)、《公路工程预算定额》(JTG/T 3832—2018)(简称《预算定额》)、《公路工程机械台班费用定额》(JTG/T 3833—2018)及《公路工程建设项目概算预算编制办法》(JTG 3830—2018)。

(3)工程所在地省级交通主管部门发布的补充计价依据。

(4)可行性研究报告的批(核)准文件(修正概算时为初步设计批复文件)等有关资料。

(5)初步设计(或技术设计)图纸等设计文件、工程施工方案(含施工组织设计)。

(6)工程所在地的人工、材料、机械及设备、施工机械价格等。

(7)有关合同、协议等。

(8)其他有关资料。

四、公路工程概(预)算文件组成

概(预)算文件由封面、扉页、目录、编制说明及全部概(预)算计算表格组成。

(一)封面及目录

概(预)算文件的封面和扉页应按《公路工程基本建设项目设计文件编制办法》中的规定制作,扉页的次页应有建设项目名称、编制单位、编制及复核人员姓名并加盖执业(从业)资格印章、编制日期及第几册共几册等内容。

目录顺序应按照概(预)算表格的顺序进行编排。

(二)概(预)算编制说明

概(预)算编制完成后,应写出简明扼要的编制说明。叙述内容包括:建设项目设计资料的依据与文号,采用的定额、费用标准、单价来源和依据,与工程概(预)算有关的合同文件,概(预)算总金额和各种资源总需要量,编制中存在问题和表格中不能反映的事项,等等。

(三)概(预)算表格

概(预)算表格是公路工程概(预)算文件的主要组成部分,应按统一的表格计算,表格样式见《公路工程建设项目概算预算编制办法》(JTG 3830—2018)附录 A。概(预)算表格是一个有机的整体,它们互相联系,共同反映工程的费用。

(四)甲组文件和乙组文件

概(预)算文件按不同需要分为甲、乙两组,甲组文件为各项费用计算表格,乙组文件为建筑安装工程费各项基础数据计算表格,应按《公路工程基本建设项目设计文件编制办法》中关于文件报送份数,随设计文件一同报送,并同时提交可计算的造价电子数据文件和新工艺单价分析的详细资料。

概(预)算应按一个建设项目[如一条路线或一座独立大(中)桥、隧道]进行编制。当一个建设项目需要分段或分部编制时,应根据需要分别编制,但必须汇总编制"总概(预)算汇总表"。

甲、乙组文件包括的内容如图4-2所示。

甲组文件:
- 编制说明
- 前后阶段费用对比表
- 建设项目属性及技术经济信息表(00表)
- 总概(预)算汇总表(01-1表)
- 总概(预)算人工、主要材料、施工机械台班数量汇总表(02-1表)
- 概(预)算表(01表)
- 人工、主要材料、施工机械台班数量汇总表(02表)
- 建筑安装工程费计算表(03表)
- 综合费率计算表(04表)
- 综合费用计算表(04-1表)
- 设备费计算表(05表)
- 专项费用计算表(06表)
- 土地使用及拆迁补偿费计算表(07表)
- 工程建设其他费计算表(08表)
- 人工、材料、施工机械台班单价汇总表(09表)

a)甲组文件

乙组文件:
- 分项工程概(预)算计算数据表(21-1表)
- 分项工程概(预)算表(21-2表)
- 材料预算单价计算表(22表)
- 自采材料料场价格计算表(23-1表)
- 材料自办运输单位运费计算表(23-2表)
- 施工机械台班单价计算表(24表)
- 辅助生产人工、材料、施工机械台班单位数量表(25表)

b)乙组文件

图4-2 甲、乙组文件包含的内容

五、概(预)算项目表

建筑安装工程是由许多分项工程组成的庞大复杂的综合体,为了准确计价和编审,同时方便同类工程之间的比较和对不同分项工程进行技术经济分析,也为了编制概(预)算项目时不重不漏,必须对工程概(预)算的项目划分、排列顺序及内容作出统一规定,这就形成了公路工程概(预)算项目表。它主要包括以下内容:

第一部分　建筑安装工程费
　　第一项　临时工程
　　第二项　路基工程
　　第三项　路面工程
　　第四项　桥梁涵洞工程
　　第五项　隧道工程
　　第六项　交叉工程
　　第七项　交通工程及沿线设施
　　第八项　绿化及环境保护工程
　　第九项　其他工程
　　第十项　专项费用

  1. 施工场地建设费
  2. 安全生产费
 第二部分 土地使用及拆迁补偿费
 第三部分 工程建设其他费
 第四部分 预备费
 第五部分 建设期贷款利息
具体内容见本书附录 2 和《公路工程建设项目概算预算编制办法》附录 B。
概(预)算项目应按项目表的序列及内容编制。
  路线建设项目中的互通式立体交叉、辅道、支线,如果工程规模较大时,可以按概(预)算项目表单独编制建筑安装工程,然后将其总金额列入路线总概(预)算表中相应的项目内。

任务二 建筑安装工程费的计算

(1)理解公路建筑安装工程费的各项费用及计算;
(2)掌握公路工程项目工、料、机费用的计算;
(3)掌握设备购置费的计算;
(4)掌握分项工程类别的判断;
(5)掌握各项费率的选用;
(6)熟悉措施费、规费、企业管理费、利润、税金及专项费用的计算。

  建筑安装工程费是概(预)算费用的主体部分,通过一项具体的施工图预算编制任务,使学生明确建筑安装工程费各项费用的组成和计算方法,通过学习,要求学生掌握人工工日单价、材料预算单价和机械台班单价的计算过程,掌握直接费、设备购置费、措施费、企业管理费、规费、利润、税金和专项费用等的计算方法。

  建筑安装工程费包括直接费、设备购置费、措施费、企业管理费、规费、利润税金和专项费用。建筑安装工程费除专项费用外,其他均按"价税分离"计价规则计算,即各项费用均以不含增值税可抵扣进项税额的价格(费率)进行计算,具体要素价格适用增值税,税率执行财税部门的相关规定。定额建筑安装工程费包括定额直接费、定额设备购置费的 40%、措施费、企业管理费、规费、利润、税金和专项费用。定额直接费包括定额人工费、定额材料费和定额施工机械使用费。
  定额人工费、定额材料费、定额施工机械使用费以及定额设备购置费均按《预算定额》附录四"定额人工、材料、设备单价表"及现行《公路工程机械台班费用定额》(JTG/T 3833—2018)中规定的人工、材料、设备、机械的相应基价计算的定额费用计取。

一、直接费

直接费是指施工过程中耗用的构成工程实体和有助于工程形成的各项费用,包括人工费、材料费和施工机械使用费。

1. 人工费

(1) 人工费是指列入概(预)算定额的直接从事建筑安装工程施工的生产工人开支的各项费用。主要包括:

① 计时工资或计件工资。按计时工资标准和工作时间或对已做工作按计件单价支付给个人的劳动报酬。

② 津贴、补贴。为了补偿职工特殊或额外的劳动消耗和因其他特殊原因支付给个人的津贴,以及为了保证职工工资水平不受物价影响支付给个人的物价补贴,如流动施工津贴、特殊地区施工津贴、高温(寒)作业临时津贴、高空津贴等。

③ 特殊情况下支付的工资。根据国家法律、法规和政策规定,因病、工伤、产假、计划生育假、婚丧假、事假、探亲假、定期休假、停工学习、执行国家或社会义务等原因按计时工资标准或计件工资标准的一定比例支付的工资。

(2) 人工费以概(预)算定额人工工日数乘以综合工日单价计算。

(3) 人工费标准按照本地区公路建设项目的人工工资统计情况以及公路建设劳务市场情况进行综合分析、确定人工工日单价。人工工日单价由省级交通运输主管部门制定发布,并适时进行动态调整。人工工日单价仅作为编制概(预)算的依据,不作为施工企业实发工资的依据。

人工费金额是通过概(预)算表格计算的,具体计算公式如下:

$$人工费 = 定额 \times 工程数量 \times 人工预算单价 \qquad (4-1)$$

式中: 定额——单位合格产品的人工消耗量标准,由《概算定额》或《预算定额》查得;

工程数量——分项工程的工程量/定额单位;

人工预算单价——生产工人每工日人工费。

$$定额人工费 = 定额 \times 工程数量 \times 人工定额单价 \qquad (4-2)$$

式中:人工定额单价——《预算定额》附录四中规定的人工单价。

以上各项标准由各省、自治区、直辖市公路(交通)工程造价(定额)管理站根据当地人民政府的有关规定核定后公布执行,并抄送交通运输部公路局备案,并应根据最低工资标准的变化情况及时调整公路工程生产工人工资标准。

注意:人工费单价仅作为编制概(预)算的依据,不作为施工企业实发工资的依据。

【例 4-1】 某二级公路长 6km,行车道宽 24m,沥青面层与水泥稳定碎石基层之间设置 ES-2 型乳化沥青稀浆封层,经调查当地人工预算单价为 105.89 元/工日,试计算该乳化沥青稀浆封层的人工费和定额人工费。

解 由式(4-1)可知:

$$人工费 = 定额 \times 工程数量 \times 人工预算单价$$

(1) 查预算定额。由分项工程内容,查《预算定额》[2-2-16-16],可知每 1000m² 稀浆封层实体需要消耗人工:4.9 工日。

（2）工程数量 = 6000×24/1000 = 144。
（3）人工预算单价 = 105.89（元/工日）。
（4）人工费 = 144×4.9×105.89 = 74715.98 元。
（5）查《预算定额》附录四可知，人工定额单价为 106.28 元/工日，则
定额人工费 = 144×4.9×106.28 = 74991.17（元）

2. 材料费

材料费是指施工过程中耗用的构成工程实体的原材料、辅助材料、构配件、零件、半成品或成品等按工程所在地的材料价格计算的费用。

$$材料费 = \sum 工程数量 \times (定额 \times 材料预算单价 + 其他材料费) \quad (4-3)$$

$$定额材料费 = \sum 工程数量 \times (定额 \times 材料定额单价 + 其他材料费) \quad (4-4)$$

材料预算单价由材料原价、运杂费、场外运输损耗、采购及保管费组成。

$$材料预算单价 = (材料原价 + 运杂费) \times (1 + 场外运输损耗率) \times$$
$$(1 + 采购及保管费率) - 包装品回收价值 \quad (4-5)$$

（1）各种材料原价按下列规定计算：

①外购材料。外购材料价格参照本行政区域内交通运输主管部门发布的价格和按调查的市场价格进行综合取定。

②自采材料。自采的砂、石、黏土等，按定额中开采单价加辅助生产间接费和矿产资源税（如有）计算。

（2）运杂费。运杂费是指材料自供应地点至工地仓库（施工地点存放材料的地方）的费用，包括装卸费、运费，如果发生，还应计囤存费及其他杂费（如过磅、标签、支撑加固、路桥通行等费用）。

①通过铁路、水路和公路运输的材料，按调查的市场运价计算运费。

②一种材料当有两个以上的供应点时，应根据不同的运距、运量、运价采用加权平均的方法计算运费。由于概（预）算定额中已考虑了工地运输便道的特点，以及定额中已计入了"工地小搬运"的费用，因此，汽车运输平均运距中不得乘以调整系数，也不得在工地仓库或堆料场之外再加场内运距或二次倒运的运距。

③有容器或包装的材料及长大轻浮材料，应按表4-2中规定的毛质量计算。桶装沥青、汽油、柴油按每吨摊销一个旧汽油桶计算包装费（不计回收）。

材料毛质量系数及单位毛质量表　　　　　表4-2

材料名称	单位	毛质量系数（%）	单位毛质量
爆破材料	t	1.35	—
水泥、块状沥青	t	1.01	—
铁钉、铁件、焊条	t	1.10	—
液体沥青、液体燃料、水	t	桶装1.17，油罐车装1.00	—
木料	m³	—	原木0.750t，锯材0.650t
草袋	个	—	0.004t

（3）场外运输损耗指有些材料在正常的运输过程中发生的损耗。材料场外运输损耗率见表4-3。

材料场外运输损耗率(%)　　　　表4-3

材 料 名 称		场外运输(包括一次装卸)	每增加一次装卸
块状沥青		0.5	0.2
碎石、碎砾石、砂砾、煤渣、工业废渣、煤		1.0	0.4
砖、瓦、桶装沥青、石灰、黏土		3.0	1.0
草皮		7.0	3.0
水泥(袋装、散装)		1.0	0.4
砂	一般地区	2.5	1.0
	风沙地区	5.0	2.0

注:汽车运水泥,当运距超过500km时,袋装水泥损耗率增加0.5%。

(4)采购及保管费。

①材料采购及保管费指在组织采购、保管过程中,所需的各项费用及工地仓库的材料储存损耗。

②材料采购及保管费,以材料的原价加运杂费及场外运输损耗的合计数为基数,乘以采购及保管费费率计算。

③钢材的采购及保管费费率为0.75%,燃料、爆破材料为3.26%,其他材料为2.06%。商品水泥混凝土、沥青混合料和各类稳定土混合料、外购的构件、成品及半成品的预算价格计算方法与材料相同。商品水泥混凝土、沥青混合料和各类稳定土混合料不计采购及保管费,外购的构件、成品及半成品的采购及保管费费率为0.42%。

【例4-2】 某乳化沥青稀浆封层施工项目,经调查乳化沥青原价为3300元/t,运距200km,运价率为0.73元/t·km,装卸费率为2.5元/t·次,杂费费率2元/t,试计算乳化沥青材料的预算单价。

解 (1)依题意知,本材料为外购、长途运输材料,原价3300元/t。查表4-2得毛质量系数为1.17,则

单位运费 = $0.73 \times 200 \times 1.17 = 170.82$(元/t)

单位装卸费 = $2.5 \times 1.17 = 2.93$(元/t)

单位杂费 = $2 \times 1.17 = 2.34$(元/t)

(2)查表4-3知乳化沥青的场外损耗率为3%;采购保管费率为2.06%。则

乳化沥青预算单价 = $(3300 + 170.82 + 2.93 + 2.34) \times (1 + 3\%) \times (1 + 2.06\%)$
$= 3654.12$(元/t)

【例4-3】 接上例,按照例题4-2中的计算结果,试计算该乳化沥青稀浆封层的乳化沥青材料费和乳化沥青定额材料费。

解 (1)查《预算定额》[2-2-16-16],可知每1000m²需要乳化沥青1.476t。

(2)工程量 = $24 \times 6 \div 1000 = 144$。

(3)根据例题4-2的计算结果,可知乳化沥青的预算单价为3654.12元/t。

(4)乳化沥青材料费 = $144 \times 1.476 \times 3654.12 = 776661.28$(元)。

(5)查《预算定额》附录四,可知乳化沥青的定额单价为3333.33元/t,则

乳化沥青定额材料费 = $144 \times 1.476 \times 3333.33 = 708479.29$(元)。

【例4-4】 某公路施工现场距离河道较近,河道内有丰富的河砂,将采砂场设置在河道边上,距施工现场500m,生产砂和中(粗)砂两种材料,其中砂采用人工水中采集堆放的方式,中

粗砂采用人工采集筛分堆放的方式（成品率为51%～70%）。辅助生产间接费的费率按3%计列，试计算砂和中（粗）砂两种材料的料场价格。

解 （1）依题意知砂和中（粗）砂两种材料为自采材料，材料料场价格应通过定额确定工料机消耗量计算得到，则

自采材料料场价格（原价）= 人工费 ×（1 + 3%）+ 材料费 + 机械使用费

（2）砂的料场价格。由《预算定额》第八章[801-3-2]得知，采集堆放每100 m³的砂所需定额为：人工19.3工日。故

砂的料场价格 = 105.89 × 19.3 ×（1 + 3%）/100 = 20.437（元/m³）。（人工费的3%为辅助生产间接费）

（3）中（粗）砂的料场价格。由《预算定额》第八章[8-1-3-5]得知，采集筛分堆放每100m³的中（粗）砂所需定额为：人工21.5工日。故

中（粗）砂的料场价格 = 105.89 × 21.5 ×（1 + 3%）/100 = 23.452（元/m³）。（人工费的3%为辅助生产间接费）

【例4-5】 接上例，按照例题4-4中的计算结果，若已知采砂场距离施工现场为500m左右，采用1t以内机动翻斗车运输，1t以内机动翻斗车的单价为213.14元/台班，试确定砂和中（粗）砂两种材料的预算单价。

解 （1）依题意知，砂和中（粗）砂两种材料的运输为自办运输，材料的单位运杂费应通过定额确定工料机消耗量计算得到。

由《预算定额》第九章[9-1-3-1]得知，每100m³砂或中（粗）砂运500m的定额为1t以内机动翻斗车3.55台班，则

单位运杂费 = 3.55 × 213.14/100 = 7.566（元/m³）

（2）查表5-3，可知砂或中（粗）砂的场外损耗率为2.5%，采购保管费率为2.06%，则

砂的预算单价 =（20.437 + 7.566）×（1 + 2.5%）×（1 + 2.06%）= 29.94（元/m³）

中（粗）砂的预算单价 =（23.452 + 7.566）×（1 + 2.5%）×（1 + 2.06%）= 32.45（元/m³）

3. 施工机械使用费

施工机械使用费是指列入概（预）算定额的工程机械和工程仪器仪表台班数量，按相应的施工机械台班费用定额计算的费用等。

（1）工程机械使用费。机械台班预算价格应按现行《公路工程机械台班费用定额》（JTG/T 3833—2018）计算，机械台班单价由不变费用和可变费用组成。不变费用包括折旧费、检修费、维护费和安拆辅助费等。可变费用包括机上人员人工费、动力燃料费、车船税。可变费用中的人工工日数及动力燃料消耗量，应以机械台班费用定额中的数值为准。

（2）工程仪器仪表使用费指机电工程施工作业所发生的仪器仪表使用费，以施工仪器仪表台班耗用量乘以施工仪器仪表台班单价计算。

①工程仪器仪表台班预算价格应按现行《公路工程机械台班费用定额》（JTG/T 3833—2018）计算。台班人工费工日单价同生产工人人工费单价。动力燃料费用则按材料费的计算规定计算。

②当工程用电为自行发电时，电动机械每kW·h（度）电的单价可由下述公式计算：

$$A = 0.15 \frac{K}{N} \tag{4-6}$$

式中:A——每 kWh 电单价(元);
　　　K——发电机组的台班单价(元);
　　　N——发电机组的总功率(kW)。

$$\text{机械使用费} = \sum \text{工程数量} \times (\text{定额} \times \text{机械台班单价} + \text{小型机具使用费}) \quad (4\text{-}7)$$

$$\text{定额机械使用费} = \sum \text{工程数量} \times (\text{定额} \times \text{机械定额台班单价} + \text{小型机具使用费}) \quad (4\text{-}8)$$

$$\begin{aligned}\text{机械台班单价} &= \text{不变费用} \times \text{调整系数} + \text{可变费用} \\ &= \text{不变费用} \times \text{调整系数} + \text{人工预算单价} \times \text{人工定额消耗量} + \\ &\quad \text{燃料预算单价} \times \text{燃料定额消耗量} + \text{车船税}\end{aligned} \quad (4\text{-}9)$$

$$\begin{aligned}\text{机械定额台班单价} &= \text{不变费用} \times \text{调整系数} + \text{可变费用} \\ &= \text{不变费用} \times \text{调整系数} + \text{人工定额单价} \times \text{人工定额消耗量} + \\ &\quad \text{燃料定额单价} \times \text{燃料定额消耗量} + \text{车船税}\end{aligned} \quad (4\text{-}10)$$

【例 4-6】 以例题 4-2 中的乳化沥青稀浆封层施工项目为例,拟采用 2.5~3.5m 稀浆封层机进行封层施工。已知该工程人工预算单价为 105.89 元/工日,柴油预算价格为 7.5 元/kg。

(1)试计算该项目中稀浆封层机的台班单价和定额台班单价;
(2)按《预算定额》计算该项目的机械使用费和定额机械使用费。

解 (1)计算稀浆封层机的台班单价和定额台班单价。

①查《公路工程机械台班费用定额》(JTG/T 3833—2018)可知 2.5~3.5m 稀浆封层机(代号 8003062)的不变费用为 1979.33 元;可变费用包括:人工为 2 工日;柴油为 103.54kg;则

稀浆封层机台班单价 = 1979.33 + 2 × 105.89 + 103.54 × 7.5 = 2967.66(元/台班)

②查《预算定额》附录四可知人工定额单价为 106.28 元/工日,柴油定额单价为 7.44 元/kg,则

稀浆封层机定额台班单价 = 1979.33 + 2 × 106.28 + 103.54 × 7.44 = 2962.23(元/台班)

(2)计算机械使用费和定额机械使用费。

①确定沥青混合料工程量:

混合料工程量 = 6000 × 24/100 = 144000(m²)

②确定 2.5~3.5m 稀浆封层机台班消耗

查《预算定额》第二章[2-2-16-16],每 1000 m² 稀浆封层的定额值为 2.5~3.5m,稀浆封层机 0.29 个台班。

③计算该项目稀浆封层机的机械使用费:

机械使用费 = 0.29 × 2967.66 × 144000/1000 = 123929.48(元)

④计算该项目稀浆封层机的定额机械使用费:

定额机械费 = 0.29 × 2962.23 × 144000/1000 = 123702.72(元)

综上所述,直接费为人工费、材料费和施工机械使用费之和。其各项费用的计算方法相同,不同点是单价计算方法不同。其中,材料和施工机械台班的预算价格是采用表格化的形式计算确定的,即概(预)算计算表格中的 21-1、21-2、22、23-1、23-2 和 24 表。在编制过程中,不得随意修改表格的形式和内容。

【例 4-7】 某二级公路,沥青混凝土道路长 6km,宽 24m,拟采用 ES-2 型乳化沥青稀浆封层厚 0.6cm,稀浆封层的定额见表 4-4,经调查,人工、主要材料和机械的预算单价和定额单价见表 4-5,试计算该乳化沥青稀浆封层的直接费及定额直接费。

表 4-4

2-2-16　透层、黏层、封层

工程内容:(1)清扫整理下承层;(2)沥青洒布车、稀浆封层机、同步碎石封层车洒布铺料;(3)人工铺撒矿料;(4)稀浆封层机铺料;(5)碾压,找补;(6)初期养护。

单位:1000m²

顺序号	项目	单位	代号	层铺法封层				乳化沥青稀浆封层			同步碎石封层
				上封层		下封层		ES-1型	ES-2型	ES-3型	橡胶沥青
				石油沥青	乳化沥青	石油沥青	乳化沥青				
				11	12	13	14	15	16	17	18
1	人工	工日	1001001	4.6	4.6	2.7	2.7	4.5	4.9	5	8.3
2	石油沥青	t	3001001	1.082	—	1.185	—	—	—	—	—
3	橡胶沥青	t	3001004	—	—	—	—	—	—	—	1.98
4	乳化沥青	t	3001005	—	0.953	—	1.004	1.096	1.476	1.56	—
5	煤	t	3005001	0.21	—	0.23	—	—	—	—	—
6	砂	m³	5503004	—	—	—	—	0.38	0.6	0.67	—
7	矿粉	t	5503013	—	—	—	—	0.265	0.278	0.318	—
8	路面用石屑	m³	5503015	7.14	7.14	8.16	8.16	1.75	2.95	3.81	14.28
9	其他材料费	元	7801001	20.5	—	21.5	—	—	—	—	25.5
10	设备摊销费	元	7901001	11.5	—	12.6	—	—	—	—	11.5
11	3.0m³以内轮胎式装载机	台班	8001049	—	—	—	—	—	—	—	0.46
12	石屑撒布机	台班	8003030	0.02	0.02	—	0.02	—	—	—	—
13	4000L以内液态沥青运输车	台班	8003031	—	—	—	—	0.2	0.3	0.34	—
14	8000L以内沥青洒布车	台班	8003040	0.06	0.05	0.06	0.05	—	—	—	—
15	320t/h以内沥青混合料拌和设备	台班	8003053	—	—	—	—	—	—	—	0.02
16	2.5~3.5m稀浆封层机	台班	8003062	—	—	—	—	0.19	0.29	0.32	—
17	9~16t轮胎式压路机	台班	8003066	0.3	0.3	0.3	0.3	—	—	—	—
18	16~20t轮胎式压路机	台班	8003067	—	—	—	—	—	—	—	0.73
19	同步碎石封层车	台班	8003095	—	—	—	—	—	—	—	0.34
20	机动路面清扫机	台班	8003102	—	—	—	—	—	—	—	0.12

续上表

顺序号	项目	单位	代号	层铺法封层				乳化沥青稀浆封层			同步碎石封层
				上封层		下封层		ES-1 型	ES-2 型	ES-3 型	橡胶沥青
				石油沥青	乳化沥青	石油沥青	乳化沥青				
				11	12	13	14	15	16	17	18
21	20t 以内自卸汽车	台班	8007019	—	—	—	—	—	—	—	0.48
22	10000L 以内洒水汽车	台班	8007043	—	—	—	—	0.14	0.22	0.24	0.51
23	12m³/min 以内机动空压机	台班	8017050	—	—	—	—	—	—	—	0.21
24	小型机具使用费	元	8099001	3.2	—	3.5	—	—	—	—	2.7
25	基价	元	9999001	6566	4679	6939	4756	5192	7075	7597	16250

各类材料或机械的费用　　　　　　　　　　　　　表 4-5

单价 项目名称	预算单价	定额单价
人工(元/工日)	105.89	106.28
乳化沥青(元/t)	3654.12	3333.33
砂(元/m³)	29.94	77.67
矿粉(元/t)	171.87	155.34
路面用石屑(元/m³)	130.14	106.8
4000L 内液态沥青运输车(元/台班)	425.55	424.44
2.5~3.5m 稀浆封层机(元/台班)	2967.66	2962.23
10000L 以内洒水汽车(元/台班)	1110.50	1104.87

解 （1）乳化沥青封层的工程数量：$6000 \times 24/1000 = 144(m^2)$

（2）人工、材料、机械的总消耗量：

①人工：$4.9 \times 144 = 705.6$（工日）。

②材料：

乳化沥青：$1.476 \times 144 = 212.544(t)$

砂：$0.6 \times 144 = 86.4(m^3)$

矿粉：$0.278 \times 144 = 40.032(t)$

路面用石屑：$2.95 \times 144 = 424.8(m^3)$

③机械：

4000L 内液态沥青运输车：$0.3 \times 144 = 43.2$（台班）

2.5~3.5m 稀浆封层机：$0.29 \times 144 = 41.76$（台班）

10000L 以内洒水汽车：$0.22 \times 144 = 31.68$（台班）

（3）计算人工费和定额人工费、材料费和定额材料费、机械费和定额机械费：

人工费 $= 705.6 \times 105.89 = 74715.98$（元）

定额人工费 $= 705.6 \times 106.28 = 74991.17$（元）

材料费 $= 212.544 \times 3654.12 + 86.4 \times 29.94 + 40.032 \times 171.87 + 424.8 \times 130.14$
　　　$= 841411.87$（元）

定额材料费 = 212.544 × 3333.33 + 86.4 × 77.67 + 40.032 × 155.34 + 424.8 × 106.8
= 766777.19(元)

机械费 = 43.2 × 425.55 + 41.76 × 2967.66 + 31.68 × 1110.50 = 177493.88(元)

定额机械费 = 43.2 × 424.44 + 41.76 × 2962.23 + 31.68 × 1104.87 = 177040.81(元)

(4)直接费 = 人工费 + 材料费 + 机械费
= 74715.98 + 841411.87 + 177493.88 = 1093621.73(元)

定额直接费 = 定额人工费 + 定额材料费 + 定额机械费
= 74991.17 + 766777.19 + 177040.81 = 1018809.17(元)

二、设备购置费

设备购置费是指为满足公路初期运营、管理需要购置的构成固定资产标准的设备和虽低于固定资产标准但属于设计明确列入设备清单的设备的费用,包括渡口设备,隧道照明、消防、通风的动力设备,公路收费、监控、通信、路网运行监测、供配电及照明设备,等等。

(1)设备购置费应列出计划购置的清单(包括设备的规格、型号、数量),以设备预算价计入。

(2)设备购置费主要包括设备原价、运杂费、运输保险费、采购及保管费,各种税费按编制期有关部门规定计算。

(3)需要安装的设备,按建筑安装工程费的有关规定计算设备的安装工程费。设备与材料的划分标准本办法见《公路工程建设项目概算预算编制办法》(JTG 3830—2018)附录C。

【例 4-8】 陕西省汉中某二级公路长 6km,运营安全因素购置外场摄像机 3 套,每套 18000 元,运杂费按照设备原价的 0.8% 计列,运输保险按照设备原价的 1% 计列,采购及保管费按照设备原价的 1.2% 计列,试计算该工程的设备购置费。

解 (1)设备单价 = 设备原价 + 运杂费(运输费 + 装卸费 + 搬动费) + 运输保险费 + 采购及保管费 = 18000 × (1 + 0.8% + 1% + 1.2%) = 18540(元)

(2)设备购置费 = 18540 × 3 = 55620(元)。

三、措施费

(一)工程类别的划分

措施费是以工程项目的某项费用为基数,乘以规定的费率计算得到,而工程项目内容千差万别,无法单个制定费率标准。因此,计算时将性质相近的工程项目合并成若干类别来制定费率。《公路工程建设项目概算预算编制办法》(JTG 3830—2018)中工程类别划分为 10 类。各类工程综合费率的计算在 04 表完成。

(1)土方。人工及机械施工的土方工程、路基掺灰、路基换填及台背回填。

(2)石方。人工及机械施工的石方工程。

(3)运输。用汽车、拖拉机、机动翻斗车、船舶等运送土石方、路面基层和面层混合料、水泥混凝土及预制构件、绿化苗木等工程。

(4)路面。路面所有结构层工程、路面附属工程、便道以及特殊路基处理工程(不含特殊路基处理中的圬工构造物)。

(5)隧道。隧道土建工程(不含隧道的钢材及钢结构)。

(6)构造物Ⅰ。砍树挖根、拆除工程、排水、防护、特殊路基处理中的圬工构造物、涵洞、交通安全设施、拌和站(楼)安拆工程、便桥、便涵、临时电力和电信设施、临时轨道、临时码头、绿化工程等工程。

(7)构造物Ⅱ。小桥、中桥、大桥、特大桥工程。

(8)构造物Ⅲ。商品水泥混凝土的浇筑、商品沥青混合料和各类商品稳定土混合料的铺筑、外购混凝土构件、设备安装工程等。

(9)技术复杂大桥。钢管拱桥、斜拉桥悬索桥、单孔跨径在120m以上(含120m)和基础水深在10m以上(含10m)的大桥主桥部分的基础、下部和上部工程(不含桥梁的钢材及钢结构)。

(10)钢材及钢结构。所有工程的钢材及钢结构等工程。

(二)措施费的计算

措施费包括冬季施工增加费、雨季施工增加费、夜间施工增加费、特殊地区施工增加费、行车干扰施工增加费、施工辅助费及工地转移费。每种费用均是以已知的费用作为计算基数,乘以相应的费率得到的。购买的路基填料、绿化苗木、商品水泥混凝土、商品沥青混合料和各类稳定土混合料、外购混凝土构件不作为措施费及企业管理费的计算基数。

$$
\begin{aligned}
措施费 &= 综合费用Ⅰ + 综合费用Ⅱ \\
&= (定额人工费 + 定额机械使用费) \times 综合费率Ⅰ + 定额直接费 \times 综合费率Ⅱ
\end{aligned}
$$

(4-11)

1. 冬季施工增加费

冬季施工增加费是指按照公路工程施工及验收规范所规定的冬季施工要求,为保证工程质量和安全生产所需采取的防寒保温设施、工效降低和机械作业效率降低以及技术操作过程的改变等所增加的有关费用。

(1)冬季施工增加费的内容包括:

①因冬季施工所需增加的一切人工、机械与材料的支出。

②施工机械所需修建的暖棚(包括拆、移),增加其他保温设备购置费用。

③因施工组织设计确定,需增加的一切保温、加温等有关支出。

④清除工作地点的冰雪等与冬季施工有关的其他各项费用。

(2)全国冬季施工气温区划分表见《公路工程建设项目概算预算编制办法》(JTG 3830—2018)附录D。

(3)冬季施工增加费的计算方法是根据各类工程的特点,规定各气温区的取费标准。为了简化计算手续,采用全年平均摊销的方法,即不论是否在冬季施工,均按规定的取费标准计取冬季施工增加费。

(4)一条路线穿过两个以上气温区时,可分段计算或按各区的工程量比例求得全线的平均增加率,计算冬季施工增加费。

(5)冬季施工增加费以各类工程的定额人工费和定额施工机械使用费之和为基数,按工程所在地的气温区选用表4-6的费率计算。

冬季施工增加费费率表(%) 表4-6

工程类别	冬季期平均温度(℃)								准一区	准二区
	-1以上		-1~-4		-4~-7	-7~-10	-10~-14	-14以下		
	冬一区		冬二区		冬三区	冬四区	冬五区	冬六区		
	Ⅰ	Ⅱ	Ⅰ	Ⅱ						
土方	0.835	1.301	1.800	2.270	4.288	6.094	9.140	13.720	—	—
石方	0.164	0.266	0.368	0.429	0.859	1.248	1.861	2.801	—	—
运输	0.166	0.25	0.354	0.437	0.832	1.165	1.748	2.643	—	—
路面	0.566	0.842	1.181	1.371	2.449	3.273	4.909	7.364	0.073	0.198
隧道	0.203	0.385	0.548	0.710	1.175	1.52	2.269	3.425	—	—
构造物Ⅰ	0.652	0.940	1.265	1.438	2.607	3.527	5.291	7.936	0.115	0.288
构造物Ⅱ	0.868	1.240	1.675	1.902	3.452	4.693	7.028	10.542	0.165	0.393
构造物Ⅲ	1.616	2.296	3.114	3.523	6.403	8.680	13.020	19.520	0.292	0.721
技术复杂大桥	1.019	1.444	1.975	2.230	4.057	5.479	8.219	12.338	0.170	0.446
钢材及钢结构	0.04	0.101	0.141	0.181	0.301	0.381	0.581	0.861	—	—

注:绿化工程不计冬季施工增加费。

2.雨季施工增加费

雨季施工增加费是指雨季期间施工为保证工程质量和安全生产所需采取的防水、防潮和防护措施、工效降低和机械作业率降低以及技术操作过程的改变等所需增加的有关费用。

(1)雨季施工增加费的内容包括:

①因雨季施工所需增加的工、料、机费用的支出,包括工作效率的降低及易被雨水冲毁的工程所增加的清理坍塌基坑和堵塞排水沟、填补路基边坡冲沟等工作内容。

②路基土方工程的开挖和运输,因雨季施工(非土壤中水影响)而引起的黏附工具、降低工效所增加的费用。

③因防止雨水必须采取的挖临时排水沟、防止基坑坍塌所需的支撑和挡板等防护措施费用。

④材料因受潮、受湿的耗损费用。

⑤增加防雨、防潮设备的费用。

⑥因河水高涨致使工作困难等其他有关雨季施工所需增加的费用。

(2)全国雨季施工雨量区及雨季期划分见《公路工程基本建设项目概算预算编制办法》(JTG 3830—2018)附录E。

(3)雨季施工增加费的计算方法,是将全国划分为若干雨量区和雨季期,并根据各类工程的特点规定各雨量区和雨季期的取费标准。为了简化计算手续,采用全年平均摊销的方法,即不论是否在雨季施工,均按规定的取费标准计取雨季施工增加费。

(4)一条路线通过不同的雨量区和雨季期时,应分别计算雨季施工增加费或按工程量比例求得平均的增加率,计算全线雨季施工增加费。

(5)雨季施工增加费以各类工程的定额人工费和定额施工机械使用费之和为基数,按工程所在地的雨量区、雨季期选用表 4-7 的费率计算。

雨季施工增加费费率表(%)　　　　表 4-7

工程类别	雨季期(月数)																
	1		1.5		2		2.5		3		3.5		4		4.5		
	5		6		7		8										
	雨量区																
	Ⅰ	Ⅱ	Ⅰ	Ⅱ	Ⅰ	Ⅱ	Ⅰ	Ⅱ	Ⅰ	Ⅱ	Ⅰ	Ⅱ	Ⅰ	Ⅱ	Ⅰ	Ⅱ	
土方	0.140	0.175	0.245	0.385	0.315	0.455	0.385	0.525	0.455	0.595	0.525	0.700	0.595	0.805	0.665	0.939	0.764 1.114 1.289 1.499
石方	0.105	0.140	0.212	0.349	0.280	0.420	0.349	0.491	0.418	0.563	0.487	0.667	0.555	0.772	0.626	0.876	0.701 1.018 1.194 1.373
运输	0.142	0.178	0.249	0.391	0.320	0.462	0.391	0.568	0.462	0.675	0.533	0.781	0.604	0.888	0.675	0.959	0.781 1.136 1.314 1.527
路面	0.115	0.153	0.230	0.366	0.306	0.480	0.366	0.557	0.425	0.634	0.501	0.710	0.578	0.825	0.654	0.940	0.749 1.093 1.267 1.459
隧道	—	—	—	—	—	—	—	—	—	—	—	—	—	—	—	—	— — — —
构造物Ⅰ	0.098	0.131	0.164	0.262	0.196	0.295	0.229	0.360	0.262	0.426	0.327	0.491	0.393	0.557	0.458	0.622	0.524 0.753 0.884 1.015
构造物Ⅱ	0.106	0.141	0.177	0.282	0.247	0.353	0.282	0.424	0.318	0.494	0.388	0.565	0.459	0.636	0.530	0.742	0.600 0.883 1.059 1.201
构造物Ⅲ	0.200	0.266	0.366	0.565	0.466	0.699	0.565	0.832	0.665	0.998	0.765	1.164	0.898	1.331	1.031	1.497	1.164 1.730 1.996 2.295
技术复杂大桥	0.109	0.181	0.254	0.363	0.290	0.435	0.363	0.508	0.435	0.580	0.508	0.689	0.580	0.798	0.653	0.907	0.725 1.052 1.233 1.414
钢材及钢结构	—	—	—	—	—	—	—	—	—	—	—	—	—	—	—	—	— — — —

注:室内和隧道内工程及设备安装工程不计雨季施工增加费。

3. 夜间施工增加费

夜间施工增加费是指根据设计、施工技术规范和合理的施工组织要求,必须在夜间施工或必须昼夜连续施工而发生的夜班补助费、夜间施工降效、施工照明设备摊销及照明用电等费用。夜间施工增加费以夜间施工工程项目的定额人工费与定额施工机械使用费之和为基数,按表 4-8 的费率计算。

夜间施工增加费费率表(%)　　　　表 4-8

工程类别	费率	工程类别	费率
构造物Ⅱ	0.903	构造物Ⅲ	1.702
技术复杂大桥	0.928	钢材及钢结构	0.874

注:设备安装工程及金属标志牌、防撞钢护栏、防眩板(网)、隔离栅、防护网等不计夜间施工增加费。

4. 特殊地区施工增加费

特殊地区施工增加费包括高原地区施工增加费、风沙地区施工增加费和沿海地区施工增加费三项。

(1)高原地区施工增加费

高原地区施工增加费是指在海拔2000m以上地区施工,由于受气候、气压的影响,致使人工、机械效率降低而增加的费用。

①一条路线通过两个以上(含两个)不同的海拔分区时,应分别计算高原地区施工增加费或按工程量比例求得平均的增加率,计算全线高原地区施工增加费。

②高原地区施工增加费以各类工程的定额人工费与定额施工机械使用费之和为基数,按表4-9的费率计算。

高原地区施工增加费费率表　　　　　　　　　表4-9

工程类别	海拔高度(m)						
	2001~2500	2501~3000	3001~3500	3501~4000	4001~4500	4501~5000	5000以上
土方	13.295	19.709	27.455	38.875	53.102	70.162	91.853
石方	13.711	20.358	29.025	41.435	56.875	75.358	100.223
运输	13.288	19.666	26.575	37.205	50.493	66.438	85.040
路面	14.572	21.618	30.689	45.032	59.615	79.500	102.640
隧道	13.364	19.850	28.490	40.767	56.037	74.302	99.259
构造物Ⅰ	12.799	19.051	27.989	40.356	55.723	74.098	95.521
构造物Ⅱ	13.622	20.244	29.082	41.617	57.214	75.874	101.408
构造物Ⅲ	12.786	18.985	27.054	38.616	53.004	70.217	93.371
技术复杂大桥	13.912	20.645	29.257	41.670	57.134	75.640	100.205
钢材及钢结构	13.204	19.622	28.269	40.492	55.699	73.891	98.930

(2)风沙地区施工增加费

风沙地区施工增加费是指在沙漠地区施工时,由于受风沙影响,按照施工及验收规范的要求,为保证工程质量和安全生产而增加的有关费用。它主要包括防风、防沙及气候影响的措施费,人工、机械效率降低增加的费用,以及积沙、风蚀的清理修复等费用。

①全国风沙地区公路施工区划见本办法附录F。当地气象资料及自然特征与《公路工程基本建设项目概算预算编制办法》(JTG 3830—2018)附录F中的风沙地区划分有较大出入时,由项目所在地省级交通运输主管部门按当地气象资料和自然特征及上述划分标准确定工程所在地的风沙区划。

②一条路线穿过两个以上不同风沙区时,按路线长度经过不同的风沙区加权计算项目全线风沙地区施工增加费。

③风沙地区施工增加费以各类工程的定额人工费和定额施工机械使用费之和为基数,根据工程所在地的风沙区划及类别,按表4-10的费率计算。

风沙地区施工增加费费率表(%)　　　　　　　　　表4-10

工程类别	风沙一区			风沙二区			风沙三区		
	沙漠类型								
	固定	半固定	流动	固定	半固定	流动	固定	半固定	流动
土方	4.558	8.056	13.674	5.618	12.614	23.426	8.056	17.331	27.507
石方	0.745	1.490	2.981	1.014	2.236	3.959	1.490	3.726	5.216
运输	4.304	8.608	13.998	5.38	12.912	19.368	8.608	18.292	27.976
路面	1.364	2.727	4.932	2.205	4.932	7.567	3.365	7.137	11.025
隧道	0.261	0.522	1.043	0.355	0.783	1.386	0.522	1.304	1.826

续上表

工程类别	风沙一区			风沙二区			风沙三区		
	沙漠类型								
	固定	半固定	流动	固定	半固定	流动	固定	半固定	流动
构造物Ⅰ	3.968	6.944	11.904	4.96	10.912	16.864	6.944	15.872	23.808
构造物Ⅱ	3.254	5.694	9.761	4.067	8.948	13.828	5.694	13.015	19.523
构造物Ⅲ	2.976	5.208	8.928	3.720	8.184	12.648	5.208	11.904	17.226
技术复杂大桥	2.778	4.861	8.333	3.472	7.638	11.805	8.861	11.110	16.077
钢材及钢结构	1.035	2.07	4.14	1.409	3.105	5.498	2.07	5.175	7.245

(3)沿海地区施工增加费是指工程项目在沿海地区施工受海风、海浪和潮汐的影响,致使人工、机械效率降低等所需增加的费用。本项费用,由沿海各省份省级交通运输主管部门制定具体的适用范围(地区)。沿海地区施工增加费以各类工程的定额人工费和定额施工机械使用费之和为基数,按表4-11的费率计算。

沿海地区施工增加费费率表(%) 表4-11

工程类别	费率	工程类别	费率
构造物Ⅱ	0.207	构造物Ⅲ	0.195
技术复杂大桥	0.212	钢材及钢结构	0.200

注:1. 表中的构造物Ⅲ指桥梁工程所用的商品水泥混凝土浇筑及混凝土构件、钢构件的安装。
　　2. 表中的钢材及钢结构指桥梁工程所用的钢材及钢结构。

5. 行车干扰施工增加费

行车干扰施工增加费是指由于边施工边维持通车,受行车干扰的影响,致使人工、机械效率降低而增加的费用。该费用以受行车影响部分的工程项目的定额人工费和定额施工机械使用费之和为基数,按表4-12的费率计算。

行车干扰施工增加费费率表(%) 表4-12

工程类别	施工期间平均每昼夜双向行车次数(机动车、非机动车合计)							
	51~100	101~500	501~1000	1001~2000	2001~3000	3001~4000	4001~5000	5000以上
土方	1.499	2.343	3.194	4.118	4.775	5.314	5.885	6.468
石方	1.279	1.881	2.618	3.479	4.035	4.492	4.973	5.462
运输	1.451	2.230	3.041	4.001	4.641	5.164	5.719	6.285
路面	1.390	2.098	2.802	3.487	4.046	4.496	4.987	5.475
隧道	—	—	—	—	—	—	—	—
构造物Ⅰ	0.924	1.386	1.858	2.320	2.693	2.988	3.313	3.647
构造物Ⅱ	1.007	1.516	2.014	2.512	2.915	3.244	3.593	3.943
构造物Ⅲ	0.948	1.417	1.896	2.365	2.745	3.044	3.373	3.713
技术复杂大桥	—	—	—	—	—	—	—	—
钢材及钢结构								

注:新建工程,中断交通进行封闭施工或为保证交通正常通行而修建保通便道的改(扩)建工程,不计行车干扰施工增加费。

6. 施工辅助费

施工辅助费包括生产工具用具使用费、检验试验费和工程定位复测、工程点交、场地清理等费用。施工辅助费以各类工程的定额直接费为基数，按表4-13的费率计算。

施工辅助费费率表(%)　　　　　　　　表4-13

工程类别	费率	工程类别	费率
土方	0.521	构造物Ⅰ	1.201
石方	0.470	构造物Ⅱ	1.537
运输	0.154	构造物Ⅲ	2.729
路面	0.818	技术复杂大桥	1.677
隧道	1.195	钢材及钢结构	0.564

(1)生产工具用具使用费是指施工所需不属于固定资产的生产工具、检验、试验用具及仪器、仪表等的购置、摊销和维修费，以及支付给生产工人自备工具的补贴费。

(2)检验试验费是指施工企业对建筑材料构件和建筑安装工程进行一般鉴定、检查所发生的费用，包括自设试验室进行试验所耗用的材料和化学药品的费用，以及技术革新和研究试验费，不包括新结构、新材料的试验费和建设单位要求对具有出厂合格证明的材料进行检验、对构件破坏性试验及其他特殊要求检验的费用。

(3)高填方和软基沉降监测、高边坡稳定监测、桥梁施工监测、隧道施工监控量测、超前地质预报等施工监控费含在施工辅助费中，不得另行计算。

7. 工地转移费

工地转移费是指施工企业迁至新工地的搬迁费用。

(1)工地转移费内容包括如下：

①施工单位职工及随职工迁移的家属向新工地转移的车费、家具行李运费、途中住宿费、行程补助费、杂费等。

②公物、工具、施工设备器材、施工机械的运杂费，以及外租机械的往返费及施工机械、设备、公物、工具的转移费等。

③非固定工人进退场的费用。

(2)工地转移费以各类工程的定额人工费和定额施工机械使用费之和为基数按表4-14的费率计算。

工地转移费费率表(%)　　　　　　　　表4-14

工程类别	工地转移距离(km)					
	50	100	300	500	1000	每增加100
土方	0.224	0.301	0.470	0.614	0.815	0.036
石方	0.176	0.212	0.363	0.476	0.628	0.030
运输	0.157	0.203	0.315	0.416	0.543	0.025
路面	0.321	0.435	0.682	0.891	1.191	0.062
隧道	0.257	0.351	0.549	0.717	0.959	0.049
构造物Ⅰ	0.262	0.351	0.552	0.720	0.963	0.051
构造物Ⅱ	0.333	0.449	0.706	0.923	1.236	0.066

续上表

工程类别	工地转移距离(km)					
	50	100	300	500	1000	每增加100
构造物Ⅲ	0.622	0.841	1.316	1.720	2.304	0.119
技术复杂大桥	0.389	0.523	0.818	1.067	1.430	0.073
钢材及钢结构	0.351	0.473	0.737	0.961	1.288	0.063

(3)高速公路、一级公路及独立大桥、独立隧道项目转移距离按省级人民政府所在城市至工地的里程计算;二级及二级以下公路项目转移距离按地级城市所在地至工地的里程计算。

(4)工地转移里程数在表列里程之间时,费率可内插计算;工地转移距离在50km以内的工程按50km计算。

8. 辅助生产间接费

辅助生产间接费是指由施工单位自行开采加工的砂、石等自采材料及施工单位自办的人工、机械装卸和运输的间接费。

(1)辅助生产间接费按定额人工费的3%计,该项费用纳入材料预算单价内构成材料费,不直接出现在概(预)算中。

(2)高原地区施工单位的辅助生产,可按高原地区施工增加费费率,以定额人工费与施工机械费之和为基数计算高原地区施工增加费(其中,人工采集、加工材料、人工装卸运输材料按土方费率计算;机械采集、加工材料按石方费率计算;机械装、运输材料按运输费率计算);辅助生产高原地区施工增加费不作为辅助生产间接费的计算基数。

【例4-9】 如前例4-7某二级沥青混凝土公路路面进行乳化沥青稀浆封层施工,项目所在地为陕西省宝鸡市,工地转移距离35km,试计算该沥青混凝土路面工程的措施费。

解 (1)由《公路工程建设项目概(预)算编制办法》(JTG 3830—2018)附录D、附录E可知:陕西省宝鸡市冬季施工气温区划为冬Ⅰ区;雨季施工雨量区为Ⅰ,雨季期为2个月。

(2)工程稀浆封层施工的工程类别为路面工程。

(3)分别查表4-6、4-7、4-14中规定的相应费率,可知冬季施工增加费费率=0.566%,雨季施工增加费费率=0.230%,工地转移费费率=0.321%,则

措施费综合费率Ⅰ = 0.566 + 0.230 + 0.321 = 1.117(%)

注意:工地转移距离为35km,按50km计算。

查表4-13可知施工辅助费费率,即措施费综合费率Ⅱ = 0.818%。

(4)由前例计算结果可得

定额人工费 = 74991元

定额施工机械使用费 = 177040.81元

定额材料费 = 766777.19元

综合费用Ⅰ = (定额人工费 + 定额施工机械使用费) × 综合费率Ⅰ
= (74991元 + 177040.81元) × 1.117% = 2815.20元

综合费用Ⅱ = 定额直接费 × 综合费率Ⅱ
= (定额人工费 + 定额材料费 + 定额施工机械使用费) × 综合费率Ⅱ
= (74991 + 766777.19 + 177040.81) × 0.818% = 1018809.07 × 0.818%

$$=8333.85(元)$$

措施费 = 综合费用Ⅰ + 综合费用Ⅱ = 2815.20 + 8333.85 = 11149.05(元)

四、企业管理费

企业管理费由基本费用、主副食运费补贴、职工探亲路费、职工取暖补贴和财务费用五项组成。

$$企业管理费 = 定额直接费 \times 企业管理费综合费率 \qquad (4-12)$$

1. 基本费用

企业管理基本费用是指建筑安装企业组织施工生产和经营管理所需的费用。

(1) 基本费用

①管理人员工资。管理人员的基本工资、绩效工资、津贴补贴及特殊情况下支付工资以及缴纳的养老、医疗、失业、工伤保险费和住房公积金等。

②办公费。企业管理办公用的文具、纸张、账表、印刷、通信、网络、书报、办公软件、会议、水电、烧水和集体取暖降温(包括现场临时宿舍取暖降温)用煤(电、气)等费用。

③差旅交通费。职工因公出差及调动工作的差旅费、住勤补助费、市内交通费和误餐补助费、劳动力招募费、职工退休及退职一次性路费、工伤人员就医路费以及管理部门使用的交通工具的油料、燃料等费用。

④固定资产使用费。管理部门及附属生产单位使用的属于固定资产的房屋、设备等的折旧费、大修费、维修费或租赁费。

⑤工具用具使用费。企业管理使用的不属于固定资产的工具、器具、家具、交通工具和检验、试验、测绘、消防用具等的购置费、维修费和摊销费。

⑥劳动保险费。企业支付的离退休职工的易地安家补助费、职工退职金、6个月以上的病假人员工资、职工死亡丧葬补助费、抚恤费以及按规定支付给离休干部的各项经费。

⑦职工福利费。按国家规定标准计提的职工福利费。

⑧劳动保护费。企业按国家有关部门规定标准发放的劳动保护用品的购置费及修理费、防暑降温费、在有碍身体健康环境中施工的保健费用等。

⑨工会经费。企业根据《中华人民共和国工会法》中的规定按全部职工工资总额比例计提的工会经费。

⑩职工教育经费。按职工工资总额的规定比例计提,企业为职工进行专业技术和职业技能培训,专业技术人员继续教育、职工职业技能鉴定、职业资格认定以及根据需要对职工进行各类文化教育所发生的费用,不含职工安全教育、培训费用。

⑪保险费。企业财产保险、管理用及生产用车辆等保险费用及人身意外伤害险的费用。

⑫工程排污费。施工现场按规定缴纳的排污费用。

⑬税金。企业按规定缴纳的城市维护建设税、教育费附加、地方教育附加、房产税、车船使用税、土地使用税、印花税等。

⑭其他。上述项目以外的其他必要的费用支出,包括技术转让费、技术开发费竣(交)工文件编制费、招投标费业务招待费、绿化费、广告费、公证费、定额测定费、法律顾问费、审计费、咨询费以及施工标准化规范化,精细化管理等费用。

(2) 基本费用以各类工程的定额直接费为基数,按表4-15的费率计算。

基本费用费率表(%) 表 4-15

工程类别	费率	工程类别	费率
土方	2.747	构造物Ⅰ	3.587
石方	2.792	构造物Ⅱ	4.726
运输	1.374	构造物Ⅲ	5.976
路面	2.427	技术复杂大桥	4.143
隧道	3.569	钢材及钢结构	2.242

2. 主副食运费补贴

主副食运费补贴是指施工企业在远离城镇及乡村的野外施工购买生活必需品所需增加的费用。该费用以各类工程的定额直接费为基数,按表 4-16 的费率计算。

主副食运费补贴费率表(%) 表 4-16

工程类别	综合里程(km)										
	3	5	8	10	15	20	25	30	40	50	每增加10
土方	0.122	0.131	0.164	0.191	0.235	0.284	0.322	0.377	0.444	0.519	0.07
石方	0.108	0.117	0.149	0.175	0.218	0.261	0.293	0.346	0.405	0.473	0.063
运输	0.118	0.13	0.166	0.192	0.233	0.285	0.322	0.379	0.447	0.519	0.073
路面	0.066	0.088	0.119	0.13	0.165	0.194	0.224	0.259	0.308	0.356	0.051
隧道	0.096	0.104	0.13	0.152	0.185	0.229	0.26	0.304	0.359	0.418	0.054
构造物Ⅰ	0.114	0.12	0.145	0.167	0.207	0.254	0.285	0.338	0.394	0.463	0.062
构造物Ⅱ	0.126	0.14	0.168	0.196	0.242	0.292	0.338	0.394	0.467	0.54	0.073
构造物Ⅲ	0.225	0.248	0.303	0.352	0.435	0.528	0.599	0.705	0.831	0.969	0.132
技术复杂大桥	0.101	0.115	0.143	0.165	0.205	0.245	0.28	0.325	0.389	0.452	0.063
钢材及钢结构	0.104	0.113	0.146	0.168	0.207	0.247	0.281	0.331	0.387	0.449	0.062

注:综合里程 = 粮食运距×0.06 + 燃料运距×0.09 + 蔬菜运距×0.15 + 水运距×0.70,粮食、燃料、蔬菜、水的运距均为全线平均运距;当综合里程数在表列里程之间时,费率可内插;综合里程在 3km 以内的工程,按 3km 计取本项费用。

3. 职工探亲路费

职工探亲路费是指按照有关规定发放给施工企业职工在探亲期间发生的往返交通费和途中住宿费等费用。该费用以各类工程的定额直接费为基数,按表 4-17 的费率计算。

职工探亲路费费率表(%) 表 4-17

工程类别	费率	工程类别	费率
土方	0.192	构造物Ⅰ	0.274
石方	0.204	构造物Ⅱ	0.348
运输	0.132	构造物Ⅲ	0.551
路面	0.159	技术复杂大桥	0.208
隧道	0.266	钢材及钢结构	0.164

4. 职工取暖补贴

职工取暖补贴指按规定发放给施工企业职工的冬季取暖费和为职工在施工现场设置的临时取暖设施的费用。该费用以各类工程的定额直接费为基数,按工程所在地的气温区[见《公路工程建设项目概算预算编制办法》(JTG 3830—2018)附录 D]选用表 4-18 的费率计算。

职工取暖补贴费率表(%) 表 4-18

工程类别	气温区						
	准二区	冬一区	冬二区	冬三区	冬四区	冬五区	冬六区
土方	0.060	0.130	0.221	0.331	0.436	0.554	0.663
石方	0.054	0.118	0.183	0.279	0.373	0.472	0.569
运输	0.065	0.130	0.228	0.336	0.444	0.552	0.671
路面	0.049	0.086	0.155	0.229	0.302	0.376	0.456
隧道	0.045	0.091	0.158	0.249	0.318	0.409	0.488
构造物Ⅰ	0.065	0.130	0.206	0.304	0.390	0.499	0.607
构造物Ⅱ	0.070	0.153	0.234	0.352	0.481	0.598	0.727
构造物Ⅲ	0.126	0.264	0.425	0.643	0.849	1.067	1.297
技术复杂大桥	0.059	0.120	0.203	0.310	0.406	0.501	0.609
钢材及钢结构	0.047	0.082	0.141	0.222	0.293	0.363	0.433

5. 财务费用

财务费用是指施工企业为筹集资金提供投标担保、预付款担保、履约担保、职工工资支付担保等所发生的各种费用,包括企业经营期间发生的短期贷款利息净支出、汇兑净损失、调剂外汇手续费、金融机构手续费,以及企业筹集资金发生的其他财务费用。财务费用以各类工程的定额直接费为基数,按表 4-19 的费率计算。

财务费用费率表(%) 表 4-19

工程类别	费率	工程类别	费率
土方	0.271	构造物Ⅰ	0.466
石方	0.259	构造物Ⅱ	0.545
运输	0.264	构造物Ⅲ	1.094
路面	0.404	技术复杂大桥	0.637
隧道	0.513	钢材及钢结构	0.653

五、规费

规费是指按法律、法规、规章、规程规定施工企业必须缴纳的费用。

(1)规费。

①养老保险费。施工企业按规定标准为职工缴纳的基本养老保险费。

②失业保险费。施工企业按规定标准为职工缴纳的失业保险费。

③医疗保险费。施工企业按规定标准为职工缴纳的医疗保险费(含生育保险费)

④工伤保险费。施工企业按规定标准为职工缴纳的工伤保险费。

⑤住房公积金。施工企业按规定标准为职工缴纳的住房公积金。

(2)各项规费以各类工程的人工费之和为基数,按国家或工程所在地法律、法规、规章、规程规定的标准计算。

$$规费 = (人工费 + 机械人工费) \times 规费费率 \quad (4-13)$$

六、利润

利润是指施工企业完成所承包工程获得的盈利,按定额直接费及措施费、企业管理费之和的 7.42% 计算。

$$利润 = (定额直接费 + 措施费 + 企业管理费) \times 7.42\% \tag{4-14}$$

七、税金

税金是指国家税法规定应计入建筑安装工程造价的增值税销项税额。

$$税金 = (直接费 + 设备购置费 + 措施费 + 企业管理费 + 规费 + 利润) \times 增值税税率 \tag{4-15}$$

【例 4-10】 接前例某二级沥青混凝土公路路面进行乳化沥青稀浆封层施工,主副食运费补贴综合里程为 5km,规费按陕西省补充定额费率 33.36% 计算,试计算该工程的企业管理费、规费、利润、税金。

解 (1)由前例得到该稀浆封层的直接费为 1093621.73 元,定额直接费为 1018809.07 元。

(2)稀浆封层工程类别为路面工程。

(3)分别查表 4-15~表 4-19 中规定的相应费率,可知企业管理费基本费用的费率为 2.427%,主副食运费补贴的费率为 0.088%,职工探亲费费率为 0.159%,职工取暖补贴费率为 0.086%,财务费用的费率为 0.404%,则

企业管理费综合费率 = 2.427% + 0.088% + 0.159% + 0.086% + 0.404% = 3.164%
企业管理费 = 1018809.07 × 3.164% = 32235.12(元)

(4)规费的基数是各类人工费之和,包含人工费和机械工费用两个部分,则

人工费 = 74715.98 + (0.3 × 1 + 0.29 × 2 + 0.22 × 1) × 144 × 105.89 = 91488.96(元)

查表陕西规费补充定额可得规费的综合费率为 33.36%,则

规费 = 91488.96 × 33.36% = 30520.72(元)

(5)利润 = (定额直接费 + 措施费 + 企业管理费) × 7.42%
= (1018809.07 + 11149.05 + 32235.12) × 7.42% = 78814.74(元)

(6)税金 = (直接费 + 设备购置费 + 措施费 + 企业管理费 + 规费 + 利润) × 9%
= (1093621.73 + 0 + 11149.05 + 32235.12 + 30520.72 + 78814.74) × 9%
= 1246341.36 × 9% = 112170.72(元)

八、专项费用

专项费用包括施工场地建设费和安全生产费。

1. 施工场地建设费

(1)按照工地建设标准化要求进行承包人驻地、工地试验室建设,钢筋集中加工、混合料集中拌制、构件集中预制等所需的办公、生活居住房屋(包括职工家属房屋及探亲房屋)、公用房屋(如广播室、文体活动室、医疗室等)和生产用房屋(如仓库、加工厂、加工棚、发电站、变电站、空压机站、停机棚、值班室等)等费用。

(2)包括场区平整(山岭重丘区的土石方工程除外)、场地硬化、排水、绿化、标志、污水处理设施、围墙隔离设施等费用,不包括钢筋加工的机械设备、混合料拌和设备及安拆,预制构件

台座、预应力张拉设备、起重及养护设备,以及概(预)算定额中临时工程所产生的费用。

(3)包括以上范围内的各种临时工作便道(包括汽车、人力车道)、人行便道,工地临时用水、用电的水管支线和电线支线,临时构筑物(如水井、水塔等)、其他小型临时设施等的搭设或租赁、维修、拆除、清理的费用;但不包括红线范围内贯通便道、进出场的临时道路、保通便道。

(4)工地试验室所发生的属于固定资产的试验设备和仪器等折旧、维修或租赁费用。

(5)施工扬尘污染防治措施费:裸露的施工场地覆盖防尘网、施工便道和施工场地洒水或喷洒抑尘剂,运输车辆的苫盖和冲洗、环境敏感区设置围挡,防尘标识设置,环境监控与检测等等,所需要的费用。

(6)文明施工,职工健康生活的费用。

施工场地建设费以施工场地计费基数,按表4-20的费率,以累进方法计算。施工场地计费基数为定额建筑安装工程费减去专项费用。

施工场地建设费费率表　　　　　　表4-20

施工场地计费基数（万元）	费率（%）	算例(万元)	
		施工场地计费基数	施工场地建设费
500 及以下	5.338	500	500×5.338% = 26.69
500～1000	4.228	1000	26.69 + (1000 - 500)×4.228% = 47.83
1000～5000	2.665	5000	47.83 + (5000 - 1000)×2.665% = 154.43
5000～10000	2.222	10000	154.43 + (10000 - 5000)×2.222% = 265.53
10000～30000	1.785	30000	265.53 + (30000 - 10000)×1.785% = 622.53
30000～50000	1.694	50000	622.53 + (50000 - 30000)×1.694% = 961.33
50000～100000	1.579	100000	961.33 + (100000 - 50000)×1.579% = 1750.83
100000～150000	1.498	150000	1750.83 + (150000 - 100000)×1.498% = 2499.83
150000～200000	1.415	200000	2499.83 + (200000 - 150000)×1.415% = 3207.33
200000～300000	1.348	300000	3207.33 + (300000 - 200000)×1.348% = 4555.33
300000～400000	1.289	400000	4555.33 + (400000 - 300000)×1.289% = 5844.33
400000～600000	1.235	600000	5844.33 + (600000 - 400000)×1.235% = 8314.33
600000～800000	1.188	800000	8314.33 + (800000 - 600000)×1.188% = 10690.33
800000～1000000	1.149	1000000	10690.33 + (1000000 - 800000)×1.149% = 12988.33
1000000 以上	1.118	1200000	12988.33 + (1200000 - 1000000)×1.118% = 15224.33

2. 安全生产费

安全生产费包括完善、改造和维护安全设施设备费用,配备、维护、保养应急救援器材和设备费用,开展重大危险源和事故隐患评估和整改费用,安全生产检查、评价和咨询费用,配备和更新现场作业人员安全防护用品支出及安全生产宣传、教育、培训费用,安全设施及特种设备检测检验费用,施工安全风险评估、应急演练等有关工作及其他与安全生产直接相关的费用。

安全生产费按建筑安装工程费乘以安全生产费费率计算,费率按不少于1.5%计取。

安全生产费 = 建筑安装工程费 × 安全生产费费率　　　　　　　　(4-16)

【例4-11】 已知某公路工程定额直接费为21143449元,直接费为23938231元,定额设备购置费为51282元,设备购置费为55620元,措施费为210875元,企业管理费为675323元,规费为186330元,利润为1634599元,税金为2403089元,安全生产费率按1.5%计,试计算该项目的专项费用。

解 (1)施工场地建设费的计算基数 = 定额直接费 + 定额设备购置费 × 40% + 措施费 + 企业管理费 + 规费 + 利润 + 税金
　　　= 21143449 + 51282 × 40% + 210875 + 675323 + 186330 + 1634599 + 2403089 = 26274178(元)

查表4-19,按照累进方法计算,则
施工场地建设费 = 47.83 + (2627.4178 − 1000) × 2.665% = 91.2007(万元) = 912007(元)

(2)安全生产费 = 建筑安装工程费(不含安全生产费本身) × 安全生产费费率 = (直接费 + 设备购置费 + 措施费 + 企业管理费 + 规费 + 利润 + 税金 + 施工场地建设费) × 1.5%
　　　= (23938231 + 55620 + 210875 + 675323 + 186330 + 1634599 + 2398503 + 911751) × 1.5%
　　　= 30016074 × 1.5% = 450241(元)

(3)专项费用 = 施工场地建设费 + 安全生产费 = 912007 + 450241 = 1362248(元)

【例4-12】 接上题,试计算该工程的定额建筑安装工程费和建筑安装工程费。

解 定额建筑安装工程费 = 定额直接费 + 定额设备购置费 × 40% + 措施费 + 企业管理费 + 规费 + 利润 + 税金 + 专项费用
　　　= 21143449 + 51282 × 40% + 210875 + 675323 + 186330 + 1634599 + 2403089 + 1362248
　　　= 26274178 + 1362248 = 27636426(元)

建筑安装工程费 = 直接费 + 设备购置费 + 措施费 + 企业管理费 + 规费 + 利润 + 税金 + 专项费用
　　　= 23938231 + 55620 + 210875 + 675323 + 186330 + 1634599 + 2398503 + 1362248
　　　= 30466315(元)

任务三　土地使用及拆迁补偿费的计算

(1)了解土地使用及拆迁补偿费的构成;
(2)理解土地使用及拆迁补偿费的计算方法。

任务描述

土地使用及拆迁补偿费是概(预)算总金额的第二部分,通过学习,仅要求学生了解土地使用及拆迁补偿费的组成和计算方法。

一、土地使用及拆迁补偿费

土地使用及拆迁补偿费包括永久占地费、临时占地费、拆迁补偿费、水土保持补偿费、其他费用。

1. 永久占地费

永久占地费包括土地补偿费、征用耕地安置补助费、耕地开垦费、森林植被恢复费、失地农民养老保险费。

（1）土地补偿费包括征地补偿费、被征用土地上的青苗补偿费、征用城市郊区的菜地等缴纳的菜地开发建设基金、耕地占用税、用地图编制费及勘界费等。

（2）征用耕地安置补助费是指征用耕地需要安置农业人口的补助费。

（3）耕地开垦费是指公路建设项目占用耕地的，应由建设项目法人（业主）负责补充耕地所发生的费用；没有条件开垦或者开垦的耕地不符合要求的，按规定缴纳的耕地开垦费。

（4）公路建设项目发生跨省域补充耕地国家统筹的，应执行《国务院办公厅关于印发跨省域补充耕地国家统筹管理办法和城乡建设用地增减挂钩节余指标跨省域调剂管理办法的通知》（国办发〔2018〕16号）的规定；发生省内跨区域补充耕地的，执行本省相关规定。

（5）森林植被恢复费是指公路建设项目需要占用、征用林地的，经县级以上林业主管部门审核同意或批准，建设项目法人（业主）单位按照省级人民政府有关规定向县级以上林业主管部门预缴的森林植被恢复费。

（6）失地农民养老保险费是指根据国家规定为保障依法被征地农民养老而交纳的保险费用。失地农民养老保险费按项目所在地省级人民政府的相关规定进行计算。

2. 临时占地费

临时占地费包括临时征地使用费、复耕费。

（1）临时征地使用费是指为满足施工所需的承包人驻地、预制场、拌和场、仓库、加工厂（棚）、堆料场、取弃土场、进出场便道、便桥等所有的临时用地及其附着物的补偿费用。

（2）复耕费是指临时占用的耕地、鱼塘等，在工程交工后将其恢复到原有标准所发生的费用。

3. 拆迁补偿费

拆迁补偿费是指被征用或占用土地地上、地下的房屋及附属构筑物、公用设施、文物等的拆除、发掘及迁建补偿费，拆迁管理费等。

4. 水土保持补偿费

水土保持补偿费应根据国家相关法律、法规规定缴纳。

5. 其他费用

其他费用是指国务院行政主管部门及省级人民政府规定的与征地拆迁相关的费用。

二、土地使用及拆迁补偿费计算方法

（1）土地使用及拆迁补偿费应根据设计文件确定的建设工程用地和临时用地面积及其附着物的情况，以及实际发生的费用项目，按国家有关规定及工程所在地的省（自治区、直辖市）颁布的有关规定和标准计算。

（2）森林植被恢复费应根据审批单位批准的建设工程占用林地的类型及面积，按国家有关规定及工程所在地的省（自治区、直辖市）颁布的有关规定和标准计算。

当与原有的电力电信设施、管线、水利工程、铁路及铁路设施互相干扰时，应与有关部门联系，商定合理的解决方案和补偿金额，也可由这些部门按规定编制费用以确定补偿金额。

（3）水土保持补偿费按各省（自治区、直辖市）制定的水土保持补偿费收费标准进行计算。

任务四　工程建设其他费用的计算

（1）了解公路工程建设其他费用的组成及内容；
（2）掌握建设项目管理费的内容和计算方法；
（3）熟悉建设单位管理费的累进计算方法；
（4）掌握公路工程建设其他费用的计算标准及方法。

公路工程建设其他费用是概（预）算总金额的第三部分，通过学习，要求学生掌握工程建设其他费用的各项内容，熟悉建设项目管理费的内容和计算方法，知道建设单位管理费的累进计算方法。通过学习，学生应明确各部委及各省、自治区、直辖市有关工程建设其他费用的各项规定；应熟悉各项费用的有关费率标准；能够完成工程建设其他费用的计算。

公路工程建设其他费用是公路工程概（预）算费用的第三部分费用，包括建设项目管理费、研究试验费、建设项目前期工作费、专项评价（估）费、联合试运转费、生产准备费、工程保通管理费、工程保险费及其他相关费用。

一、建设项目管理费

建设项目管理费包括建设单位（业主）管理费、建设项目信息化费、工程监理费、设计文件审查费、竣（交）工验收试验检测费。其中，建设单位（业主）管理费、建设项目信息化费和工程监理费均为实施建设项目管理的费用，可根据建设单位（业主）、施工、监理单位所实际承担的工作内容和工作量统筹使用。

（一）建设单位（业主）管理费

建设单位（业主）管理费是指建设单位（业主）为进行建设项目的立项、筹建、建设、竣

(交)工验收、总结等工作所发生的费用。

费用包括工作人员的工资、工资性津贴、施工现场津贴,社会保险费用(基本养老、基本医疗、失业、工伤保险)、住房公积金、职工福利费、工会经费、劳动保护费、办公费、会议费、差旅交通费、固定资产使用费(包括办公及生活房屋折旧、维修或租赁费,车辆折旧、维修、使用或租赁费,通信设备购置、使用费,测量、试验设备仪器折旧、维修或租赁费,其他设备折旧、维修或租赁费,等等)、零星固定资产购置费、招募生产工人费、技术图书资料费、职工教育培训经费、招标管理费、合同契约公证费、法律顾问费、咨询费、建设单位的临时设施费、完工清理费、竣(交)工验收费[含其他行业或部门要求的竣工验收费用、建设单位负责的竣(交)工文件编制费]、各种税费(包括房产税、车船使用税、印花税等)以及对建设项目前期工作、项目实施及竣工决算等全过程进行审计所发生的审计费用、境内外融资费用(不含建设期贷款利息)、业务招待费及工程质量、安全生产管理费和其他管理性开支。

建设单位(业主)管理费以定额建筑安装工程费为基数,按表4-21的费率,以累进方法计算。

建设单位(业主)管理费费率表　　　　　　　　　　表4-21

定额建筑安装工程费（万元）	费率（%）	算例(万元)	
		定额建筑安装工程费	建设单位(业主)管理费
500 及以下	4.858	500	500×4.858% = 24.29
500～1000	3.813	1000	24.29 + (1000 − 500)×3.813% = 43.355
1000～5000	3.049	5000	43.355 + (5000 − 1000)×3.049% = 165.315
5000～10000	2.562	10000	165.315 + (10000 − 5000)×2.562% = 293.415
10000～30000	2.125	30000	293.415 + (30000 − 10000)×2.125% = 718.415
30000～50000	1.773	50000	718.415 + (50000 − 30000)×1.773% = 1073.015
50000～100000	1.312	100000	1073.015 + (100000 − 50000)×1.312% = 1729.015
100000～150000	1.057	150000	1729.015 + (150000 − 100000)×1.057% = 2257.515
150000～200000	0.826	200000	2257.515 + (200000 − 150000)×0.826% = 2670.515
200000～300000	0.595	300000	2670.515 + (300000 − 200000)×0.595% = 3265.515
300000～400000	0.498	400000	3265.515 + (400000 − 300000)×0.498% = 3763.515
400000～600000	0.450	600000	3763.515 + (600000 − 400000)×0.45% = 4663.515
600000～800000	0.400	800000	4663.515 + (800000 − 600000)×0.4% = 5463.515
800000～1000000	0.375	1000000	5463.515 + (1000000 − 800000)×0.375% = 6213.515
1000000 以上	0.350	1200000	6213.515 + (1200000 − 1000000)×0.35% = 6913.515

双洞长度超过5000m的独立隧道,水深大于15m、跨径大于或等于400m的斜拉桥和跨径大于或等于800m的悬索桥等独立特大型桥梁工程的建设单位(业主)管理费,按表4-21中的费率乘以系数1.3计算;海上工程[指由于风浪影响,工程施工期(不包括封冻期)全年月平均工作日少于15d的工程]建设单位(业主)管理费,按表4-21中的费率乘以系数1.2计算。

(二)建设项目信息化费

建设项目信息化费是指建设单位(业主)和各参建单位用于建设项目的质量、安全进度、费用等方面的信息化建设、运维及各种税费等费用,包括建设项目全寿命周期的建筑信息模型

(Building Information Modeling)等相关费用。建设项目信息化费以定额建筑安装工程费为基数,按表4-22的费率,以累进方法计算。

建设项目信息化费费率表 表4-22

定额建筑安装工程费 (万元)	费率 (％)	算例(万元)	
		定额建筑安装工程费	建设项目信息化费
500 及以下	0.600	500	500×0.6％=3
500～1000	0.452	1000	3+(1000-500)×0.452％=5.26
1000～5000	0.356	5000	5.26+(5000-1000)×0.356％=19.5
5000～10000	0.285	10000	19.5+(10000-5000)×0.285％=33.75
10000～30000	0.252	30000	33.75+(30000-10000)×0.252％=84.15
30000～50000	0.224	50000	84.15+(50000-30000)×0.224％=128.95
50000～100000	0.202	100000	128.95+(100000-50000)×0.202％=229.95
100000～150000	0.171	150000	229.95+(150000-100000)×0.171％=315.45
150000～200000	0.160	200000	315.45+(200000-150000)×0.16％=395.45
200000～300000	0.142	300000	395.45+(300000-200000)×0.142％=537.45
300000～400000	0.135	400000	537.45+(400000-300000)×0.135％=672.45
400000～600000	0.131	600000	672.45+(600000-400000)×0.131％=934.45
600000～800000	0.127	800000	934.45+(800000-600000)×0.127％=1188.45
800000～1000000	0.125	1000000	1188.45+(1000000-800000)×0.125％=1438.45
1000000 以上	0.122	1200000	1438.45+(1200000-1000000)×0.122％=1682.45

(三)工程监理费

工程监理费是指建设单位(业主)委托具有监理资格的单位,按施工监理规范进行全面的监督和管理所发生的费用。

(1)费用内容包括工作人员的工资、工资性津贴、施工现场津贴、社会保险费用(基本养老、基本医疗、失业、工伤保险)、住房公积金、职工福利费、工会经费、劳动保护费、办公费、会议费、差旅交通费、办公及试验固定资产使用费(包括办公及生活房屋折旧、维修或租赁费,车辆折旧、维修、使用或租赁费,通信设备购置、使用费,测量、试验、检测设备仪器折旧、维修或租赁费,其他设备折旧、维修或租赁费,等等)、零星固定资产购置费、招募生产工人费、技术图书资料费、职工教育经费、投标费用、合同契约公证费、法律顾问费、咨询费、业务招待费、财务费用、监理单位的临时设施费、完工清理费、竣(交)工验收费、各种税费、安全生产管理费和其他管理性开支。

(2)工程监理费以定额建筑安装工程费为基数,按表4-23的费率,以累进方法计算。

工程监理费费率表 表4-23

定额建筑安装工程费 (万元)	费率 (％)	算例(万元)	
		定额建筑安装工程费	工程监理费
500 及以下	3.00	500	500×3％=15
500～1000	2.40	1000	15+(1000-500)×2.4％=27
1000～5000	2.10	5000	27+(5000-1000)×2.1％=111

续上表

定额建筑安装工程费 (万元)	费率 (%)	算例(万元)	
		定额建筑安装工程费	工程监理费
5000～10000	1.94	10000	111+(10000-5000)×1.94%=208
10000～30000	1.87	30000	208+(30000-10000)×1.87%=582
30000～50000	1.83	50000	582+(50000-30000)×1.83%=948
50000～100000	1.78	100000	948+(100000-50000)×1.78%=1838
100000～150000	1.72	150000	1838+(150000-100000)×1.72%=2698
150000～200000	1.64	200000	2698+(200000-150000)×1.64%=3518
200000～300000	1.55	300000	3518+(300000-200000)×1.55%=5068
300000～400000	1.49	400000	5068+(400000-300000)×1.49%=6558
400000～600000	1.45	600000	6558+(600000-400000)×1.45%=9458
600000～800000	1.42	800000	9458+(800000-600000)×1.42%=12298
800000～1000000	1.37	1000000	12298+(1000000-800000)×1.37%=15038
1000000以上	1.33	1200000	15038+(1200000-1000000)×1.33%=17698

(四)设计文件审查费

设计文件审查费是指在项目审批前,建设单位(业主)为保证勘察设计工作的质量,组织有关专家或委托有资质的单位,对提交的建设项目可行性研究报告和勘察设计文件行审查所需要的相关费用。设计文件审查费以定额建筑安装工程费为基数,按表4-24的费率,以累进方法计算。

设计文件审查费费率表   表4-24

定额建筑安装工程费 (万元)	费率 (%)	算例(万元)	
		定额建筑安装工程费	设计文件审查费
5000以下	0.077	5000	5000×0.077%=3.85
5000～10000	0.072	10000	3.85+(10000-5000)×0.072%=7.45
10000～30000	0.069	30000	7.45+(30000-10000)×0.069%=21.25
30000～50000	0.066	50000	21.25+(50000-30000)×0.066%=34.45
50000～100000	0.065	100000	34.45+(100000-50000)×0.065%=66.95
100000～150000	0.061	150000	66.95+(150000-10000)×0.061%=97.45
150000～200000	0.059	200000	97.45+(200000-150000)×0.059%=126.95
200000～300000	0.057	300000	126.95+(300000-200000)×0.057%=183.95
300000～400000	0.055	400000	183.95+(400000-300000)×0.055%=238.95
400000～600000	0.053	600000	238.95+(600000-400000)×0.053%=344.95
600000～800000	0.052	800000	344.95+(800000-600000)×0.052%=448.95
800000～1000000	0.051	1000000	448.95+(800000-600000)×0.051%=550.95
1000000以上	0.050	1200000	550.95+(800000-600000)×0.050%=650.95

(1)建设项目若有地质勘查监理,费用在此项目开支。

(2)建设项目若有设计咨询(或称设计监理、设计双院制),其费用在此项目内开支。

(五)竣(交)工验收试验检测费

竣(交)工验收试验检测费是指在公路建设项目竣(交)工验收前,由建设单位(业主)或工程质量监督机构委托有资质的公路工程质量检测单位,按照有关规定对建设项目的工程质量进行检测,并出具检测试验意见,以及进行桥梁动(静)载试验或其他特殊检测等所需要的费用。

竣(交)工验收试验检测费按表4-25规定的费率计算。道路工程按主线路基长度计算,桥梁工程以主线桥梁、分离式立交、匝道桥的长度之和进行计算,隧道按单洞长度计算。

道路工程、高速公路一级公路按4车道计算,二级及二级以下公路按2车道计算,每增加1个车道,按表4-25的费用增加10%桥梁和隧道按双向4车道计算,每增加1个车道费用增加15%。二级及二级以下公路的桥隧工程,按表4-25费用的40%计算。

竣(交)工验收试验检测费　　　　表4-25

检测项目		竣(交)工验收试验检测费	备注
道路工程(元/km)	高速公路	23500	包括路基、路面、涵洞、通道、路段安全设施和机电、房建、绿化、环境保护及其他工程
	一级公路	17000	
	二级公路	11500	
	三级及三级以下公路	5750	
桥梁工程	一般桥梁(元/延米)	40	包括桥梁范围内的所有土建、安全设施和机电、声屏障等环境保护工程及必要的动(静)载试验
	技术复杂桥梁(元/延米) 钢管拱	750	
	连续刚构	500	
	斜拉桥	600	
	悬索桥	560	
隧道工程(元/延米)	单洞	80	包括隧道范围内的所有土建、安全设施、机电、消防设施等

二、研究试验费

研究试验费是指按项目特点和有关规定.在建设过程中必须进行的研究和试验所需的费用,以及支付科技成果人专利、先进技术的一次性技术转让费。

研究试验费不包括以下方面:

(1)应由前期工作费(为建设项目提供或验证设计数据、资料等专题研究)开支的项目。

(2)应由科技三项费用(即新产品试需费中间试验费和重要科学研究补助费)开支的项目。

(3)应由施工辅助费开支的施工企业对建筑材料、构件和建筑物进行一般鉴定、检查所发生的费用及技术革新研究试验费。

计算方法:按设计提出的研究试验内容和要求进行编制。

三、建设项目前期工作费

建设项目前期工作费是指委托勘察设计单位、咨询单位对建设项目进行可行性研究、工程勘察设计,以及设计、监理、施工招标文件及招标标底或造价控制值文件编制时,按规定应支付的费用。

建设项目前期工作费包括：

（1）编制项目建议书（或预可行性研究报告）、可行性研究报告、投资估算，以及相应的勘察、设计等所需的费用。

（2）通过风洞试验、地震动参数、索塔足尺模型试验、桥墩局部冲刷试验、桩基承载力试验等为建设项目提供或验证设计数据所需的专题研究费用。

（3）初步设计和施工图设计的勘察费、设计费、概（预）算编制及调整概算编制费用等。

（4）设计、监理、施工招标及招标标底（或造价控制值或清单预算）文件编制费等。

建设项目前期工作费以定额建筑安装工程费为基数，按表4-26的费率，以累进方法计算。

建设项目前期工作费费率表 表4-26

定额建筑安装工程费（万元）	费率（%）	算例（万元）	
		定额建筑安装工程费	建设项目前期工作费
500及以下	3.00	500	500×3.00% = 15
500~1000	2.70	1000	15+(1000-500)×2.70% = 28.5
1000~5000	2.55	5000	28.5+(5000-1000)×2.55% = 130.5
5000~10000	2.46	10000	130.5+(10000-5000)×2.46% = 253.5
10000~30000	2.39	30000	253.5+(30000-10000)×2.39% = 731.5
30000~50000	2.34	50000	731.5+(50000-30000)×2.34% = 1199.5
50000~100000	2.27	100000	1199.5+(100000-50000)×2.27% = 2334.5
100000~150000	2.19	150000	2334.5+(150000-100000)×2.19% = 3429.5
150000~200000	2.08	200000	3429.5+(200000-150000)×2.08% = 4469.5
200000~300000	1.99	300000	4469.5+(300000-200000)×1.99% = 6459.5
300000~400000	1.94	400000	6459.5+(400000-300000)×1.94% = 8399.5
400000~600000	1.86	600000	8399.5+(600000-400000)×1.86% = 12119.5
600000~800000	1.80	800000	12119.5+(800000-600000)×1.80% = 15719.5
800000~1000000	1.76	1000000	15719.5+(1000000-800000)×1.76% = 19239.5
1000000以上	1.72	1200000	19239.5+(1200000-1000000)×1.72% = 22679.5

四、专项评价（估）费

专项评价（估）费是指依据国家法律、法规规定进行平价（评估）咨询，按规定应支付的费用。

专项评价（估）费包括环境影响评价费、水土保持评估费、地震安全性评价费、地质灾害危险性评价费、压覆重要矿床评估费、文物勘察费、通航论证费、行洪论证（评估）费、使用林地可行性研究报告编制费、用地预审报告编制费、项目风险评估费、节能评估费、社会风险评估费、放射性影响评估费、规划选址意见书编制费等。该项目费用可依据委托合同或参照类似工程已发生的费用进行计列。

五、联合试运转费

联合试运转费是指建设项目的机电工程，按照有关规定标准，需要进行整套设备带负荷联合试运转所需的全部费用,不包括应由设备安装工程费中开支的调试费用。

联合试运转费用包括联合试运转期间所需的材料、燃料和动力的消耗以及机械和检测设备使用费、工具用具和低值易耗品费、参加联合试运转的人员工资及其他费用等。联合试运转费以定额建筑安装工程费为基数,按0.04%费率计算。

六、生产准备费

生产准备费是指为保证新建、改(扩)建项目交付使用后满足正常的运行、管理发生的工器具购置、办公和生活用家具购置、生产人员培训、应急保通设备购置等费用。

(一)工器具购置费

工器具购置费是指建设项目交付使用后为满足初期正常运营必须购置的第一套不构成固定资产的设备、仪器、仪表、工卡模具、器具、工作台(框、架、柜)等的费用,不包括构成固定资产的设备、工器具和备品、备件以及已列入设备费中的专用工具和备品、备件。工器具购置费由设计单位列出计划购置清单(包括规格、型号、数量),计算方法同设备购置费。

(二)办公和生活用家具购置费

办公和生活用家具购置费是指新建、改(扩)建工程项目,为保证初期正常生产、使用和管理所购置的办公和生活用家具、用具的费用,包括行政及生产部门的办公室、会议室、资料档案室、阅览室、宿舍及生活福利设施等的家具和用具。办公和生活用家具购置费按表4-27的规定计算。

办公和生活用家具购置费标准表　　　　　表4-27

工程所在地	路线(元/公路公里)				单独管理或单独收费的桥梁、隧道(元/座)		
	高速公路	一级公路	二级公路	三、四级公路	特大、大桥		特长隧道
					一般桥梁	技术复杂大桥	
内蒙古、黑龙江、青海、新疆、西藏	21500	15600	7800	4000	24000	60000	78000
其他省、自治区、直辖市	17500	14600	5800	2900	19800	49000	63700

注:改(扩)建工程按表列费用的70%计。

(三)生产人员培训费

生产人员培训费是指为保证生产的正常运行,在工程交工验收交付使用前对运营部门生产人员和管理人员进行培训所需的费用,包括培训人员的工资、工资性津贴、职工福利费、差旅交通费、劳动保护费及培训及教学实习费等。该费用按设计定员和3000元/人的标准计算。

(四)应急保通设备购置费

应急保通设备购置费指新建、改(扩)建工程项目,为满足初期正常营运,购置保障抢修保通、应急处置且构成固定资产的设备所需的费用。该费用由设计单位列出计划购置清单,计算方法同设备购置费。

七、工程保通管理费

工程保通管理费是指新建或改(扩)建工程需边施工边维持通车或通航的建设项目,为保证公(铁)路运营安全、船舶航行安全及施工安全而进行交通(公路、航道、铁路)管制、交通(铁路)与船舶疏导所需的和媒体、公告等宣传费用及协管人员经费等。工程保通管理费应按设计需要进行列支。涉水项目施工期通航安全保障费用计算方法按《公路工程建设项目概算预算编制办法》(JTG 3830—2018)附录 G 执行。

八、工程保险费

工程保险费是指在合同执行期内,施工企业按合同条款要求办理保险的费用,包括建筑工程一切险和第三方责任险。

建筑工程一切险是指为永久工程、临时工程和设备及已运至施工工地用于永久工程的材料和设备所投的保险。

第三方责任险是指对因实施合同工程而造成的财产(本工程除外)损失或损害,或人员(业主和承包人雇员除外)的死亡或伤残所负责进行的保险。

工程保险费以建筑安装工程费(不含设备费)为基数,按 0.4% 费率计算。

九、其他相关费用

其他相关费用是指国务院行政主管部门及省级人民政府规定的其他与公路建设相关的费用,按其相关规定计算。

【例 4-13】 接例 4-12,已知某二级公路定额建筑安装工程费为 27636426 元,建筑安装工程费为 30466315 元,试计算该项目建设项目管理费。

解 建设项目管理费 = 建设单位(业主)管理费 + 建设项目信息化费 + 工程监理费 + 设计文件审查费 + 竣(交)工验收试验检测费

(1)建设单位(业主)管理费 = $43.355 + (2763.6426 - 1000) \times 3.049\% = 97.1285$(万元)

(2)建设项目信息化费 = $5.26 + (2763.6426 - 1000) \times 0.356\% = 11.5386$(万元)

(3)工程质量监理费 = $27 + (2763.6426 - 1000) \times 2.1\% = 64.0365$(万元)

(4)设计文件审查费 = $2763.6426 \times 0.077\% = 2.1280$(万元)

(5)竣(交)工验收试验检测费 $6 \times 11500 = 69000$ 元 = 69(万元)

建设项目管理费 = $97.1285 + 11.5386 + 64.0365 + 2.1280 + 69 = 243.8316$(万元)

【例 4-14】 接上例,试计算该项目建设项目前期工作费和联合试运转费。

解 (1)建设项目前期工作费 = $28.5 + (2763.6426 - 1000) \times 2.55\% = 73.4729$(万元)

(2)联合试运转费按 0.04% 计,即 $2763.6426 \times 0.04\% = 1.1055$(万元)

任务五 预备费及建设期贷款利息计算

学习目标

(1)掌握公路工程预备费的构成;

(2)理解基本预备费和价差预备费的含义及计算方法;

(3)掌握建设期贷款利息的计算。

任务描述

预备费和建设期贷款利息分别是概(预)算总和额的第四、五部分,本任务要求学生了解预备费的构成和计算方法,以及了解建设期贷款利息的组成和计算方法。

相关知识

一、预备费

预备费由基本预备费和价差预备费两部分构成。在公路工程建设期限内,凡需动用预备费时,属于公路交通部门投资的项目,需经建设单位提出,按建设项目隶属关系,报交通运输部或交通厅(局、委)基建主管部门核定批准;属于其他部门投资的建设项目,按其隶属关系报有关部门核定批准。

(一)基本预备费

基本预备费是指在初步设计和概算、施工图设计和施工图预算中难以预料的工程费用。

基本预备费包括:

(1)在进行技术设计、施工图设计和施工过程中,在批准的初步设计和概算范围内所增加的工程费用。

(2)在设备订货时,由于规格、型号改变的价差,材料货源变更、运输距离或方式的改变以及因规格不同而代换使用等原因发生的价差。

(3)在项目主管部门组织竣(交)工验收时,验收委员会(或小组)为鉴定工程质量必须开挖和修复隐蔽工程的费用。

基本预备费以建筑安装工程费、土地使用及拆迁补偿费、工程建设其他费之和为基数,按下列费率计算:

(1)设计概算按5%计列。
(2)修正概算按4%计列。
(3)施工图预算按3%计列。

(二)价差预备费

价差预备费是指设计文件编制年至工程交工年期间,建筑安装工程费中的人工费、材料费、设备费、施工机械使用费、措施费及企业管理费等由于政策、价格变化可能发生上浮而预留的费用和外资贷款汇率变动部分的费用。

价差预备费以建筑安装工程费总额为基数,按设计文件编制年始至建设项目工程交工年终的年数和年工程造价增长率计算,计算公式见式(4-12):

$$价差预备费 = P \times [(1+i)^{n-1} - 1] \qquad (4-17)$$

式中:P——建筑安装工程费总额(元);

i——年工程造价增长率(%),按有关部门公布的工程投资价格指数计算;

n——设计文件编制年至建设项目开工年+建设项目建设期限(年)。

设计文件编制至工程交工在1年以内的工程,不列此项费用。

二、建设期贷款利息

建设期贷款利息是指工程项目使用的贷款部分在建设期内应计取的贷款利息,包括各种金融机构贷款、建设债券和外汇贷款等的利息。

利息计算方法:根据不同的资金来源分年度投资计算所需支付的利息。其计算公式见式(4-19),即

$$\text{建设期贷款利息} = \sum(\text{上年末付息贷款本息累计} + \text{本年度付息贷款额} \div 2) \times \text{贷款基准年利率} \qquad (4\text{-}18)$$

$$S = \sum_{n=1}^{N}(F_{n-1} + b_n \div 2) \times i \qquad (4\text{-}19)$$

式中:S——建设期贷款利息;

N——项目建设期(年);

n——施工年度;

F_{n-1}——建设期第 $n-1$ 年末需付息贷款本息累计;

b_n——建设期第 n 年度付息贷款额;

i——中国人民银行公布的贷款基准年利率。

【例 4-15】 某二级公路建安费为 30466315 元,土地使用及拆迁补偿费是 11100000 元,工程建设其他费是 3478923 元,该工程 2016 年编制施工图预算,建设期 3 年,2017 年初开工,2019 年底建成。经预测工程造价增长率约为 5%,试计算其预备费。

解 价差预留费 = $30466315 \times [(1+5\%)^{(4-1)} - 1] = 4802253$(元)

基本预备费 = $(30466315 + 11100000 + 3478923) \times 3\% = 1351357$(元)

预备费 = $4802253 + 1351357 = 6153610$(元)

【例 4-16】 某二级公路贷款总额为第一、二、三部分费用的 70%,计息年为 3 年,第 1 年贷款额为贷款总额的 25%,第 2 年贷款额为贷款总额的 50%,第 3 年贷款额为贷款总额的 25%,贷款利率为 8%。求其贷款利息各是多少?

解 贷款总额 = $(30466315 + 11100000 + 3478923) \times 70\% = 35839194$(元)

第 1 年贷款金额 = $35839194 \times 25\% = 8959799$(元)

第 2 年贷款金额 = $35839194 \times 50\% = 17919597$(元)

第 3 年贷款金额 = $35839194 \times 25\% = 8959799$(元)

由计算公式得

第 1 年贷款利息 = $(0 + 8959799 \div 2) \times 8\% = 358392$(元)

第 2 年贷款利息 = $(8959799 + 358392 + 17919597 \div 2) \times 8\% = 1462239$(元)

第 3 年贷款利息 = $(8959799 + 358392 + 17919597 + 1462239 + 8959799 \div 2) \times 8\%$
$= 2654394$(元)

3 年总贷款利息 = $358392 + 1462239 + 2654394 = 4475025$(元)

任务六　概(预)算文件编制实例

(1)掌握概(预)算各项费用的计算程序及方法;
(2)了解概(预)算各项费用的计算公式;
(3)掌握概(预)算文件的编制步骤;
(4)掌握概(预)算文件的编制。

本任务主要介绍公路工程概(预)算费用计算和文件编制。通过学习,要求学生熟悉公路工程概(预)算各项费用的计算程序及方法,知道公路工程概(预)算各项费用的计算公式,掌握公路工程概(预)算文件的编制步骤,明确公路工程概(预)算文件编制时的注意事项。

概(预)算文件编制是一项严肃而复杂的工作,设计概算金额是国家控制工程建设投资的最高限额,施工图预算金额是衡量设计方案经济性和投标报价合理性的重要依据。为确保概(预)算编制质量,必须依据国家和行业相应规定,按照一定步骤有序地进行。

一、工程概(算)预算编制程序

(一)熟悉设计图纸和资料

编制概(预)算文件前,应对相应设计阶段的设计内容进行检查和整理,认真阅读和核对设计图纸及有关表格,若图纸中所用材料规格或要求不清时,要核对查实。概(预)算资料包括概(预)算表格,定额和有关文件及现场调查的一系列数据等。

(二)分析外业调查资料及施工方案

概(预)算资料的调查工作一般与公路外业勘察时同时进行。调查的内容很广,原则上凡对施工生产有影响的一切因素都必须调查,主要是筑路材料的来源(沿线场及有无自采材料)、材料运输方式及运距、运费标准、占用土地的补偿费和安置费及拆迁补偿费、沿线可利用房屋及劳动力供应情况等。对这些调查资料应进行分析,若有不明确或不全的部分,应另行调查,以保证概(预)算的准确和合理。

因为施工方案将直接影响概(预)算金额的高低和定额的查用,所以对施工组织设计文件(尤其是施工方案)应认真分析其可行性、合理性和经济性。

(三)分项、计算工程量,初填21-2表

公路工程概(预)算是以分项工程概(预)算表为基础计算和汇总而来的。根据工程设计,参照概(预)算项目表,结合《概算定额》和《预算定额》的分析,将工程项、目、节、细目列出;根

据施工组织设计,为各分项工程选用定额,在21-2表中填列编制范围、工程名称、工程细目、定额单位、工程数量、定额表号以及(各工程细目所用定额中所列的)工、料、机名称;逐项核对工程数量并填入项目表的相应栏内计算得到分项工程的工料机消耗量,对设计文件中缺少或未列的工程量进行补充计算。初填"分项工程概(预)算表"(21-2表)。

(四)工料机单价计算,填写22、23-1、23-2、24表,汇总到09表

根据21-2表进行材料分析,将工程中所需的材料按照外购、地方性、自采加工类型顺序填22表计算,其中自采材料的料场原价应首先添加在23-1表计算,自办运输的运杂费应在23-2表计算,再返回22表计算材料预算单价;根据21-2表进行施工机械分析,将工程所需机械依次填入24表计算;将22、24表中计算结果汇总到"工料机预算单价汇总表"(09表)。

(五)选用措施费、企业管理费、规费的综合费率,填写04-2表

根据工程的自然条件、施工条件的具体情况和费率相关调查资料,按工程类别,将措施费、企业管理费和规费的综合费率计算出来,编制"综合费率计算表"(04-2表)。

(六)计算分项工程的建安工程费,复填21-2表

根据09表的工料机预算单价和04-2表的综合费率,在21-2表中计算各分项工程的直接费、措施费、企业管理费、规费、利润、税金及专项费用,汇总得到分项工程的建安工程费。

(七)汇总建安工程费,填写03表

汇总21-2表中的各分项建安工程费,累加得到本项目的建安工程费,编制"建筑安装工程费计算表"(03表),得到概(预)算第一部分费用。

(八)计算土地使用及拆迁补偿费,填写07表

根据附录2"概(预)算项目表"的项目编号列出土地使用及拆迁补偿费各项费用并计算,编制"土地使用及拆迁补偿费计算表"(07表),得到概(预)算第二部分费用。

(九)计算工程建设其他费用,填写08表

根据附录2"概(预)算项目表"的项目编号列出工程建设其他费用,结合施工组织设计和外业调查资料(包括协议书)以及有关的政策性文件规定计算各项费用,编制"工程建设其他费用计算表"(08表),得到概(预)算第三部分费用。

(十)计算概(预)算总金额,编制01表及01-1表

根据经过复核的03表、07表、08表即可汇编"总概(预)算表"(01表)。

若工程是分段编制概(预)算时,尚应根据各"××段总概(预)算表"汇编成"总概(预)算表"(01-1表)。至此,概(预)算总费用金额已得出结果。

(十一)统计自采材料的工料机消耗数量,填写25表

应根据23-1表所列的自采材料规格和名称及其他辅助生产项目,按所用定额编制"辅助生产工、料、机械台班单位数量表"(25表),以供02表计算辅助生产工料机数量之用。

(十二)统计工料机消耗数量,填写 02 表及 02-1 表

根据 25 表计算的辅助生产材料消耗的工料机数量,汇总 21-2 表分项工程消耗、辅助生产消耗及其他增工数得到整个项目的工料机消耗量,编制"人工、主要材料、机械台班数量汇总表"(02 表)。

若分段编制概(预)算时,尚应根据各"××段人工、主要材料、机械台班数量汇总表",汇总编制"全概(预)算人工、主要材料、机械台班数量汇总表"(02-1 表)。为施工组织设计提供基础数据。

(十三)编写"编制说明",完成装订

当概(预)算各表格全部编制完成后,应根据编制过程和内容,写出概(预)算表格编制的依据,完成概(预)算的"编制说明",并进一步全面复核,确认无误并签字后,按规定对甲组文件印刷规定份数,并对甲、乙两组文件分别装订成册,上报待批。

二、概(预)算表格填写流程

概(预)算费用计算过程实际是填写概(预)算计算表格过程。各种表格的计算顺序和相互关系如图 4-3 所示。

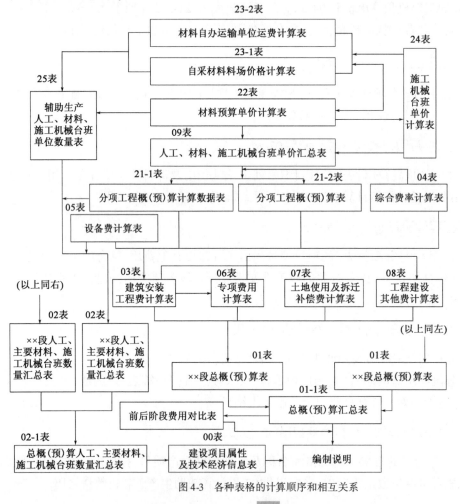

图 4-3 各种表格的计算顺序和相互关系

三、概(预)算各项费用计算程序及方法

公路工程概(预)算总金额由五部分费用组成,即建筑安装工程费、土地使用及拆迁补偿费、工程建设其他费用、预备费、建设期贷款利息。在各项费用中,每项费用都有其具体的费用内容和计算方法,并按照一定的规则和程序进行。各项费用的计算程序及方法见表4-28。

公路工程建设各项费用的计算程序及计算方式　　　　表4-28

序号	项目	说明及计算式
(一)	定额直接费	Σ人工消耗量×人工基价+Σ(材料消耗量×材料基价+机械台班消耗量×机械台班基价)
(二)	定额设备购置费	Σ设备购置数量×设备基价
(三)	直接费	Σ人工消耗量×人工单价+Σ(材料消耗量×材料预算单价+机械台班消耗量×机械台班预算单价)
(四)	设备购置费	Σ设备购置数量×预算单价
(五)	措施费	(一)×施工辅助费费率+定额人工费和定额施工机械使用费之和×其余措施费综合率
(六)	企业管理费	(一)×企业管理费综合费率
(七)	规费	各类工程人工费(含施工机械人工费)×规费综合费率
(八)	利润	[(一)+(五)+(六)]×利润率
(九)	税金	[(三)+(四)+(五)+(六)+(七)+(八)]×10%
(十)	专项费用	
	施工场地建设费	[(一)+(五)+(六)+(七)+(八)+(九)]×累进费率
	安全生产费	建筑安装工程费(不含安全生产费本身)×(≥1.5%)
(十一)	定额建筑安装工程费	(一)+(二)×40%+(五)+(六)+(七)+(八)+(九)+(十)
(十二)	建筑安装工程费	(三)+(四)+(五)+(六)+(七)+(八)+(九)+(十)
(十三)	土地使用及拆迁补偿费	按规定计算
(十四)	工程建设其他费	
	建设项目管理费	
	建设单位(业主)管理费	(十一)×累进费率
	建设项目信息化费	(十一)×累进费率
	工程监理费	(十一)×累进费率
	设计文件审查费	(十一)×累进费率
	竣(交)工验收试验检测费	按规定计算
	研究试验费	
	建设项目前期工作费	(十一)×累进费率
	专项评价(估)费	按规定计算
	联合试运转费	(十一)×费率

续上表

序号	项 目	说明及计算式
	生产准备费	
	工器具购置费	按规定计算
	办公和生活用家具购置费	按规定计算
	生产人员培训费	按规定计算
	应急保通设备购置费	
	工程保通管理费	按规定计算
	工程保险费	[(十二)-(四)]×费率
	其他相关费用	
(十五)	预备费	
	基本预备费	[(十二)+(十三)+(十四)]×费率
	价差预备费	(十二)×费率
(十六)	建设期贷款利息	按实际贷款额度及利率计算
(十七)	公路基本造价	(十二)+(十三)+(十四)+(十五)+(十六)

四、概(预)算文件编制示例

(一)概(预)算文件编制资料

(1)项目基本情况。××二级公路,位于陕西省宝鸡市境内,路段长度为6km,路面宽度为24m,面层结构为4cm SMA沥青玛蹄脂碎石混合料+5cm中粒式沥青混凝土+7cm粗粒式沥青混凝土,下设乳化沥青稀浆封层,路面各结构层沥青混合料均采用厂拌法施工,采用240t/h的厂拌设备拌和,8t自卸汽车运输,综合运输距离为3km。

(2)材料供应。沥青、改性沥青、水泥、型钢、钢板和纤维稳定剂等外购材料采用业主指定品牌,供应单价按照合同规定;石屑、碎石等地方性材料选取就近的厂家供应,供应单价按当地材料的平均物价水平确定,其运距详见表4-29,由于工地靠近河流,河道内有充足的砂石,因此决定本项目中的砂、中(粗)砂两种材料采取自采加工方式和自办运输的方式。各种材料的原价、运输方式及运距见表4-29。

(3)该项目运营前安排30名路政管理人员进行岗前培训。该项目为营运购买一套视频监控系统,需要安装,设备的原价为18万元,运距为150km;为养护购置洒水汽车3台,每台15万元,运距为60km;另外该项目运营后日常养护过程中需要配备若干试验设备,包括台式电脑3台、电子天平4套、恒温水箱2套等。

(4)该项目永久性占用耕地70亩,修建拌和站等临时征用土地20亩,拆迁房屋面积为1500m^2。

(5)某二级公路贷款总额为第一、二、三部分费用的70%,计息年为3年,第1年贷款额为贷款总额的25%,第2年贷款额为贷款总额的50%,第3年贷款额为贷款总额的25%,贷款利率为8%。

(6)该工程2016年完成施工图预算,2017年初开始施工,建设期3年,经预测工程造价增长率约为5%。

材料运输方式及计算参数　　　　　表4-29

序号	材料名称	单位	材料原价	运输方式,比重,运距	单位毛重或毛重系数	运价率（元/t·km）	装卸费率（元/t·次）	杂费费率（元/t）
1	型钢	t	3700	汽车,1.00,60km	1.00	0.65		
2	组合钢模板	t	5800	汽车,1.00,60km	1.00	0.65		
3	铁件	kg	4.4	汽车,1.00,60km	0.0011	0.65		
4	石油沥青	t	4800	汽车,1.00,200km	1.170	0.73		
5	橡胶沥青	t	4600	汽车,1.00,200km	1.17	0.73		
6	乳化沥青	t	3300	汽车,1.00,200km	1.17	0.73		
7	锯材	m³	1350	汽车,1.00,60km	0.65	0.65		
8	砂	m³	自采材料	自办运输,1.00,500m	1.50			
9	中(粗)砂	m³	自采材料	自办运输,1.00,500m	1.50			
10	路面用机制砂	m³	55	汽车,1.00,15km	1.50	0.6	2.5	2.0
11	矿粉	t	150	汽车,1.00,15km	1.00	0.6		
12	路面用石屑	m³	106	汽车,1.00,15km	1.50	0.6		
13	片石	m³	60	汽车,1.00,15km	1.60	0.6		
14	碎石(4cm)	m³	55	汽车,1.00,15km	1.50	0.6		
15	路面用碎石(1.5cm)	m³	95	汽车,1.00,15km	1.50	0.6		
16	路面用碎石(2.5cm)	m³	93	汽车,1.00,15km	1.50	0.6		
17	路面用碎石(3.5cm)	m³	91	汽车,1.00,15km	1.50	0.6		
18	块石	m³	85	汽车,1.00,15km	1.85	0.6		
19	32.5级水泥	t	350	汽车,1.00,60km	1.01	0.65		

(二)施工图预算计算案例表格

施工图预算计算案例表见表4-30~表4-44。

表 4-30

总 预 算 表

建设项目名称：××公路路面工程

编制范围：K0+000～K6+000

第1页 共4页 01表

分项编号	工程或费用名称	单位	数 量	金额（元）	技术经济指标	各项费用比例(%)	备 注
1	第一部分 建筑安装工程费	公路公里	6.000	30466315	5077719.17	54.72	
101	临时工程	公路公里	6.000				
102	路基工程	km					
103	路面工程	km		29043441		52.17	
LM01	沥青混凝土路面			29043441		52.17	
LM0104	透层、黏层、封层	m²	144000.000	1358513	9.43	2.44	
LM010405	稀浆封层	m²	144000.000	1358513		2.44	
LM0105	沥青混凝土面层	m²	144000.000	27684928		49.73	
LM010501	粗粒式沥青混凝土面层	m²		10799699	75.00	19.40	
LM010502	中粒式沥青混凝土面层	m²		8015066	55.66	14.40	
LM010505	沥青玛蹄脂碎石混合料面层	m²		8870163	61.60	15.93	
104	桥梁涵洞工程	km/座					
105	隧道工程	km/座					
106	交叉工程	处					
107	交通工程	公路公里	6.000	60626		0.11	
107	交通工程及沿线设施	公路公里		60626		0.11	
10703	监控系统	公路公里		60626		0.11	
1070302	外场监控	公路公里					
107030202	外场监控设备费	公路公里					
108	绿化及环境保护工程	公路公里	6.000				
109	其他工程	公路公里	6.000				
110	专项费用	元		1362248		2.45	
11001	施工场地建设费	元		912007		1.64	
11002	安全生产费	元		450241		0.81	30016074×1.5%

编制：×× 复核：××

续上表

建设项目名称：××公路路面工程
编制范围：K0+000～K6+000

第 2 页 共 4 页　01 表

分项编号	工程或费用名称	单位	数量	金额(元)	技术经济指标	各项费用比例(%)	备注
2	第二部分 土地使用及拆迁补偿费	公路公里	6.000	11100000	1850000.00	19.94	
201	土地使用费	亩❶		3600000		6.47	
20101	永久征用土地	亩		3500000		6.29	
20102	临时用地	亩		100000		0.18	
202	拆迁补偿费	公路公里	6.000	7500000	1250000.00	13.47	
203	其他补偿费	公路公里	6.000				
3	第三部分 工程建设其他费	公路公里	6.000	3478923	579820.50	6.25	
301	建设项目管理费	公路公里	6.000	2438316	406386.00	4.38	
30101	建设单位(业主)管理费	公路公里	6.000	971285	161880.83	1.74	971285
30102	建设项目信息化费	公路公里	6.000	115386	19231.00	0.21	115386
30103	工程监理费	公路公里	6.000	640365	106727.50	1.15	640365
30104	设计文件审查费	公路公里	6.000	21280	3546.67	0.04	21280
30105	竣(交)工验收试验检测费	公路公里	6.000	690000	115000.00	1.24	
302	研究试验费	公路公里	6.000				
303	建设项目前期工作费	公路公里	6.000	734729	122454.83	1.32	734729
304	专项评价(估)费	公路公里	6.000	30000	5000.00	0.05	
305	联合试运转费	公路公里	6.000	11055	1842.50	0.02	27636426×0.04%
306	生产准备费	公路公里	6.000	143200	23866.67	0.26	
30601	工器具购置费	公路公里	6.000	18400	3066.67	0.03	
30602	办公和生活用家具购置费	公路公里	6.000	34800	5800.00	0.06	
30603	生产人员培训费	公路公里	6.000				
30604	应急保通设备购置费	公路公里	6.000	90000	15000.00	0.16	
307	工程保通管理费	公路公里	6.000				
30701	保通便道管理费	km					

编制：××　　　　　　　　　　　　　　　　　　　　　　　　　复核：××

❶ 1 亩 = 666.6m²。

续上表

建设项目名称：××公路路面工程
编制范围：K0+000～K6+000

第 3 页 共 4 页　01 表

分项编号	工程或费用名称	单位	数量	金额（元）	技术经济指标	各项费用比例(%)	备注
30702	施工期通航安全保障费	处					
30703	营运铁路通保通管理费	处					
308	工程保险费	公路公里	6.000	121623	20270.50	0.22	30405689×0.4%
309	其他相关费用	公路公里	6.000				
4	第四部分　预备费	公路公里	6.000	6153610	1025601.67	11.05	
401	基本预备费	公路公里	6.000	1351357	225226.17	2.43	45045238×0.03
402	价差预备费	公路公里	6.000	4802253	800375.50	8.63	4802253
5	第一至四部分合计	公路公里	6.000	51198848	8533141.33	91.96	30466315+11100000+3478923+6153610
6	建设期贷款利息	公路公里	6.000	4,475,025	745,837.50	8.04	贷款总额：35839194元。其中，××银行贷款额35839194元，计息年3年，第1年贷款额8959799元，利息358392元，利率8%；第2年贷款额17919597元，利息1462239元，利率8%；第3年贷款额8959799元，利息2654394元，利率8%

编制：××　　　　　　　　　　　　　　　　　　　　　　　　　　复核：××

续上表

建设项目名称：××公路路面工程
编制范围：K0+000～K6+000
第 4 页 共 4 页 01 表

分项编号	工程或费用名称	单位	数量	金额(元)	技术经济指标	各项费用比例(%)	备注
	新增加费用项目	元					
	*请在此输入费用项目						
7	公路基本造价	公路公里	6.000	55673873	9278978.83	100.00	5198848+4475025+0

编制：×× 复核：××

人工、主要材料、施工机械台班数量汇总表

表 4-31

建设项目名称：××公路路面工程
编制范围：K0+000～K6+000
第 1 页 共 3 页 02 表

代 号	规 格 名 称	单位	单价(元)	总数量	分项统计 路面工程	场外运输损耗 %	场外运输损耗 数量
1001001	人工	工日	105.89	3915.684	3734.168		
1051001	机械工	工日	105.89	1570.901	1540.608		
2003004	型钢	t	3771.58	0.069	0.069		
2003026	组合钢模板	t	5868.04	0.148	0.148		
2009028	铁件	kg	4.54	103.900	103.900		
3001001	石油沥青	t	5230.95	1950.361	1893.554	3.00	56.807
3001004	橡胶沥青	t	5020.71	933.395	906.209	3.00	27.186
3001005	乳化沥青	t	3654.12	218.920	212.544	3.00	6.376
3003001	重油	kg	4.00	401288.303	401288.303		
3003002	汽油	kg	8.50	1727.832	1727.832		
3003003	柴油	kg	7.50	65055.264	64782.627		
3005002	电	kW·h	0.85	151432.737	151432.737		
3005004	水	m³	2.50	1382.000	1382.000		
4003002	锯材	m³	1406.67	0.020	0.020		
5503004	中(粗)砂	m³	29.94	88.560	86.400	2.50	2.160
5503005	路面用机制砂	m³	32.45	764.763	746.110	2.50	18.653
5503006	矿粉	t	78.72	1353.433	1320.422	2.50	33.011
5503013	路面用石屑	m³	171.87	3300.544	3204.412	3.00	96.132
5503015	片石	m³	130.14	7141.075	7070.371	1.00	70.704
5505005	碎石(4cm)	m³	83.28	774.130	774.130		
5505013	路面用碎石(1.5cm)	m³	103.34	139.410	138.030	1.00	1.380
5505017		m³	118.80	16932.954	16765.301	1.00	167.653

编制：×× 复核：××

续上表

建设项目名称：××公路路面工程
编制范围：K0+000~K6+000
第2页 共3页 02表

代 号	规 格 名 称	单位	单价(元)	总数量	分项统计 路面工程		场外运输损耗 %	数量
5505018	路面用碎石(2.5cm)	m³	116.74	8734.938	8648.453		1.00	86.485
5505019	路面用碎石(3.5cm)	m³	114.68	749.816	742.392		1.00	7.424
5505025	块石	m³	112.24	1060.230	1060.230			
5509001	32.5级水泥	t	406.07	218.116	215.956		1.00	2.160
7801001	其他材料费	元	1.00	5459.764	5459.764			
7901001	设备摊销费	元	1.00	85027.088	85027.088			
8001025	0.6m³以内履带式液压单斗挖掘机	台班	833.92	15.030	15.030			
8001047	2.0m³以内轮胎式装载机	台班	993.92	124.906	124.906			
8003031	4000L内液态沥青运输车	台班	425.55	43.200	43.200			
8003052	240t/h内沥青混合料拌和设备	台班	51002.29	38.808	38.808			
8003060	12.5m内沥青混合料摊铺机	台班	3807.43	45.922	45.922			
8003062	2.5~3.5m稀浆封层机	台班	2967.66	41.760	41.760			
8003065	15t以内振动压路机(双钢轮)	台班	1644.01	155.462	155.462			
8003067	16~20t轮胎式压路机	台班	767.67	72.000	72.000			

编制：×× 复核：××

续上表

建设项目名称:××公路路面工程
编制范围:K0+000~K6+000

第 3 页 共 3 页 02 表

代 号	规 格 名 称	单位	单价(元)	总数量	分项统计	场外运输损耗	
					路面工程	%	数量
8003068	20~25t 轮胎式压路机	台班	956.37	44.381	44.381		
8005002	250L 以内强制式混凝土搅拌机	台班	177.47	5.020	5.020		
8007012	5t 以内自卸汽车	台班	584.03	41.227	41.227		
8007014	8t 以内自卸汽车	台班	684.90	393.293	393.293		
8007024	20t 以内平板拖车组	台班	958.99	8.600	8.600		
8007043	10000L 以内洒水汽车	台班	1110.50	43.488	43.488		
8009027	12t 以内汽车式起重机	台班	854.06	3.090	3.090		
8009032	40t 以内汽车式起重机	台班	2238.15	18.450	18.450		
8009034	75t 以内汽车式起重机	台班	3503.57	17.060	17.060		
8099001	小型机具使用费	元	1.00	1151.200	1151.200		

编制:×× 复核:××

表 4-32

建筑安装工程费计算表

建设项目名称：××公路路面工程

编制范围：K0+000～K6+000

第 1 页 共 1 页 03 表

序号	分项编号	工程名称	单位	工程量	定额直接费(元)	定额设备购置费(元)	直接费(元) 人工费	直接费(元) 材料费	直接费(元) 施工机械使用费	直接费(元) 合计	设备购置费	措施费	企业管理费	规费	利润 费率7.42(%)	税金(元) 税率9(%)	金额合计(元) 合计	单价
1	2	3	4	5	6	7	8	9	10	11	12	13	14	15	16	17	18	19
1	103	路面工程	km														29043441	
1	LM01	沥青混凝土路面															29043441	
2	LM0104	透层、黏层、封层	m²														1358513	
3	LM010405	稀浆封层	m²	144000.000	1018809		74716	841412	177494	1093622		11149	32235	30521	78815	112171	1358513	9.43
4	LM0105	沥青混凝土面层	m²														27684928	
5	LM010501	粗粒式沥青混凝土面层	m²	144000.000	7742503		45577	7686389	1225534	8957500		75324	243646	33350	598160	891719	10799699	75.00
6	LM010502	中粒式沥青混凝土面层	m²	144000.000	5749801		32631	5743634	872410	6648675		55569	180976	23864	444187	661795	8015066	55.66
7	LM010505	沥青玛蹄脂碎石混合料面层	m²	144000.000	6632336		242487	6029221	966726	7238434		68833	218466	98595	513437	732398	8870163	61.60
8	107	交通工程及沿线设施	公路公里														60626	
9	10703	监控系统	公路公里														60626	
10	1070302	外场监控	公路公里														60626	
11	107030202	外场监控设备费	公路公里			51282					55620					5006	60626	
12	110	专项费用	元														1362248	
13	11001	施工场地建设费	元							912007							912007	
14	11002	安全生产费	元							450241							450241	
15		合计			21143449	51282	395411	20300656	3242164	25300479	55620	210875	675323	186330	1634599	2403089	30466315	50777119.17

编制：×× 复核：××

表 4-33

综合费率计算表

建设项目名称：××公路路面工程
编制范围：K0+000～K6+000

第 1 页 共 1 页 04 表

序号	工程类别	冬季施工增加费	雨季施工增加费	夜间施工增加费	高原地区施工增加费	风沙地区施工增加费	沿海地区施工增加费	行车干扰施工增加费	施工辅助费	工地转移费	综合费率 I	综合费率 II	基本费用	主副食运费补贴	职工探亲路费	职工取暖补贴	财务费用	综合费率	养老保险费	失业保险费	医疗保险费	工伤保险费	住房公积金	综合费率
1	2	3	4	5	6	7	8	9	10	11	12	13	14	15	16	17	18	19	20	21	22	23	24	25
1	土方	0.835	0.245						0.521	0.224	1.304	0.521	2.747	0.131	0.192	0.130	0.271	3.471	16.000	0.700	7.250	0.910	8.500	33.360
2	石方	0.164	0.212						0.470	0.176	0.552	0.470	2.792	0.117	0.204	0.118	0.259	3.490	16.000	0.700	7.250	0.910	8.500	33.360
3	运输	0.166	0.249						0.154	0.157	0.572	0.154	1.374	0.130	0.132	0.130	0.264	2.030	16.000	0.700	7.250	0.910	8.500	33.360
4	路面	0.566	0.230						0.818	0.321	1.117	0.818	2.427	0.088	0.159	0.086	0.404	3.164	16.000	0.700	7.250	0.910	8.500	33.360
5	隧道	0.203							1.195	0.257	0.460	1.195	3.569	0.104	0.266	0.091	0.513	4.543	16.000	0.700	7.250	0.910	8.500	33.360
6	构造物 I	0.652	0.164						1.201	0.262	1.078	1.201	3.587	0.120	0.274	0.130	0.466	4.577	16.000	0.700	7.250	0.910	8.500	33.360
7	构造物 I（不计冬）		0.164						1.201	0.262	0.426	1.201	3.587	0.120	0.274	0.130	0.466	4.577	16.000	0.700	7.250	0.910	8.500	33.360
8	构造物 II	0.868	0.177						1.537	0.333	1.378	1.537	4.726	0.140	0.348	0.153	0.545	5.912	16.000	0.700	7.250	0.910	8.500	33.360
9	构造物 III	1.616	0.366						2.729	0.622	2.604	2.729	5.976	0.248	0.551	0.264	1.094	8.133	16.000	0.700	7.250	0.910	8.500	33.360
10	构造物 III（不计雨夜）	1.616							2.729	0.622	2.238	2.729	5.976	0.248	0.551	0.264	1.094	8.133	16.000	0.700	7.250	0.910	8.500	33.360
11	技术复杂大桥	1.019	0.254						1.677	0.389	1.662	1.677	4.143	0.115	0.208	0.120	0.637	5.223	16.000	0.700	7.250	0.910	8.500	33.360
12	钢材及钢结构	0.040							0.564	0.351	0.391	0.564	2.242	0.113	0.164	0.082	0.653	3.254	16.000	0.700	7.250	0.910	8.500	33.360
13	钢材及钢结构（不计夜）	0.040							0.564	0.351	0.391	0.564	2.242	0.113	0.164	0.082	0.653	3.254	16.000	0.700	7.250	0.910	8.500	33.360
14	费率为0																							

编制：×× 复核：××

设 备 费 计 算 表

表 4-34

建设项目名称:××公路路面工程

编制范围:K0+000～K6+000

第 1 页 共 1 页 05 表

代 号	设 备 名 称	规 格 型 号	单位	数量	基价	定额设备购置费（元）	单价（元）	设备购置费（元）	税金（元）	定额设备费（元）	设备费（元）
27505040	外场摄像机		套	3.00	17094.02	51282	18000.00	55620	5006	56288	60626
			合计			51282		55620	5006	56288	60626

编制:×× 复核:××

专 项 费 用 计 算 表

表 4-35

建设项目名称:××公路路面工程
编制范围:K0+000~K6+000

第 1 页 共 1 页 06 表

序号	工程或费用名称	说明及计算式	金额(元)	备注
11001	施工场地建设费		912007	
11002	安全生产费	[建安费(不含安全生产费)]×1.5%	450241	30016074×1.5%

编制:×× 　　　　　　　　　　　　　　　　　　　　　　　　　　　　　　　　复核:××

土地使用及拆迁补偿费计算表

表 4-36

建设项目名称：××公路路面工程
编制范围：K0+000～K6+000
第 1 页 共 1 页 07 表

序号	费用名称	单位	数量	单价(元)	金额(元)	说明及计算式	备注
201	土地使用费	亩			3600000		
20101	永久征用土地	亩			3500000		
20102	临时用地	亩			100000		
202	拆迁补偿费	公路公里	6.000	1250000.00	7500000		
203	其他补偿费	公路公里	6.000				

编制：×× 复核：××

工程建设其他费计算表

表 4-37

建设项目名称：××公路路面工程
建设项目范围：K0+000~K6+000

第 1 页 共 2 页 08 表

序号	费用名称及项目	说明及计算式	金额（元）	备注
3	第三部分 工程建设其他费		3478923	
301	建设项目管理费		2438316	
30101	建设单位（业主）管理费	建设单位（业主）管理费	971285	971285
30102	建设项目信息化费	建设项目信息化费	115386	115386
30103	工程监理费	工程监理费	640365	640365
30104	设计文件审查费	设计文件审查费	21280	21280
30105	竣(交)工验收试验检测费	6.000（公路公里）×115000.00（元/公路公里）	690000	
302	研究试验费		734729	
303	建设项目前期工作费	建设项目前期工作费	734729	734729
304	专项评价（估）费		30000	
305	环境影响评价费	1.000（总额）×30000（元/总额）	30000	
306	联合试运转费	[定额建安费（含定额设备购置费×40%）]×0.04%	11055	27663426×0.04%
30601	生产准备费		143200	
30602	工器具购置费		18400	
	台式电脑	3.000（个）×5000（元/个）	15000	
	电子天平	4.000（个）×350（元/个）	1400	
	恒温水箱	2.000（个）×1000（元/个）	2000	
	办公和生活用家具	6.000（组）×5800（元/组）	34800	
30603	生产用家具		34800	
	生产人员培训费	30.000（个）×3000（元/个）	90000	
30604	路政管理员		90000	
307	应急保通设备购置费			
30701	工程保通管理费			
	保通便道管理费			

编制：×× 复核：××

续上表

建设项目名称：××公路路面工程
编制范围：K0+000~K6+000
第2页 共2页 08表

序号	费用名称及项目	说明及计算式	金额（元）	备注
30702	施工期通航安全保障费			
30703	营运铁路保通管理费			
308	工程保险费	[建安费（不含设备费）]×0.4%	121623	30405689×0.4%
309	其他相关费用			
401	基本预备费	（一二三部分合计）×0.03	1351357	45045238×0.03
402	价差预备费	价差预备费	4802253	4802252.9019
6	建设期贷款利息	建设期贷款利息	4475025	贷款总额：35839194元。其中×××银行贷款额35839194元，计息年3年，第1年贷款8959799元，利率8%，利息358392元；第2年贷款17919597元，利率8%，利息1462239元；第3年贷款8959799元，利率8%，利息2654394元

编制：××
复核：××

人工、材料、施工机械台班单价汇总表

建设项目名称:××公路路面工程　　　　　　　　　　　　　　　　　　　　　　　　　　　　　　　　　第 1 页　共 1 页　　　　　　表 4-38
编制范围:K0+000～K6+000

序号	名称	单位	代号	预算单价(元)	备注	序号	名称	单位	代号	预算单价(元)	备注
1	人工	工日	1001001	105.89		25	块石	m³	5505025	112.24	
2	机械工	工日	1051001	105.89		26	32.5级水泥	t	5509001	406.07	
3	型钢	t	2003004	3771.58		27	其他材料费	元	7801001	1.00	
4	组合钢模板	t	2003026	5868.04		28	设备摊销费	元	7901001	1.00	
5	铁件	kg	2009028	4.54		29	0.6m³以内履带式液压单斗挖掘机	台班	8001025	833.92	
6	石油沥青	t	3001001	5230.95		30	2.0m³以内轮胎式装载车	台班	8001047	993.92	
7	橡胶沥青	t	3001004	5020.71		31	4000L内液态沥青运输车	台班	8003031	425.55	
8	乳化沥青	t	3001005	3654.12		32	240t/h内沥青混合料拌和设备	台班	8003052	51002.29	
9	重油	kg	3003001	4.00		33	12.5m内沥青混合料摊铺机	台班	8003060	3807.43	
10	汽油	kg	3003002	8.50		34	2.5～3.5m稀浆封层机	台班	8003062	2967.66	
11	柴油	kg	3003003	7.50		35	15t以内振动压路机(双钢轮)	台班	8003065	1644.01	
12	电	kW·h	3005002	0.85		36	16～20t轮胎式压路机	台班	8003067	767.67	
13	水	m³	3005004	2.50		37	20～25t轮胎式压路机	台班	8003068	956.37	
14	锯材	m³	4003002	1406.67		38	250L以内强制式混凝土搅拌机	台班	8005002	177.47	
15	砂	m³	5503004	29.94		39	5t以内自卸汽车	台班	8007012	584.03	
16	中(粗)砂	m³	5503005	32.45		40	8t以内自卸汽车	台班	8007014	684.90	
17	路面用机制砂	m³	5503006	78.72		41	20t以内平板拖车组	台班	8007024	958.99	
18	矿粉	t	5503013	171.87		42	10000L以内洒水汽车	台班	8007043	1110.50	
19	路面用石屑	m³	5503015	130.14		43	1t以内机动翻斗车	台班	8007046	213.14	
20	片石	m³	5505005	83.28		44	12t以内汽车式起重机	台班	8009027	854.06	
21	碎石(4cm)	m³	5505013	103.34		45	40t以内汽车式起重机	台班	8009032	2238.15	
22	路面用碎石(1.5cm)	m³	5505017	118.80		46	75t以内汽车式起重机	台班	8009034	3503.57	
23	路面用碎石(2.5cm)	m³	5505018	116.74		47	小型机具使用费	元	8099001	1.00	
24	路面用碎石(3.5cm)	m³	5505019	114.68							

编制:×× 　　　复核:××

表 A.0.3-2 分项工程预算表

表 4-39

编制范围:K0+000~K6+000　　工程名称:稀浆封层　　单位:m²　　数量:144000　　单价:9.43　　第 1 页 共 12 页 21-2 表

分项编号:LM010405

代号	工、料、机名称	单位	单价(元)	工程项目		工程细目		定额单位		工程数量		定额表号		合计	
						透层、黏层、封层									
						乳化沥青稀浆封层 ES-2 型									
						1000m²									
						144.000									
						2~2~16~16									
					定额	数量	金额(元)	定额	数量	金额(元)	定额	数量	金额(元)	数量	金额(元)
1	人工	工日	105.89	4.900	705.600	74716								705.600	74716
2	乳化沥青	t	3654.12	1.476	212.544	776661								212.544	776661
3	砂	m³	29.94	0.600	86.400	2587								86.400	2587
4	矿粉	t	171.87	0.278	40.032	6880								40.032	6880
5	路面用石屑	m³	130.14	2.950	424.800	55283								424.800	55283
6	4000L 内液态沥青运输车	台班	425.55	0.300	43.200	18384								43.200	18384
7	2.5~3.5m 稀浆封层机	台班	2967.66	0.290	41.760	123929								41.760	123929
8	10000L 以内洒水汽车	台班	1110.50	0.220	31.680	35181								31.680	35181
9	基价	元	1.00	7075.000	1018800.000	1018800								1018800.000	1018800
	直接费	元				1093622									1093622
	措施费 I	元			1.117%	2815									2815
	措施费 II	元			0.818%	8334									8334
	企业管理费	元			3.164%	32235									32235
	规费	元			33.360%	30521									30521
	利润	元			7.42%	78815									78815
	税金	元			9%	112171									112171
	金额合计	元				1358513									1358513

编制:×× 　　复核:××

续上表 21-2表

编制范围:K0+000~K6+000　　　　　工程名称:粗粒式沥青混凝土面层　　　　　单位:m²　　　　　数量:144000　　　　　单价:75　　　　　第2页 共12页

分项编号:LM010501

代号	工、料、机名称	单位	单价(元)	Ⅰ. 粗粒式 240t/h 以内拌和粗粒式沥青混凝土混合料 1000m³ 路面实体 10.080 2~2~11~5			沥青混合料运输 8t 以内自卸车运输沥青混合料 3km 1000m³ 10.080 2~2~13~1 改			沥青混合料路面铺筑 机械摊铺粗粒式沥青混凝土混合料(240t/h 以内) 1000m³ 路面实体 10.080 2~2~14~46			合　计	
				定额	数量	金额(元)	定额	数量	金额(元)	定额	数量	金额(元)	数量	金额(元)
1	人工	工日	105.89	24.800	249.984	26471				17.900	180.432	19106	430.416	45577
2	石油沥青	t	5230.95	106.394	1072.452	5609940							1072.452	5609940
3	矿粉	t	171.87	105.700	1065.456	183120							1065.456	183120
4	路面用石屑	m³	130.14	390.690	3938.155	512512							3938.155	512512
5	路面用碎石(1.5cm)	m³	118.80	518.200	5223.456	620547							5223.456	620547
6	路面用碎石(2.5cm)	m³	116.74	553.010	5574.341	650749							5574.341	650749
7	路面用碎石(3.5cm)	m³	114.68	73.650	742.392	85138							742.392	85138
8	其他材料费	元	1.00	186.100	1875.888	1876							1875.888	1876
9	设备摊销费	元	1.00	2233.000	22508.640	22509							22508.640	22509
10	2.0m³ 以内轮胎式装载机	台班	993.92	5.210	52.517	52197							52.517	52197
11	240t/h 以内沥青混合料拌和设备	台班	51002.29	1.620	16.330	832847							16.330	832847
12	12.5m 以内沥青混合料摊铺机	台班	3807.43						1.910	19.253	73304	19.253	73304

编制:×× 　　　　　复核:××

续上表

编制范围：K0+000~K6+000　　分项编号：LM010501　　工程名称：稀粗粒式沥青混凝土面层　　单位：m²　　数量：144000　　单价：75　　第3页 共12页　　21-2表

代号	工、料、机名称	单位	单价(元)	工程项目								合计
				Ⅰ. 粗粒式			沥青混合料运输			沥青混合料路面铺筑		
				240t/h以内拌和粗粒式沥青混凝土混合料			8t以内自卸车运输沥青混合料3km			机械摊铺粗粒式沥青混凝土混合料(240t/h以内)		
	定额单位			1000m³ 路面实体			1000m³			1000m³ 路面实体		
	工程数量			10.080			10.080			10.080		
	定额表号			2~2~11~5			2~2~13~1改			2~2~14~46		
				定额	数量	金额(元)	定额	数量	金额(元)	定额	数量	金额(元)	金额(元)
13	15t以内振动压路机(双钢轮)	台班	1644.01							5.340	53.827	88492	88492
14	16~20t轮胎式压路机	台班	767.67							2.680	27.014	20738	20738
15	20~25t轮胎式压路机	台班	956.37							2.560	25.805	24679	24679
16	5t以内自卸汽车	台班	584.03	1.670	16.834	9831							16.834			9831
17	8t以内自卸汽车	台班	684.90				17.070	172.066	117848				172.066	117848
18	10000L以内洒水汽车	台班	1110.50							0.500	5.040	5597	5597
19	基价	元	1.00	733531.000	793992.480	793992	11611.000	117038.880	117039	22964.000	231477.120	231477	744508
	直接费	元				8607736			117848			231916	8957500
措施费	Ⅰ	元		1.117%		9513	0.572%		669	1.117%		2586	12768
	Ⅱ	元		0.818%		60483	0.154%		180	0.818%		1893	62556
	企业管理费	元		3.164%		233946	2.030%		2376	3.164%		7324	243646
	规费	元		33.360%		13011	33.360%		6078	33.360%		14261	33350
	利润	元		7.42%		571186	7.42%		8923	7.42%		18051	598160
	税金	元		9%		854629	9%		12247	9%		24843	891719
	金额合计	元				10350504			148321			300874	10799699

编制：××　　　　　　　　　　　　　　　　　　　　　　　　　　复核：××

续上表 21-2表

编制范围:K0+000～K6+000　　工程名称:中粒式沥青混凝土面层　　单位:m²　　数量:144000　　单价:55.66　　第4页 共12页

分项编号:LM010502

代号	工、料、机名称	单位	单价(元)	Ⅱ.中粒式 240t/h以内拌和中粒式沥青混凝土混合料 1000m³ 路面实体 7.200 2~2~11~12 定额			沥青混合料运输 8t以内自卸车运输沥青混合料3km 1000m³ 7.200 2~2~13~1改 定额			沥青混合料路面铺筑 机械摊铺中粒式沥青混凝土混合料(240t/h以内) 1000m³ 路面实体 7.200 2~2~14~47 定额			合计	
				定额	数量	金额(元)	定额	数量	金额(元)	定额	数量	金额(元)	数量	金额(元)
1	人工	工日	105.89	24.700	177.840	18831				18.100	130.320	13800	308.160	32631
2	石油沥青	t	5230.95	114.042	821.102	4295146							821.102	4295146
3	矿粉	t	171.87	106.330	765.576	131580							765.576	131580
4	路面用石屑	m³	130.14	376.030	2707.416	352343							2707.416	352343
5	路面用碎石(1.5cm)	m³	118.80	686.090	4939.848	586854							4939.848	586854
6	路面用碎石(2.5cm)	m³	116.74	426.960	3074.112	358872							3074.112	358872
7	其他材料费	元	1.00	223.300	1607.760	1608							1607.760	1608
8	设备摊销费	元	1.00	2393.400	17232.480	17232							17232.480	17232
9	2.0m³以内轮胎式装载机	台班	993.92	5.190	37.368	37141							37.368	37141
10	240t/h内沥青混合料拌和设备	台班	51002.29	1.610	11.592	591219							11.592	591219
11	12.5m³内沥青混合料摊铺机	台班	3807.43							1.920	13.824	52634	13.824	52634
12	15t以内振动压路机(双钢轮)	台班	1644.01							5.380	38.736	63682	38.736	63682

编制:××　　　　复核:××

续上表

编制范围:K0+000～K6+000　　工程名称:中粒式沥青混凝土面层　　单位:m²　　数量:144000　　单价:55.66

分项编号:LM010502

第 5 页　共 12 页　21-2 表

代号	工程项目				Ⅱ.中粒式			沥青混合料运输			沥青混合料路面铺筑			合计	
	工程细目				240t/h以内拌和中粒式沥青混凝土混合料			8t以内自卸车运输沥青混合料3km			机械摊铺中粒式沥青混凝土混合料(240t/h以内)				
	定额单位				1000m³ 路面实体			1000m³			1000m³ 路面实体				
	工程数量				7.200			7.200			7.200				
	工程表号				2～2～11～12			2～2～13～1改			2～2～14～47				
	工、料、机名称	单位	单价(元)	定额	数量	金额(元)	定额	数量	金额(元)	定额	数量	金额(元)	数量	金额(元)
13	16～20t轮胎式压路机	台班	767.67							2.680	19.296	14813	19.296	14813
14	20～25t轮胎式压路机	台班	956.37							2.580	18.576	17766	18.576	17766
15	5t以内自卸汽车	台班	584.03	1.660	11.952	6980							11.952	6980
16	8t以内自卸汽车	台班	684.90				17.070	122.904	84177				122.904	84177
17	10000L以内洒水汽车	台班	1110.50							0.500	3.600	3998	3.600	3998
18	基价	元	1.00	763865.000	5499828.000	5499828	11611.000	83599.200	83599	23108.000	166377.600	166378	5749804.800	5749805
19	措施费 Ⅰ	元		0.818%	1.1117%	6754	0.154%	0.572%	478	0.818%	1.1117%	1858		9090
	措施费 Ⅱ	元				44989		129			1361		46479	
	企业管理费	元		3.164%	3.164%	174015	2.030%		1697	3.164%	3.164%	5264		180976
	规费	元		33.360%	33.360%	9253	33.360%	33.360%	4341	33.360%	33.360%	10270		23864
	利润	元		7.42%	7.42%	424838	7.42%	7.42%	6374	7.42%	7.42%	12975		444187
	税金	元		9%	9%	635189	9%	9%	8748	9%	9%	17858		661795
	金额合计	元				7692843			105944			216279		8015066

编制:××　　　　　　　　　　　　　　　　　　复核:××

续上表

编制范围:K0+000~K6+000　　工程名称:沥青玛蹄脂碎石混合料面层　　单位:m²　　数量:144000　　单价:61.6　　第6页　共12页

分项编号:LM010505

代号	工料机名称	单位	单价(元)	工程项目：沥青玛蹄脂碎石混合料面层 工程细目：240t/h以内沥青混合料拌和设备安拆 定额单位：1座 工程数量：1.000 定额表号：2~2~15~5			工程项目：沥青玛蹄脂碎石拌和 工程细目：240t/h以内拌和橡胶沥青玛蹄脂碎石混合料 定额单位：1000m³ 路面实体 工程数量：5.760 定额表号：2~2~12~8			工程项目：沥青混合料运输 工程细目：8t以内自卸车运输沥青混合料3km 定额单位：1000m³ 工程数量：5.760 定额表号：2~2~13~1 改			工程项目：沥青混合料路面铺筑 工程细目：机械摊铺橡胶沥青混凝土混合料(240t/h以内) 定额单位：1000m³ 路面实体 工程数量：5.760 定额表号：2~2~14~60		
				定额	数量	金额(元)	定额	数量	金额(元)	定额	数量	金额(元)	定额	数量	金额(元)
1	人工	工日	105.89	2006.600	2006.600	212479	27.900	160.704	17017				21.300	122.688	12991
2	型钢	t	3771.58	0.069	0.069	260									
3	组合钢模板	t	5868.04	0.148	0.148	868									
4	铁件	kg	4.54	103.900	103.900	472									
5	橡胶沥青	t	5020.71				157.328	906.209	4549814						
6	水	m³	2.50	1382.000	1382.000	3455									
7	锯材	m³	1406.67	0.020	0.020	28									
8	中(粗)砂	m³	32.45	746.110	746.110	24211	229.240	1320.422	103944						
9	路面用机制砂	m³	78.72				231.484	1333.348	229162						
10	矿粉	t	171.87	774.130	774.130	64470									
11	片石	m³	83.28												
12	碎石(4cm)	m³	103.34	138.030	138.030	14264									
13	路面用碎石(1.5cm)	m³	118.80	1060.230	1060.230	119000	1146.180	6601.997	784317						
14	共石	m³	112.24	215.956	215.956	87693									
15	32.5级水泥	t	406.07	368.500	368.500	368	279.100	1607.616	1608						
16	其他材料费	元	1.00												
17	设备摊销费	元	1.00	27750.800	27750.800	27751	3044.300	17535.168	17535						

编制：××　　　复核：××

续上表

编制范围:K0+000~K6+000　　工程名称:沥青玛蹄脂碎石混合料面层　　单位:m²　　数量:144000　　单价:61.6　　第7页 共12页 21-2表
分项编号:LM010505

代号	工程项目		沥青混合料拌和设备安装、拆除		沥青玛蹄脂碎石混合料拌和		沥青混合料运输		沥青混合料路面铺筑	
	工程细目		240t/h以内沥青混合料拌和设备安拆		240t/h以内拌和橡胶沥青玛蹄脂碎石混合料		8t以内自卸汽车运输沥青混合料3km		机械摊铺橡胶沥青混凝土混合料(240t/h以内)	
	定额单位		1座		1000m³ 路面实体		1000m³		1000m³ 路面实体	
	工程数量		1.000		5.760		5.760		5.760	
	定额表号		2~2~15~5		2~2~12~8		2~2~13~1改		2~2~14~60	
	工、料、机名称	单位	单价(元)	定额	数量	金额(元)	定额	数量	金额(元)	定额	数量	金额(元)	定额	数量	金额(元)
18	0.6m³以内履带式液压单斗挖掘机	台班	833.92	15.030	15.030	12534									
19	2.0m³以内轮胎式装载机	台班	993.92				6.080	35.021	34808						
20	240t/h以内沥青混合料拌和设备	台班	51002.29				1.890	10.886	555231						
21	12.5m内沥青混合料摊铺机	台班	3807.43										2.230	12.845	48906
22	15t以内振动压路机(双钢轮)	台班	1644.01										10.920	62.899	103407
23	16~20t轮胎式压路机	台班	767.67										4.460	25.690	19721
24	250L以内强制式混凝土搅拌机	台班	177.47	5.020	5.020	891									
25	5t以内自卸汽车	台班	584.03				2.160	12.442	7266						
26	8t以内自卸汽车	台班	684.90							17.070	98.323	67342			
27	20t以内平板拖车组	台班	958.99	8.600	8.600	8247									
28	10000L以内洒水汽车	台班	1110.50										0.550	3.168	3518
29	12t以内汽车式起重机	台班	854.06	3.090	3.090	2639									
30	40t以内汽车式起重机	台班	2238.15	18.450	18.450	41294									
31	75t以内汽车式起重机	台班	3503.57	17.060	17.060	59771									
32	小型机具使用费	元	1.00	1151.200	1151.200	1151									
33	基价	元	1.00	663604.000	663604.000	663604	991959.000	5713683.840	5713684	11611.000	66879.360	66879	32669.000	188173.440	188173

编制:×× 　　　　　　　　　　　　　　　　　　　　　　　　　　　　　　　　　　　　　复核:××

续上表

编制范围:K0+000～K6+000　　工程名称:沥青玛蹄脂碎石混合料面层　　单位:m²　　单价:61.6　　数量:144000

分项编号:LM010505　　　　　　　　　　　　　　　　　　　　　　　　第 8 页　共 12 页　21-2 表

代号	工程项目			沥青玛蹄脂碎石混合料面层			沥青玛蹄脂碎石混合料拌和			沥青混合料运输			沥青混合料路面铺筑		
	工程细目			沥青混合料拌和设备安装、拆除			240t/h以内拌和沥青玛蹄脂碎石混合料			8t以内自卸车运输沥青混合料3km			机械摊铺橡胶沥青混凝土混合料(240t/h以内)		
	定额单位			1座			1000m³ 路面实体			1000m³			1000m³ 路面实体		
	工程数量			1.000			5.760			5.760			5.760		
	定额表号			2～2～15～5			2～2～12～8			2～2～13～1 改			2～2～14～60		
	工、料、机名称	单位	单价(元)	定额	数量	金额(元)	定额	数量	金额(元)	定额	数量	金额(元)	定额	数量	金额(元)
直接费		元				681847			6300702			67342			188543
措施费	Ⅰ	元			1.078%	3655		1.117%	6343		0.572%	383		1.117%	2102
	Ⅱ	元			1.201%	7970		0.818%	46738		0.154%	103		0.818%	1539
企业管理费		元			4.577%	30373		3.164%	180781		2.030%	1358		3.164%	5954
规费		元			33.360%	75457		33.360%	8507		33.360%	3473		33.360%	11158
利润		元			7.42%	52356		7.42%	441308		7.42%	5099		7.42%	14674
税金		元			9%	76649		9%	628594		9%	6998		9%	20157
金额合计		元				928307			7612973			84756			244127

编制:×× 　　复核:××

续上表

编制范围:K0+000～K6+000　　工程名称:沥青玛蹄脂碎石混合料面层　　单位:m²　　数量:144000　　单价:61.6　　第9页 共12页　21-2表

分项编号:LM010505

代号	工、料、机名称	单位	单价(元)	定额	数量	金额(元)	定额	数量	金额(元)	合计数量	合计金额(元)
1	人工	工日	105.89							2289.992	242487
2	型钢	t	3771.58							0.069	260
3	组合钢模板	t	5868.04							0.148	868
4	铁件	kg	4.54							103.900	472
5	橡胶沥青	t	5020.71							906.209	4549814
6	水	m³	2.50							1382.000	3455
7	锯材	m³	1406.67							0.020	28
8	中(粗)砂	m³	32.45							746.110	24211
9	路面用机制砂	m³	78.72							1320.422	103944
10	矿粉	t	171.87							1333.348	229162
11	片石	m³	83.28							774.130	64470
12	碎石(4cm)	m³	103.34							138.030	14264
13	路面用碎石(1.5cm)	m³	118.80							6601.997	784317
14	块石	m³	112.24							1060.230	119000
15	32.5级水泥	t	406.07							215.956	87693
16	其他材料费	元	1.00							1976.116	1976
17	设备摊销费	元	1.00							45285.968	45286
18	0.6m³以内履带式液压单斗挖掘机	台班	833.92							15.030	12534
19	2.0m³以内轮胎式装载机	台班	993.92							35.021	34808

编制:××　　　　　　　　　　　　复核:××

续上表

编制范围：K0+000～K6+000　　工程名称：沥青玛蹄脂碎石混合料面层　　单位：m²　　数量：144000　　单价：61.6　　第10页　共12页　　21-2表

分项编号：LM010505

代号	工、料、机名称	单位	单价(元)	工程项目 定额	工程项目 数量	工程项目 金额(元)	工程细目 定额	工程细目 数量	工程细目 金额(元)	定额单位 定额	定额单位 数量	定额单位 金额(元)	工程数量 定额	工程数量 数量	合计 金额(元)
20	240t/h内沥青混合料拌和设备	台班	51002.29											10.886	555231
21	12.5m内沥青混合料摊铺机	台班	3807.43											12.845	48906
22	15t以内振动压路机(双钢轮)	台班	1644.01											62.899	103407
23	16～20t轮胎式压路机	台班	767.67											25.690	19721
24	250L以内强制式混凝土搅拌机	台班	177.47											5.020	891
25	5t以内自卸汽车	台班	584.03											12.442	7266
26	8t以内自卸汽车	台班	684.90											98.323	67342
27	20t以内平板拖车组	台班	958.99											8.600	8247
28	10000L以内汽车式洒水汽车	台班	1110.50											3.168	3518
29	12t以内汽车式起重机	台班	854.06											3.090	2639
30	40t以内汽车式起重机	台班	2238.15											18.450	41294
31	75t以内汽车式起重机	台班	3503.57											17.060	59771
32	小型机具使用费	元	1.00											1151.200	1151
33	基价	元	1.00											6632340.640	6632341

编制：××　　　　　　　　　　　　　　　　　　　　　　　复核：××

续上表

编制范围:K0+000~K6+000　　工程名称:沥青玛蹄脂碎石混合料面层　　单位:m²　　数量:144000　　单价:61.6　　第11页 共12页　　21-2表

代号	工程项目 工程细目 定额单位 工程数量 定额表号 工、料、机名称	单位	单价(元)	定额	数量	金额(元)	定额	数量	金额(元)	定额	数量	合　计 金额(元)
	直接费 Ⅰ	元										7238434
	措施费 Ⅱ	元										12483
		元										56350
	企业管理费	元										218466
	规费	元										98595
	利润	元										513437
	税金	元										732398
	金额合计	元										8870163

编制:×× 　　　　　　　　　　　　　　　　　　　　　　　　　　　　　　　　　复核:××

续上表

编制范围:K0+000~K6+000　　工程名称:外场监控设备费　　单位:公路公里　　数量:0　　单价:0

第12页　共12页　21-2表

分项编号:107030202

	工程项目									合　计	
	工程细目	外场摄像机									
	定额单位	套									
	工程数量	3.000									
代号	定额表号										
	工、料、机名称	单位	单价(元)	定额	数量	金额(元)	定额	数量	金额(元)	数量	金额
1	基价	元	1.00	18000.000	54000.000	54000				54000.000	54000
		元									
直接费	Ⅰ	元									
	Ⅱ	元									
措施费	企业管理费	元									
	规费	元									
	利润	元	9%				7.42%				
	税金	元				5006					5006
	金额合计	元				60626					60626

编制:××　　　　　　　　　　　　　　　　　　　　　　复核:××

材料预算单价计算表

建设项目名称：××公路路面工程
编制范围：K0+000~K6+000

表 4-40
第 1 页 共 1 页 22 表

代号	规格名称	单位	原价(元)	供应地点	运输方式比重及运距	毛质量系数或单位毛质量	运杂费 运杂费构成说明或计算式	单位运费(元)	原价运费合计(元)	场外运输损耗 费率(%)	场外运输损耗 金额(元)	采购及保管费 费率(%)	采购及保管费 金额(元)	预算单价(元)
1	型钢	t	3700.000	宝鸡—工地	汽车,1.0060km	1.000000	0.650×60+2.500+2.000	43.500	3743.50			0.750	28.076	3771.580
2	组合钢模板	t	5800.000	宝鸡—工地	汽车 1.0060km	1.000000	0.650×60+2.500+2.000	43.500	5843.50			0.420	24.543	5868.040
3	铁件	kg	4.400	宝鸡—工地	汽车 1.0060km	0.001100	(0.650×60+2.500+2.000)×0.0011	0.048	4.45			2.060	0.092	4.540
4	石油沥青	t	4800.000	西安—工地	汽车 1.00200km	1.170000	(0.730×200+2.500+2.000)×1.17	176.085	4976.09	3.00	149.283	2.060	105.583	5230.950
5	橡胶沥青	t	4600.000	西安—工地	汽车 1.00200km	1.170000	(0.730×200+2.500+2.000)×1.17	176.085	4776.09	3.00	143.283	2.060	101.339	5020.710
6	乳化沥青	t	3300.000	西安—工地	汽车 1.00200km	1.170000	(0.730×200+2.500+2.000)×1.17	176.085	3476.09	3.00	104.283	2.060	73.756	3654.120
7	锯材	m³	1350.000	宝鸡—工地	汽车 1.0060km	0.650000	(0.650×60+2.500+2.000)×0.65	28.275	1378.28			2.060	28.393	1406.670
8	砂	m³	21.052	采砂场—工地	自办运输 1.00500m	1.500000	3.55×213.14×0.01	7.566	28.62	2.50	0.715	2.060	0.604	29.940
9	中(粗)砂	m³	23.452	采砂场—工地	自办运输 1.00500m	1.500000	3.55×213.14×0.01	7.566	31.02	2.50	0.775	2.060	0.655	32.450
10	路面用机制砂	m³	55.000	料场—工地	汽车 1.0015km	1.000000	(0.600×15+2.500+2.000)×1.5	20.250	75.25	2.50	1.881	2.060	1.589	78.720
11	矿粉	t	150.000	料场—工地	汽车 1.0015km	1.000000	(0.600×15+2.500+2.000)×1.5	13.500	163.50	3.00	4.905	2.060	3.469	171.870
12	路面用石屑	m³	106.000	料场—工地	汽车 1.0015km	1.500000	(0.600×15+2.500+2.000)×1.5	20.250	126.25	1.00	1.263	2.060	2.627	130.140
13	片石	m³	60.000	料场—工地	汽车 1.0015km	1.600000	(0.600×15+2.500+2.000)×1.6	21.600	81.60			2.060	1.681	83.280
14	碎石(4cm)	m³	80.000	料场—工地	汽车 1.0015km	1.500000	(0.600×15+2.500+2.000)×1.5	20.250	100.25	1.00	1.003	2.060	2.086	103.340
15	路面用碎石(1.5cm)	m³	95.000	料场—工地	汽车 1.0015km	1.500000	(0.600×15+2.500+2.000)×1.5	20.250	115.25	1.00	1.153	2.060	2.398	118.800
16	路面用碎石(2.5cm)	m³	93.000	料场—工地	汽车 1.0015km	1.500000	(0.600×15+2.500+2.000)×1.5	20.250	113.25	1.00	1.133	2.060	2.356	116.740
17	路面用碎石(3.5cm)	m³	91.000	料场—工地	汽车 1.0015km	1.500000	(0.600×15+2.500+2.000)×1.5	20.250	111.25	1.00	1.113	2.060	2.315	114.680
18	块石	m³	85.000	料场—工地	汽车 1.0015km	1.850000	(0.600×15+2.500+2.000)×1.85	24.975	109.98			2.060	2.266	112.240
19	32.5 级水泥	t	350.000	宝鸡—工地	汽车 1.0060km	1.010000	(0.650×60+2.500+2.000)×1.01	43.935	393.94	1.00	3.939	2.060	8.196	406.070

编制：×× 复核：××

自采材料场价格计算表

表 4-41

编制范围：××公路路面工程

自采材料名称：砂　　　数量：88.560　　　料场价格：21.05

单位：m³

第 1 页　共 2 页

代号	工、料、机名称	单位	单价(元)	定额	数量	金额(元)	定额	数量	金额(元)	定额	数量	金额(元)	合　计
	工程项目			Ⅰ.人工采筛									
	工程细目			人工水中采堆									
	定额单位			100m³ 堆方									
	工程数量			0.010									
	定额表号			8-1-3-2									
1	人工	工日	105.89	19.300	0.193	20.437					0.193	20.437
2	基价	元	1.00	2051.000	20.510	20.510					20.510	20.510
	直接费	元				20.437						
	辅助生产间接费	元		3.000%		0.615						0.615
	高原取费	元										
	金额合计	元				21.052						21.052

编制：×× 　　　复核：××

续上表

编制范围：××公路路面工程
自采材料名称：中(粗)砂　　单位：m³　　数量：764.763　　料场价格：23.45　　第2页 共2页 23-1表

代号	工程项目				Ⅰ.人工采筛						合　计	
	工程细目				人工采筛堆成品率51%~70%							
	定额单位				100m³ 堆方							
	工程数量				0.010							
	定额表号				8-1-3-5							
	工、料、机名称	单位	单价(元)	定额	数量	金额(元)	定额	数量	金额(元)	定额	数量	金额(元)
1	人工	工日	105.89	21.500	0.215	22.766					0.215	22.766
2	基价	元	1.00	2285.000	22.850	22.850					22.850	22.850
	直接费	元				22.766						22.766
	辅助生产间接费	元		3.000%		0.686						0.686
	高原取费	元										
	金额合计	元				23.452						23.452

编制：××　　　　　　　　　　　　　　　　　　　　　　　　复核：××

材料自办运输单位运费计算表

表 4-42

编制范围：K0+000～K6+000　自采材料名称：砂　数量：88.560　单位运费：7.57　单位：m³

第 × 页　共 × 页　23-2 表

代号	工,料,机名称	工程项目	工程细目	定额单位	工程数量	定额表号	单位	单价(元)	定额	数量	金额(元)	定额	数量	金额(元)	定额	数量	金额(元)	合计 数量	合计 金额(元)
1	1t以内机动翻斗车	机动翻斗车运输（配合人工装车）	机械翻斗车运输土、砂、石屑500m	100m³	0.010	9-1-3-1	台班	213.14	3.550	0.036	7.566							0.036	7.566
2	基价						元	1.00	757.000	7.570	7.570							7.570	7.570
	直接费						元												
	辅助生产间接费						元			3.000%	7.566								7.566
	高原取费						元												
	金额合计						元				7.566								7.566

编制：× ×　　复核：× ×

续上表

编制范围：K0+000～K6+000　　自采材料名称：中(粗)砂　　单位：m³　　数量：764.763　　单位运费：7.57

第×页 共×页　23-2表

代号	工料、机名称	单位	单价(元)	工程项目			工程细目：机动翻斗车运输（配合人工装车）			工程细目：机械翻斗车运输土、砂、石屑500m			合计
							定额单位：100m³						
							工程数量：0.010						
							定额表号：9-1-3-1						
					定额	数量	金额(元)	定额	数量	金额(元)	定额	数量	金额(元)
1	1t以内机动翻斗车	台班	213.14				3.550	0.036	7.566				0.036
2	基价	元	1.00				757.000	7.570	7.570				7.570
	直接费	元							7.566				7.566
	辅助生产间接费	元					3.000%						
	高原取费	元											
	金额合计	元							7.566				7.566

编制：××　　复核：××

表 4-43

施工机械台班单价计算表

建设项目名称：××公路路面工程
编制范围：K0+000～K6+000
第 1 页 共 1 页　24 表

序号	代号	规格名称	台班单价(元)	不变费用(元)		可变费用(元)								车船税	合计
						人工 105.89 (元/工日)		汽油 8.50 (元/kg)		柴油 7.50 (元/kg)		重油 4.00 (元/kg)		煤 561.95 (元/t)		电 0.85 [元/(kW·h)]		水 2.50 (元/m³)		木柴 0.71 (元/kg)			
				定额	调整值 调整系数:1	定额	金额	定额	金额	定额	金额	定额	金额	定额	金额	定额	金额	定额	金额	定额	金额		
1	8001025	0.6m³以内履带式液压单斗挖掘机	833.92	341.26	341.26	2.00	211.78			37.45	280.88												492.66
2	8001047	2.0m³以内轮胎式装载机	993.92	188.38	188.38	1.00	105.89			92.86	696.45											3.20	805.54
3	8003031	4000L内液态沥青运输车	425.55	318.16	318.16	1.00	105.89															1.50	107.39
4	8003052	240t/h内沥青混合料拌和设备	51002.29	6012.39	6012.39	3.00	317.67					10340.35	41361.40			3895.09	3310.83						44989.90
5	8003060	12.5m内沥青混合料摊铺机	3807.43	2468.03	2468.03	3.00	317.67			136.23	1021.73												1339.40
6	8003062	2.5～3.5m稀浆封层机	2967.66	1979.33	1979.33	2.00	211.78			103.54	776.55												988.33
7	8003065	15t以内振动压路机(双钢轮)	1644.01	826.23	826.23	2.00	211.78			80.80	606.00												817.78
8	8003067	16～20t轮胎式压路机	767.67	343.78	343.78	1.00	105.89			42.40	318.00												423.89
9	8003068	20～25t轮胎式压路机	956.37	472.48	472.48	1.00	105.89			50.40	378.00												483.89
10	8005002	250L内强制式混凝土搅拌机	177.47	25.51	25.51	1.00	105.89									54.20	46.07						151.96
11	8007012	5t以内自卸汽车	584.03	120.53	120.53	1.00	105.89	41.91	356.24													1.37	463.50
12	8007014	8t以内自卸汽车	684.90	205.99	205.99	1.00	105.89			49.45	370.88											2.14	478.91
13	8007024	20t以内平板拖车组	958.99	400.45	400.45	2.00	211.78			45.26	339.45											7.31	558.54
14	8007043	10000L以内洒水汽车	1110.50	605.76	605.76	1.00	105.89			52.80	396.00											2.85	504.74
15	8007046	1t以内机动翻斗车	213.14	39.48	39.48	1.00	105.89			9.00	67.50											0.27	173.66
16	8009027	12t以内汽车式起重机	854.06	408.05	408.05	2.00	211.78			30.59	229.43											4.80	446.01
17	8009032	40t以内汽车式起重机	2238.15	1650.99	1650.99	2.00	211.78			48.61	364.58											10.80	587.16
18	8009034	75t以内汽车式起重机	3503.57	2803.99	2803.99	2.00	211.78			62.44	468.30											19.50	699.58

编制：×× 　　复核：××

辅助生产人工、材料、施工机械台班单位数量表

表 4-44

建设项目名称：××公路路面工程
编制范围：K0+000～K6+000

第 1 页 共 1 页 25 表

序号	规格名称	单位	人工（工日）	1t 以内机动翻斗车（台班）
1	砂	m³	0.193	0.036
2	中（粗）砂	m³	0.215	0.036

编制：×× 复核：××

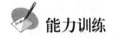

能力训练

一、思考题

1. 公路工程概(预)算的含义是什么?如何进行分类?
2. 概(预)算在公路工程中具有什么样的作用?
3. 编制公路工程概(预)算的依据有哪些?
4. 公路工程概(预)算由哪些费用组成?
5. 公路工程概(预)算项目表有哪些组成内容?
6. 公路建筑安装工程费由哪些费用组成?
7. 直接费的计算包括哪些内容?如何计算?
8. 如何正确选用费率计算措施费、规费及企业管理费?
9. 公路建筑安装工程费的计算程序是什么?如何计算?
10. 企业管理费包括哪些内容?
11. 简述设备购置费的组成内容及计算方法。
12. 专项费用包括哪些内容?如何计算?
13. 公路工程建设项目管理费具体包括哪些内容?如何计算?
14. 计算土地使用及拆迁补偿费需要计算哪些内容?其计算方法是什么?
15. 建设单位(业主)管理费的费用内容是什么?
16. 工程保通管理费包含哪些费用内容?
17. 什么是价差预备费?如何计算?
18. 基本预备费的含义是什么?有哪些用途?

二、填空题

1. 直接费由_____、_____和_____组成。
2. 机械台班单价由_____和_____两部分费用组成。
3. 特殊地区施工增加费包括_____、_____和_____。
4. 设计文件审查费以_____为计算基数,按_____计算。
5. 生产人员培训费按_____和_____的标准计算。
6. 工程监理费以_____为计算基数。
7. 竣(交)工验收试验检测费,高速公路、一级公路按____车道计算,二级及以下等级公路按____车道计算。
8. 价差预备费以_____为计算基数,按_____和_____计算。

三、综合练习题

1. 题目参考项目二中综合练习题第1题,调查项目的基本情况,选择合适的施工方案,并当地材料供应价格和运输条件后,试编制该项目的施工图预算文件。

(1) 项目基本情况:××二级公路,位于陕西省宝鸡市境内,路段长度为6km,路面宽度为24m,基层结构为20cm厚5.5%的水泥稳定碎石基层+32cm厚4%的水泥稳定碎石底基层,基层各结构层半刚性混合料均采用厂拌法施工,采用300t/h的厂拌设备拌和,15t自卸汽车运输,综合运输距离为3km。

(2) 材料供应:水泥、型钢、组合钢模板等外购材料采用业主指定品牌,供应单价按照合同规定;片石、碎石等地方性材料选取就近的厂家供应,供应单价按当地材料的平均物价水平确定,由于工地靠近河流,河道内有充足的砂石,因此决定本项目中的中(粗)砂材料采取自采加工和自办运输的方式。各种材料的原价与运输方式如表4-45所示。

表4-45

序号	材料名称	单位	材料原价	运输方式,比重,运距	单位毛重或毛重系数	运价率 [元/(t·km)]	装卸费率 [元/(t·次)]	杂费费率 (元/t)
1	型钢	t	3800	汽车,1.00 50km	1.00	0.65		
2	组合钢模板	t	6000	汽车,1.00 50km	1.00	0.65		
3	铁件	kg	4.6	汽车,1.00 50km	0.0011	0.65		
4	锯材	m³	1380	汽车,1.00 80km	0.65	0.65		
5	中(粗)砂	m³	自采材料	自办运输,1.00 1.1km	1.50		2.5	2.0
6	片石	m³	0	汽车,1.00 10km	1.60	0.6		
7	碎石(4cm)	m³	55	汽车,1.00 10km	1.50	0.6		
8	路面用碎石	m³	50	汽车,1.00 10km	1.50	0.6		
9	块石	m³	85	汽车,1.00 10km	1.85	0.6		
10	32.5级水泥	t	400	汽车,1.00 60km	1.01	0.65		

(3)该项目运营前安排20名路政管理人员进行岗前培训。该项目为营运购买一套视频监控系统,需要安装,设备的原价为16万元,运距为80km;为养护购置洒水汽车3台,每台25万元,运距为60km;另外该项目运营后日常养护过程中需要配备若干试验设备,包括台式电脑2台、电子天平3套、恒温水箱2套等。

(4)该项目永久性占用耕地60亩(40000m²),修建拌和站等临时征用土地15亩(10000m²),拆迁房屋面积为800m²。

(5)该工程贷款总额为1500万元,计息年为3年,第1年贷款额450万元,第2年贷款额600万元,第3年贷款额450万元,贷款利率8%。

(6)该工程2017年完成施工图预算,2018年开始施工,建设期为1年,经预测工程造价增长率约为5%。

2.题目参考项目二中综合练习题第2题,试计算该项目钻孔灌注桩工程的相关工程量,并填入表格,需要时应列式计算或文字说明。

3.题目参考项目二中综合练习题第3题,试计算该项目路基土石方工程的相关工程量,并填入表格,需要时应列式计算或文字说明。

项目五　公路工程招标、投标阶段的造价编制

【概述】　招标投标是市场经济中的一种竞争方式,是建设市场的一种交易行为。在市场经济中,公路建筑产品也是商品。国际上广泛采用招标投标的方式实现工程建设任务的发包与承包。本项目主要介绍公路工程招标、投标的基本概念及工作流程;工程量清单的内容及编制方法;施工招标控制价(标底)和投标报价的编制方法。

任务一　认识公路工程施工招标、投标

(1)认识公路工程施工招标、投标;
(2)熟悉公路工程招标工作的程序;
(3)熟悉公路工程招标文件的内容。

本任务以某二级公路路面工程施工招标、投标工作为例,介绍公路工程施工招标与投标工作的流程,要求学生熟悉该项目招标文件的内容,能够编写类似工程项目的招标文件。

一、招标与投标的概念

工程项目招标与投标,是业主(招标人)与承包商对未来建筑产品的预计价格进行交易的工程采购方式,实质上是一种期货交易。

工程项目招标是指业主对特定工程项目的建设地点、投资目的、任务数量、质量标准及工程进度等予以明确后,通过审查、评比和选定等活动,在众多自愿参加的投标者中选择承包人的市场交易行为。

工程项目投标是指承包人根据招标人的要求和条件,在符合招标项目质量要求的前提下,对招标项目估算价格,并在规定的期限内向招标人递交投标资料,争取承接工程项目的过程。

根据国家颁布的有关法律和法规的要求,工程招标与投标已作为建筑市场的一项管理制度广泛推行。招标、投标制度的推行有利于促使工程建设按程序进行,保证了建设的科学性、合理性;有利于保证工程质量、缩短工期、节约投资;有利于促进承包企业不断提高经营管理水平。同时,它既可以有效地保护投资者、业主、承包商各方的利益,开拓一个公平、公正、公开的公路建设竞争市场,也是实现项目法人责任制的重要保证之一。

二、工程项目招标类型及方式

(一)工程建设项目招标类型

根据不同的分类方式,工程项目招标具有不同的类型。

1. 按工程项目建设程序分类

根据工程项目建设程序划分,招标可分为工程项目开发招标、勘察设计阶段招标和施工阶段招标三类。工程项目建设程序与招标具体关系如图 5-1 所示。

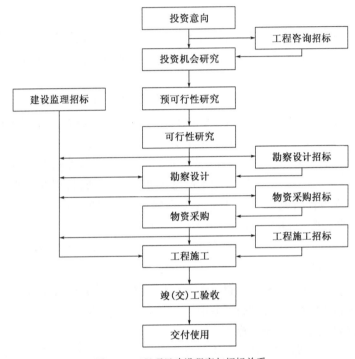

图 5-1　工程项目建设程序与招标关系

2. 按工程承包的范围分类

按工程承包的范围划分,招标可分为项目总承包招标和专项工程承包招标两类。

项目总承包招标又分为项目实施阶段的全过程招标和项目建设全过程招标。在国内的工程招标中,项目总承包招标往往指的是工程项目实施阶段的全过程招标。

专项工程承包招标是指在工程承包招标中,对其中某项比较复杂或专业性强、施工和制作要求特殊的单项工程进行单独招标。工程项目按专业招标的最小单元是单位工程,任何分部、分项工程的单独招标均视为肢解发包,而肢解发包是违反国家招标投标法的。

3. 按行业类别分类

按行业部门划分,招标可分为土木工程招标、勘察设计招标、货物设备采购招标、机电设备安装工程招标、生产工艺技术转让招标、咨询服务(工程咨询)招标。

(二)工程建设项目招标方式

根据我国《招标投标法》,招标分为公开招标和邀请招标。

1. 公开招标

公开招标是指由招标单位通过报刊、广播、电视等方式发布招标广告,有意向的承包商均可参加资格审查,合格的承包商可购买招标文件,参加投标的招标方式。

公开招标的优点是参与竞争的承包人多,业主有较大的选择余地,有利于降低工程造价,提高工程质量和缩短工期;缺点是招标工作量大,需投入较多的人力和物力,招标过程时间较长,有可能出现投机承包商故意压低投标报价挤掉报价严肃认真而报价较高的承包商,因此,业主要加强资格预审,认真评标。

公开招标主要适用于投资额度大、工艺、结构复杂的较大型工程建设项目。

2. 邀请招标

邀请招标不发布广告,业主根据自己的经验和所掌握的各种信息资料,向有承担该项工程能力的承包商发出邀请,收到邀请书的单位才有资格参加投标。邀请单位一般 5~10 家(不能少于 3 家)。

邀请招标的优点是针对性强,可减少招标单位的资格预审、评标等工作量;每一投标人的中标要大,可以促使投标人认真编写投标文件,提高招标质量。其缺点是对未被邀请的投标人来说,缺乏公平性和充分竞争;容易造成明招暗定的不规范行为。

我国《工程建设项目施工招标投标办法》规定:"国务院发展计划部门确定的国家重点建设项目和各省、自治区、直辖市人民政府确定的地方重点建设项目,以及全部使用国有资金投资或者国有资金投资占控股或者主导地位的工程建设项目,应当公开招标"。依法必须公开招标的项目,有下列情形之一的,经相关部门批准后可以进行邀请招标:

(1) 项目技术复杂或有特殊要求,只有少量几家潜在投标人可供选择。

(2) 受自然地域环境限制。

(3) 涉及国家安全、国家秘密或者抢险救灾,适宜招标但不宜公开招标。

(4) 拟公开招标的费用与项目的价值相比,不值得公开招标。

(5) 法律、法规规定不宜公开招标。

公开招标和邀请招标都必须按规定的招标程序进行,要制定统一的招标文件,投标人都必须按文件的规定进行投标。

三、招标工作的程序

公路工程建设项目采用公开招标方式的,原则上采用资格后审办法对投标人进行资格审查。公路工程建设项目采用资格预审方式公开招标的,应当按照下列程序进行:

(1) 编制资格预审文件。

(2) 发布资格预审公告,发售资格预审文件,公开资格预审文件关键内容。

(3) 接收资格预审申请文件。

(4) 组建资格审查委员会对资格预审申请人进行资格审查,资格审查委员会编写资格审查报告。

(5) 根据资格审查结果,向通过资格预审的申请人发出投标邀请书;向未通过资格预审的申请人发出资格预审结果通知书,告知未通过的依据和原因。

(6) 编制招标文件。

(7) 发售招标文件,公开招标文件的关键内容。

(8)需要时,组织潜在投标人踏勘项目现场,召开投标预备会。
(9)接收投标文件,公开开标。
(10)组建评标委员会评标,评标委员会编写评标报告、推荐中标候选人。
(11)公示中标候选人相关信息。
(12)确定中标人。
(13)编制招标投标情况的书面报告。
(14)向中标人发出中标通知书,同时将中标结果通知所有未中标的投标人。
(15)与中标人订立合同。

采用资格后审方式公开招标的,在完成招标文件编制并发布招标公告后,按照前款程序第(7)~(15)项进行。

采用邀请招标的,在完成招标文件编制并发出投标邀请书后,按照前款程序第(7)~(15)项进行。

四、招标文件的组成

公路工程施工招标文件参照国际惯例,一般应包括下列内容:投标邀请书、投标人须知、合同通用条款、合同专用条款、技术规范、投标书与投标担保格式、工程量清单、投标书附表格式、合同协议书格式、履约担保格式、图纸和施工组织设计建议书等。同时,招标人在招标期间发出的有编号的补遗书和其他正式有效函件,均是招标文件的组成部分。

为加强公路工程施工招标管理,规范招标文件及资格预审文件编制工作,依照《中华人民共和国招标投标法》《中华人民共和国招标投标法实施条例》等法律法规,按照《公路工程建设项目招标投标管理办法》(交通运输部令2015年第24号),在国家发展改革委牵头编制的《标准施工招标文件》及《标准施工招标资格预审文件》基础上,结合公路工程施工招标特点和管理需要,交通运输部组织制定了《公路工程标准施工招标文件》(2018年版)及《公路工程标准施工招标资格预审文件》(2018年版)。

《公路工程标准施工招标文件》(2018年版)共分四卷,第一卷包括招标公告/投标邀请书、投标人须知、评标办法、合同条款及格式、工程量清单;第二卷是图纸(另册);第三卷是技术规范(另册)、工程量清单计量规则(另册);第四卷是投标文件格式。

1. 招标公告(投标邀请书)

采用资格预审或邀请招标方式招标的以投标邀请书格式发布,采用资格后审方式招标时以招标公告格式发布。

招标公告(未进行资格预审)通常对以下内容进行公告:项目概况与招标范围、投标人资格要求、招标文件的获取、投标文件的递交及相关事宜、发布公告的媒介及联系方式等。

投标邀请书是招标人向经过资格预审合格的投标人正式发出参加本项目投标的邀请。因此,投标邀请书也是投标人具有参加投标资格的证明,没有得到投标邀请书的投标人,无权参加本项目的投标。

投标邀请书的主要内容有项目概况与招标范围、投标人资格要求、招标文件的获取、投标文件的递交及相关事宜、发布公告的媒介及联系方式等。

招标人按照《公路工程标准施工招标文件》(2018年版)第一章的格式发布招标公告或发出投标邀请书后,将实际发布的招标公告或实际发出的投标邀请书编入出售的招标文件中,作为招标文件的组成部分。

2. 投标人须知

投标人须知是指为了让投标人了解招标项目及招标的基本情况和要求而准备的一份文件。该文件中应主要说明的内容包括：关于项目及招标的总则；招标文件的组成、澄清与修改；投标文件的组成、投标报价、投标保证金、投标有效期、资格审查的条件及投标文件的编制要求；投标文件的密封和标记、投标文件的递交、修改与撤回的规定；开标的时间、地点和程序；评标委员会组成和评标原则；定标方式、中标通知、履约担保、合同签订；重新招标与不再招标的规定；对招标人、投标人、评标委员会及与评标有关的人员的纪律要求、投诉有关事宜；需要补充的其他内容。

鉴于投标人须知的内容较多，为了用更简洁明了的方式表达其内容及须知中的未尽事宜，用"投标人须知前附表"的形式来明确招标过程的重要事项，投标人须知前附表要根据招标项目具体特点和实际需要编制和填写，必须与招标文件中其他章节的内容衔接，并不得与投标人须知正文内容相抵触。

招标人根据《公路工程标准施工招标文件》(2018年版)编制项目招标文件时，不得修改"投标人须知"和"评标办法"正文，但可在前附表中对"投标人须知"和"评标办法"进行补充和细化，补充和细化的内容不得与"投标人须知"和"评标办法"正文内容相抵触。

3. 评标方法

《公路工程标准施工招标文件》(2018年版)第三章"评标方法"分别规定了四种可供选择的评标方法，即合理低价法、技术评分最低标价法、综合评分法和经评审的最低投标价法。招标人可根据招标项目的具体特点和实际需要选择其中一种评标办法或采用相应的评标方法、评审标准、评审程序，并编制和填写评标方法前附表。

4. 合同条款及格式

合同条款主要规定了合同履行中当事人的基本权利和义务以及合同履行中的工作程序、监理工程师的职责与权力等。合同条款通常分合同通用条款、合同专用条款两部分。通用条款在所有项目中是相同的，一般直接采用有关权威机构或国家制定的范本，既可保证合同条款的合法性、公平性、严谨性和可操作性，又可节省编制招标文件的时间和精力，同时还便于投标单位阅读招标文件、研究和消化招标文件的内容。合同专用条款是对通用条款的补充和具体化，应根据各标段的具体情况来编写。

编制合同条款时，我国的世行贷款项目可采用FIDIC条款或财政部的《世界银行贷款项目采购与招标文件范本》中的一般条款作合同通用条款；国内公路工程招标项目可采用《公路工程标准施工招标文件》中的"通用合同条款"。《公路工程标准施工招标文件》(2018年版)将"专用条款"分为A、B两部分，其中A部分为公路工程专用合同条款，B部分为项目专用条款。在编写项目专用条款时，可根据招标项目的具体特点和实际需要，对"通用合同条款""公路工程专用合同条款"进行补充和细化，除"通用合同条款"中明确"专用合同条款"可作出不同约定以及"公路工程专用合同条款"中明确"项目专用合同条款"可作出不同约定外，补充和细化的内容不得与"通用合同条款"及"公路工程专用合同条款"强制性规定相抵触。同时，补充和细化或约定的不同内容，不得违反法律、行政法规的强制性规定及平等、自愿、公平和诚实信用原则。

合同附件格式包括合同协议书、廉政合同、安全生产合同、其他主要管理人员和技术人员最低要求、主要机械设备和试验检测设备最低要求、项目经理委托书、履约担保格式、预付款担保格式、工程资金监管协议格式。

合同协议书是投标人中标而成为本合同的承包人后,和业主共同填写并签署合同的格式。

5. 工程量清单

工程量清单是指招标人根据设计文件预估的工程量明细表,它是用于统一投标人报价工程量和计算投标报价的基本依据。

工程量清单是一份与技术规范相对应的文件。技术规范规定了各工程细目的范围、质量要求及计量支付办法,而工程量清单则详细地说明了每一工程细目可能要发生的工程数量。因此,工程量清单的格式、章节划分以及其中的细目编号、名称、计量单位都是标准化的,不得随意变动。

工程量清单的作用:提供合同中关于工程量的足够信息,以使投标人能统一、有效而精确地编写招标文件;标有单价的工程量清单是在合同执行过程中办理中期支付和结算以及处理工程变更计价的依据。

因工程量清单是根据招标文件中有合同约束力的图纸以及有关工程量清单的国家标准、行业标准、合同条款中约定的工程量计算规则编制,在阅读和理解时,应结合投标人须知、通用合同条款、专用合同条款、技术规范及图纸等内容。

6. 图纸

图纸是招标文件和合同的重要组成部分,是投标人拟订施工方案、确定施工方法、提出替代方案及计算投标报价必不可少的资料。

7. 技术规范

技术规范是招标文件和合同文件中的一个非常重要的组成部分,它详细、具体地说明了承包商履行合同时的质量要求、验收标准、材料的品级和规格,为满足质量要求应遵守的施工技术规范,以及计量与支付的规定等。

由于不同性质的工程其技术特点和质量要求及标准均不相同,所以技术规范应根据不同的工程性质及特点分章、分节、分部、分项来编写,并对每一节工程的特点分范围、材料、一般要求、施工要求、质量检验、计量与支付等分别进行规定和说明。

"技术规范"由招标人根据《公路工程标准施工招标文件》(2018年版)、招标项目具体特点和实际需要编制,其各项技术标准应符合国家强制性标准,不得要求或标明某一特定的专利、商标、名称、设计、原产地或生产供应者,不得含有倾向或者排斥潜在投标人的其他内容。如果必须引用某一生产供应者的技术标准才能准确或清楚地说明拟招标项目的技术标准时,则应当在参照后面加上"或相当于"等字样。

8. 投标文件格式

投标文件格式主要有调价函格式(如有)、投标函及投标函附录、法定代表人身份证明及授权委托书、联合体协议书、投标保证金、已标价工程量清单、施工组织设计、项目管理机构、拟分包项目情况表、资格审查资料、承诺函及其他材料等格式。

投标函是为投标人填写投标总报价而由招标人准备的一份空白文件。投标函中主要应明确下列内容:投标人、投标项目(名称)、投标总报价(签字盖章)、工程质量、投标有效期、投标保证金承诺及资料真实性承诺等。招标文件中提供投标函格式的目的:一是为了使各投标单位递送的投标书具有统一的格式;二是提醒各投标单位投标以后需要注意和遵守有关规定。

投标函附录是用于说明合同条款中的重要参数如缺陷责任期、逾期交工违约金、提前交工奖金、开工预付款金额、材料和设备预付款、进度付款证书最低限额、逾期付款违约金的利率、质量保证金百分比及质量保证金限额等。该文件在投标单位投标时签字确认后即成为投标文件及合同的重要组成部分。在编制招标文件时,投标函附录的编制是一项重要的工作内容,其参数的具体标准对造价及质量等方面有重要的影响。

任务二　工程量清单及其编制

(1)认识工程量清单和清单工程量;
(2)熟悉工程量清单的内容。

本任务以某二级公路路面工程施工招标、投标工作为例,主要介绍工程量清单的组成内容,要求学生熟悉该项目工程量清单的内容,能够编写类似工程项目的工程量清单。

一、工程量清单的概念

(一)工程量清单

所谓工程量清单就是招标单位按照一定的原则将招标的工程进行合理的分解,以明确工程的内容和范围,并将这些内容数量化的一套工程项目表。工程量清单是合同文件之一,它反映了每一个相对独立项目的主要内容和预算数量,通常以每一个体工程为对象,按分部分项工程列出工程数量。我国的公路工程招标都由招标单位提供工程量清单。在《公路工程标准施工招标文件》(2018年版)第五章专门介绍工程量清单,并给出了详细的工程细目表,以供招标单位制作工程量清单时参考。

(二)清单工程量

清单工程量是指工程量清单中所列的工程数量,它是在实际施工生产前根据设计图纸和说明及工程量计算规则所得到的一种准确性较高的预计数量,仅作为投标报价的共同基础,不能作为最终结算与支付的依据。实际支付应按实际完成的工程量,由承包人按技术规范规定的计量方法,以监理人认可的尺寸、断面计量,按本工程量清单的单价和总额价计算支付金额。尽管如此,在制作工程量清单时,应认真细致地计算工程量,力求准确,从而使清单所列工程量与实际工程量的差距尽可能小。

计算清单工程量时,一定要注意与技术规范设计图纸的统一。也就是说,工程量清单的工程量,其计算规则应与技术规范的计算规则完全一致;特别是当同一个工程由不同单位设计、不同单位编制技术规范和工程量清单时,应通过认真分析确定统一的工程量计算规则,并注意搞好协调工作,否则,会给评标和将来的施工监理工作带来麻烦。

二、工程量清单的内容及编制

(一)工程量清单的内容

工程量清单包括工程量清单说明、投标报价说明、计日工说明、其他说明、工程量清单表、计日工表、暂估价表、投标报价汇总表及工程量清单单价分析表等。

1. 工程量清单说明

工程量清单说明主要包括以下几个方面:

(1)本工程量清单是根据招标文件中包括的有合同约束力的工程量清单计量规则、图纸以及有关工程量清单的国家标准、行业标准、合同条款中约定的其他规则编制。约定计量规则中没有的子目,其工程量按照有合同约束力的图纸所标示尺寸的理论净量计算。计量采用中华人民共和国法定计量单位。

(2)本工程量清单应与招标文件中的投标人须知、通用合同条款、专用合同条款、工程量清单计量规则、技术规范及图纸等一起阅读和理解。

(3)本工程量清单中所列工程数量是估算的或设计的预计数量,仅作为投标报价的共同基础,不能作为最终结算与支付的依据。实际支付应按实际完成的工程量,按本工程量清单的单价和总额价计算支付金额;或根据具体情况,按监理人确定的单价或总额价计算支付额。

(4)对作业和材料的一般说明或规定,未重复写入工程量清单内,在给出工程量清单各子目标价前,应参阅《公路工程标准施工招标文件》(2018年版)第七章"技术规范"的有关内容。

(5)工程量清单中所列工程量的变动,丝毫不会降低或影响合同条款的效力,也不免除承包人按规定的标准进行施工和修复缺陷的责任。

(6)图纸中所列的工程数量表及数量汇总表仅是提供资料,不是工程量清单的外延。当图纸与工程量清单所列数量不一致时,以工程量清单所列数量作为报价的依据。

2. 投标报价说明

投标报价说明主要包括以下几个方面:

(1)工程量清单中的每一子目须填入单价或价格,且只允许有一个报价。

(2)除非合同另有规定,工程量清单中有标价的单价和总额价均已包括了为实施和完成合同工程所需的劳务、材料、机械、质检(自检)、安装、缺陷修复、管理、保险、税费、利润等费用,以及合同明示或暗示的所有责任、义务和一般风险。

(3)工程量清单中投标人没有填入单价或价格的子目,其费用视为已分摊在工程量清单中其他相关子目的单价或价格中。承包人必须按监理人指令完成工程量清单中未填入单价或价格的子目,但不能得到结算与支付。

(4)符合合同条款规定的全部费用应认为已被计入有标价的工程量清单所列各子目中,未列子目不予计量的工作,其费用应视为已分摊在本合同工程的有关子目的单价或总额价中。

(5)承包人用于本合同工程的各类装备的提供、运输、维护、拆卸、拼装等支付的费用,已包括在工程量清单的单价与总额价中。

(6)工程量清单中各项金额均以人民币(元)结算。

3. 计日工说明

计日工是指在工程实施过程中,业主可能有一些临时性的或新增加的项目,且其工程量在招标投标阶段难以估计,希望通过事先定价,以避免开工后可能发生的争端,故需要以计日工明细表的方法在工程量清单中予以明确。

计日工说明主要包括:

(1)未经监理人书面指令,任何工程不得按计日工施工;接到监理人按计日工施工的书面指令,承包人也不得拒绝。

(2)投标人应在计日工单价表中填列计日工子目的基本单价或租价,该基本单价或租价适用于监理人指令的任何数量的计日工的结算与支付。计日工的劳务、材料和施工机械由招标人(或发包人)列出正常的估计数量,投标人报出单价,计算出计日工总额后列入工程量清单汇总表中,并列入评标价。

(3)计日工不调价。

4. 工程量清单表

工程细目是按技术规范的章节顺序,将各细目的工程数量列于表中。表中有子目号、子目名称、单位、数量、单价及合价栏目,格式见表5-1。工程细目分章排列有利于区别不同性质、不同位置、不同施工阶段或其他特性不同的工程;同时,也有利于区别那些需要采用不同施工方法或不同施工阶段或成本不一样的工程。表中的单价和合价栏是由投标人在投标时填写,其余各栏是编写招标文件时填写确定的。

第100章总则内容为开办项目,即工程施工开工前就要发生或一开工就要发生或大部分发生的项目(如保险费、临时工程与设施、施工标准化等费用),在工程量清单及技术规范中,这些项目单独列项,放在清单第100章总则中,具体格式见表5-1。

第100章以后的各章中一般为永久性工程项目,如路基、路面、桥梁及涵洞、隧道灯。其工程量应根据图纸中的工程量并按技术规范的规定处理后确定。具体格式见表5-2。

清单 第100章 总则　　　　　　　　表5-1

子目号	子 目 名 称	单位	数量	单价	合价
101	通则				
101-1	保险费				
-a	按合同条款规定,提供建筑工程一切险	总额			
-b	按合同条款规定,提供第三者责任险	总额			
102	工程管理				
102-1	竣工文件	总额			
102-2	施工环保费	总额			
102-3	安全生产费	总额			
102-4	信息化系统(暂估价)	总额			
103	临时工程与设施				
103-1	临时道路修建、养护与拆除(包括原道路的养护)	总额			
103-2	临时占地	总额			
103-3	临时供电设施架设、维护与拆除	总额			

续上表

子目号	子目名称	单位	数量	单价	合价
103-4	电信设施的提供、维修与拆除	总额			
103-5	临时供水与排污设施	总额			
104	承包人驻地建设				
104-1	承包人驻地建设	总额			
105	施工标准化				
105-1	施工驻地	总额			
105-2	工地试验室	总额			
105-3	拌和站	总额			
105-4	钢筋加工场	总额			
105-5	预制场	总额			
105-6	仓储存放地	总额			
105-7	各场(厂)区、作业区连接道路及施工主便道	总额			
	……				

清单　第100章　合计　人民币_____

清单　第200章　路基

表5-2

子目号	子目名称	单位	数量	单价	合价
202	场地清理				
202-1	清理与掘除				
－a	清理现场	m^2			
－b	砍伐树木	棵			
－c	挖除树根	棵			
202-2	挖除旧路面				
－a	水泥混凝土路面	m^3			
－b	沥青混凝土路面	m^3			
－c	碎石路面	m^3			
202-3	拆除结构物				
－a	钢筋混凝土结构	m^3			
－b	混凝土结构	m^3			
－c	砖、石及其他砌体结构	m^3			
－d	金属结构	kg			
202-4	植物移栽				
－a	移栽乔(灌)木	棵			
－b	移栽草皮	m^2			
203	挖方路基				

续上表

子目号	子目名称	单位	数量	单价	合价
203-1	路基挖方				
-a	挖土方	m³			
-b	挖石方	m³			
-c	挖除非适用材料（不含淤泥、岩盐、冻土）	m³			
-d	挖淤泥	m³			
-e	挖岩盐	m³			
-f	挖冻土	m³			
203-2	……				

清单 第200章 合计 人民币_____

5. 计日工表

计日工表有计日工劳务、计日工材料和计日工施工机械等方面的内容组成。在招标文件中一般列有劳务、材料、施工机械和计日工汇总表。劳务表和计日工汇总表，其格式见表5-3、表5-4。

劳 务 表5-3

编号	子目名称	单位	暂定数量	单价	合价
101	班长	h			
102	普通工	h			
103	焊工	h			
104	电工	h			
105	混凝土工	h			
106	木工	h			
107	钢筋工	h			
	……				

劳务小计金额：
（计入"计日工汇总表"）

计 日 工 汇 总 表 表5-4

名 称	金 额	备 注
劳务		
材料		
施工机械		

计日工总计：
（计入"投标报价汇总表"）

计日工清单是用来处理一些临时性的或新增加项目(小到可以用计日工的形式来计价)计价用的,清单中计日工的数量是业主虚拟的,通常称为"名义工程量",投标者在填入计日工单价后,再乘以"名义工程量",然后将计日工总计汇总到投标报价中,以避免承包商投标时计日工的单价报得过高。

6. 暂估价表

暂估价是指包括在合同之内,并在工程量清单中以"暂定金额"名称标明的一项金额。

(1)实施本工程中尚未以图纸最后确定其具体细节或某一工程部分或在施工过程中可能增加的工程细目或支付细目,而这些细目在招标时尚未能肯定下来,可列为暂定金额。

(2)为了专项工程或施工供货、供材、提供设备而由特殊分包人或供货人提供专业服务的项目可列为专项暂定金。

(3)不可预见费也可列为专项暂定金。

暂估价表由材料暂估价表、工程设备暂估价表及专业工程暂估价表等方面的内容组成,其格式见表5-5。

材料暂估价表　　　　　　　　　　　　　　　　表5-5

序号	名称	单位	数量	单价	合价	备注

7. 投标报价汇总表(表5-6)

投标报价汇总表　　　　　　　　　　　表5-6

序号	章次	科目名称	金额(元)
1	100	总则	
2	200	路基	
3	300	路面	
4	400	桥梁、涵洞	
5	500	隧道	
6	600	安全设施及预埋管线	
7	700	绿化及环境保护设施	
8		第100章~第700章清单合计	
9		已包含在清单合计中的材料、工程设备、专业工程暂估价合计	
10		清单合计减去材料、工程设备、专业工程暂估价合计(即8-9=10)	
11		计日工合计	
12		暂列金额(不含计日工总额)	
13		投标报价(即8+11+12=13)	

注:1. 材料、工程设备、专业工程暂估价已包括在清单合计中,不应重复计入投标报价。

2. 暂列金额的设置不宜超过工程量清单第100章~第700章合计金额的3%。

8. 工程量清单单价分析表(表5-7)

工程量清单单价分析表　　　　　表5-7

序号	编码	子目名称	人工费			材料费						其他	管理费	税费	利润	综合单价
			工日	单价	金额	主材				辅材费	金额					
						主材耗量	单位	单价	主材费							

(二)工程量清单的编制

工程量清单包括的内容很多,在编写时要注意以下几点。

1. 将开办项目作为独立的工程细目单列

开办项目往往是一些一开工就要发生或开工前就要发生的项目,如工程保险、担保、监理设施、承包商的驻地建设、测量放样以及临时工程等。如果将这些项目包含在其他项目的单价中,到承包商在开工时,上述各种款项将得不到及时支付,这不但会影响合同的公平性和承包商的资金周转,而且会增加招标中预付款的数量。

2. 合理划分工程项目

在工程细目划分时,要注意将不同等级要求的工程区分开;将同一性质但不属于同一部位的工程区分开;将情况不同,可能要进行不同报价的项目区分开。这一做法的目的主要是为了强化工程投标中的竞争性,使投标人报价更加具体,针对不同情况可以采用不同的单价,便于降低总造价。

3. 工程细目的划分要大小合适

工程细目的划分可大可小,工程细目大,可减少计算工作量,但工程细目过大就难以发挥单价合同的优势,不便于工程变更的处理;工程细目过大会使支付周期延长,影响承包商的资金周转,最终影响合同的正常履行。

工程细目的划分不是绝对的,既要简单明了、高度概括,又不能漏掉项目和应计价的内容,要结合工程实际,具体问题具体对待,灵活掌握。

4. 工程量的计算整理要细致准确

计算和整理工程量的依据是设计图纸和技术规范,这是一项严谨的技术工作,而不是简单地罗列设计文件中的工程量;要认真阅读技术规范中的计量和支付方法,仔细核查设计文件中工程量所对应计量方法与技术规范中的计量方法是否一致,如果不一致,则需要在整理工程量时进行技术处理。此外,在工程量的计算过程中,要做到不重不漏,更不能发生计算错误,否则,会带来一系列问题。

5. 计日工表不可缺少

计日工表是用来处理一些附加的或小型的变更工程计价用的,清单中计日工的数量完全是由业主虚拟的,用以避免承包商在投标时计日工的单价报得过高,有了计日工清单会使合同管理更加方便。

6. 应与技术规范一致

工程量清单的编号、项目、单位等要与技术规范中的计量支付相统一,从而保证整个合同的严密性和前后一致性。

任务三 施工招标控制价(标底)的编制

(1)熟悉招标控制价(标底)的概念;
(2)熟悉招标控制价(标底)的编制流程;
(3)掌握招标控制价(标底)的编制方法。

本任务以某二级公路路面工程招标工作为例,讲解招标控制价(标底)的概念和编制程序,要求学生熟悉招标控制价(标底)的编制方法,能够编写类似工程项目的招标控制价(标底)。

一、施工招标控制价(标底)的概念

1. 标底

招标标底是建筑产品在建设市场交易中的一种预期价格,它由招标单位自行编制或委托具有编制标底资格和能力的中介机构代理编制。标底的编制过程是对招标项目所需工程费用的自我测算过程。通过标底编制可以促使业主事先加强工程项目的成本调查和成本预测,做到各项费用心中有数,为搞好评标工作进而搞好施工过程的投资控制工作打好基础。

《中华人民共和国招标投标法》第二十四条规定:"招标人设有标底的,标底必须保密。"因此,标底是招标单位的绝密资料,不能向任何相关人员泄露。我国国内大部分工程在招标评标时,均以标底上下的一个幅度(5%~10%)为判断投标是否合格的条件。

招投标实践证明设置标底招标存在很多弊端:

(1)设标底时易发生泄露标底及暗箱操作的问题,失去招标的公平、公正性。

(2)编制的标底价一般为预算价,科学合理性差,较难考虑施工方案、技术措施等对造价的影响,容易与市场造价水平脱节。

(3)将标底作为衡量投标人报价的基准,导致投标人尽力地去迎合标底,往往招投标过程反映的不是投标人实力的竞争,而是投标人编制预算文件能力的竞争,或者各种合法或非法的"投标策略"的竞争。

(4)所有投标人的投标报价均高于招标人的标底,即使是最低的报价,招标人也不可能接受,但中标价是合法产生的价格。

2003年推行工程量计价以后,各地基本取消了中标价不得低于标底多少的规定,即出现了"无标底招标",新问题也随之出现。无标底招标产生的问题包括:

(1)容易出现围标、串标现象,各投标人哄抬价格,给招标人带来投资失控的风险。

(2)容易出现低价中标后偷工减料,不顾工程质量,以此来降低工程成本;或先低价中标,后高额索赔等不良后果。

(3)评标时,招标人对投标人的报价没有参考依据和评判标准。

2. 招标控制价

《建设工程工程量清单计价规范》(GB 50500—2013)提出了招标控制价的概念。招标控制价是指招标人根据国家或省级、行业建设主管部门颁发的有关计价依据和办法,按设计施工图纸计算的,对招标工程限定的最高工程造价。有的地方也称拦标价、预算控制价。

国有资金投资的工程建设项目应实行工程量清单招标,并应编制招标控制价。招标控制价超过批准的概算时,招标人应将其报原概算审批部门审核。投标人的投标报价高于招标控制价的,其投标应予以拒绝。招标控制价应由具有编制能力的招标人或受其委托具有相应资质的工程造价咨询人编制和复核。

如果招标控制价设置过高,就为投标人围标、串标创造了条件,由于招标控制价的公开为投标人提供了报价的目标,招标人与投标人之间存在价格信息不对称,只要投标人相互串通"协定"一家中标单位(或投标人联合起来轮流"坐庄"),投标人不用考虑中标机会概率,就能达到较高预期利润。

很多招标人为控制建设项目成本随意下浮招标控制价,没有充分考虑到市场供求状况和合同实施过程中可能发生的风险因素等情况,施工单位的利润空间被大幅度压缩,对工程质量和安全生产都产生了一定影响。

为强化对招标控制价计价活动的监督管理,促进工程建设招投标工作更加规范、有序、健康地发展,防止招标人有意抬高或压低工程造价,规范规定:"招标人应在招标文件中如实公布招标控制价,不得对所编制的招标控制价进行上浮或下调。同时,招标人应将招标控制价及有关资料报送工程所在地的工程造价管理机构备查。"

二、招标控制价(标底)的编制原则和依据

1. 编制招标控制价的原则和要求

(1)招标控制价应反映建筑产品的价值,即在招标控制价编制过程中,应遵循价值规律。

(2)招标控制价应反映建筑市场的供求状况对建筑产品价格的影响,即服从供求规律。

(3)招标控制价应反映出一种平均先进的社会生产力水平,以达到通过招标,促使社会劳动生产力水平提高的目的。

招标控制价编制原则决定了招标控制价不同于工程的概(预)算,同时,招标控制价的编制又离不开工程的概(预)算。这是因为,一方面,国家规定,招标控制价必须控制在批准的概算或投资包干的限额之内。如果招标控制价突破批准的概(预)算,必须先经原概(预)算批准机关批准。另一方面,由于技术及经验和所掌握的资料的限制,招标控制价编制单位不得不以概(预)算定额及概(预)算编制办法为基础来进行成本预测,并以此作为招标控制价编制的依据。

招标控制价和概(预)算的主要区别在于:招标控制价要按工程量清单的项目和数量进行编制,概(预)算则按定额项目和以图纸计算的工程数量套用相应定额进行编制;招标控制价可根据现场具体情况,考虑必要的工程特殊措施费,如边通车边施工路段具体的维持通车的措施费,概(预)算除在其他工程费中计算行车干扰工程施工增加费外,一般不能再计其他费用;招标控制价可根据具体工程和不同的承包方式考虑不同的包干系数,概(预)算则按规定的不可预见费率计算;招标控制价中的措施费、企业管理费、利润、税金的费率应根据招标工程的规模、地区条件、招标方式和投标单位的实际情况取定,概(预)算则按费用定额规定编制。

2. 招标控制价(标底)的编制依据

(1)建设工程工程量清单计价规范。

(2)国家或省级、行业建设主管部门颁发的计价定额和计价办法。

(3)建设工程设计文件及相关资料。

(4)招标文件中的工程量清单及有关要求。

(5)与建设项目相关的标准规范、技术资料。

(6)工程造价管理机构发布的工程造价信息,工程造价信息没有发布的参照市场价。

(7)其他相关资料。

三、招标控制价(标底)的编制程序

招标控制价的编制方法与程序基本上和概(预)算相同,但它比概(预)算的要求更为具体和确切,因此,更应结合招标工程的实际情况进行编制。

招标控制价编制的具体步骤和方法如下。

1. 准备工作

(1)熟悉招标图纸和说明。

(2)熟悉招标文件内容。

(3)考查工程现场。

(4)进行材料价格调查。

2. 工程量计算

(1)复核清单工程量

招标文件工程量清单中的工程量是投标人投标报价的统一依据,也是招标控制价编制的依据,因此,要先弄清楚工程量清单中工程数量的范围,应根据图纸技术规范中计量支付的规定计算复核工程数量,如果与清单工程量有出入,必须了解出入的原因。

(2)按定额计算工程量

工程量清单复核无误以后,接着应以工程量清单的每一个细目作为一个项目,根据图纸和施工组织方案,考虑其由几个定额细目组成,并计算这几个定额细目的工程量。例如,工程量清单的一个细目是"直径1.2m水中钻孔灌注桩",技术规范计量与支付中规定,除钢筋在钢筋一节中另行计算外,它包括了灌注桩成桩的所有工作,一般可由以下定额项目组成:不同土质的钻孔长度、护筒埋设、水中钻孔平台、灌注混凝土、船上拌和台和泥浆船摊销、船上拌和混凝土等。有定额可套的临时工程(如便道、便桥等)的工程量也应按施工方案予以计算确定。

(3)确定工、料、机单价

根据准备工作中收集到的资料,计算和确定人工、材料、机械台班单价。

(4)计算综合费率

综合费率由措施费、规费、企业管理费、利润及税金等组成,要根据招标文件中有关条款和《公路工程建设项目概算预算编制办法》(JTG 3820—2018)的有关规定确定各项费率。

(5)计算工程项目总金额

按《公路工程建设项目概算预算编制办法》(JTG 3820—2018)计算各项工程项目的总金额。

(6)编制招标控制价单价

根据工程量清单各工程细目所包含的工作内容及相应的计量与支付办法,在概(预)算工作的基础上,对概(预)算08表中的分项工程进行适当合并、分解或用其他技术处理,然后按综合费率再增加税金、风险、包干费等项目后确定出各工程细目的招标控制价单价。

也可以直接利用03表,在增加风险包干费等项目后算出每项的合计金额,再除以该工程量,则得出单价。

(7)计算招标控制价总金额

按工程量清单计算各章金额,其中100章总则中的保险费、临时工程费、监理工程师设施费等按实计算列入,其余各章按工程量清单中的数量乘以前一步骤中得出的单价计算,然后计算工程量清单汇总表,得出招标控制价总金额。

(8)编写招标控制价说明

计算出招标控制价总金额后,应编写招标控制价说明。编制说明的内容与概(预)算编制说明相似,应将编制依据、费率取定、问题说明等有关问题编写在内。

任务四　施工投标报价的编制

 学习目标

(1)熟悉施工投标报价的编制流程;

(2)熟悉施工投标报价的费用组成;

(3)掌握施工投标报价的编制方法。

 任务描述

本任务以某二级公路路面工程施工投标工作为例,讲解施工投标报价的编制程序和计算

方法以及投标报价的策略和技巧,要求学生熟悉投标报价的编制方法,能够编写类似工程项目的投标报价。

 相关知识

投标报价是整个投标活动的核心环节,报价高低直接影响着能否中标和能否获利。报价费用一般由施工成本、利润、税金和风险费用等部分组成。国内工程报价编制主要采用"施工图预算的编制方法和工程量清单的格式"。

一、投标报价的编制依据

（一）投标报价的概念

投标报价是投标单位根据投标文件及有关定额和招标项目所在地区的自然、社会、经济及施工组织方案和投标单位自身条件,计算完成招标工程所需各项费用的经济文件。投标报价是投标文件最重要的组成部分和主要内容,是投标工作的关键和核心,也是决定能否中标的主要依据。报价是投标的核心,它不仅是能否中标的关键,而且也是对中标后能否盈利、盈利多少的主要决定因素之一。

（二）报价编制的依据

1. 招标文件

投标就是实质性响应招标文件的过程,而招标文件则是编制投标报价的重要资料。投标人在编制报价前,应仔细研究招标文件,以全面了解承包人在合同中的权利与义务,同时深入分析施工承包中所面临的和需要承担的风险,详细研究招标文件中的漏洞与疏忽,为制定投标策略寻找依据。

2. 现场考察收集的资料

现场考察是投标人全面了解现场施工环境及风险的重要途径,是搞好投标报价的先决条件。因此,投标人在报价前必须认真地进行现场考察,全面了解当地情况,收集各种有关的资料。

现场考察的具体内容如下：

（1）气象及水文地质资料。地质与设计文件是否相符,项目所在地的水文情况及通常情况下的气候条件。

（2）工程施工条件。材料的供应情况与价格；交通运输情况；通信与水、电供应情况；当地可提供的劳动力数量、水平及工资情况；机械设备租赁情况及价格；当地可利用的房屋场地情况与单价。

（3）经济方面资料。当地的经济发展水平和通货膨胀情况等。

（4）社会条件。对工程项目所在地的历史、风俗及社会、经济的发展情况应进行必要的调查和了解,它对项目的顺利实施与工程造价有着很大的影响。

（5）其他方面。当地有关医疗环保、安全和治安情况等。

3. 施工组织设计

施工组织设计质量的优劣不仅影响施工能否顺利进行,而且影响造价的高低。在投标时要编制出切实可行的施工组织设计,并以此作为编制报价的依据。

4. 投标人自身资料

通常包括以下三方面内容：

(1) 投标人近 5 年完成工程的成本分析资料和中标项目的报价资料，尤其是类似项目；

(2) 投标人拟投入的人员、设备、资金等情况；

(3) 投标人的企业定额。

5. 竞争对手的信息与资料

略。

6. 其他资料

(1) 招标文件所规定的各种国家标准、部颁标准和技术规范等。

(2) 国家颁发的《公路工程预算定额》（JTG/T 3832—2018）和《公路工程建设项目概算预算编制办法》（JTG 3830—2018）及地方政府颁布的有关收费标准和补充定额。

二、投标报价的编制程序

由于报价工作内容繁多，工作量大，时间往往十分紧迫，因此必须周密考虑，统筹安排，遵照一定的工作程序，使报价工作有条不紊、紧张而有序地进行。其工作程序如图 5-2 所示。

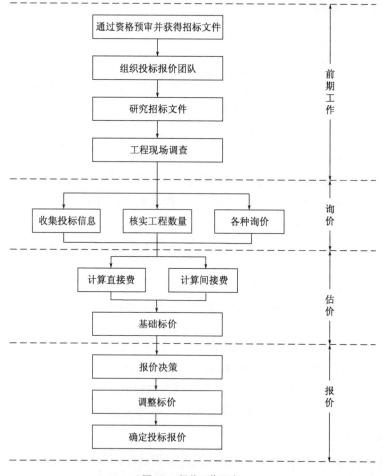

图 5-2　报价工作程序

(一)前期工作

1. 投标资格的取得

投标资格的取得有两种形式:一种形式要求事先参加资格预审,只有通过资格预审的单位才有资格参加投标;另外一种形式是资格后审,即在开标后进行资格审查,投标单位只要认为符合招标广告规定的资格要求,在递交了投标申请后即可取得投标资格,参加下一阶段的投标工作。

2. 组织投标团队

组织合格的投标团队是在竞争中取胜的一个重要因素,报价班子应该由经营管理人才、专业技术类人才和商务金额型人才(指造价、财务、合同、金额、保险等方面的人才)等三种类型的人才组成。在参加投标的活动中,上述三种类型人才相互补充,形成整体优势。

3. 研究招标文件

研究招标文件的目的是正确理解招标文件和业主的意图,使投标文件对招标文件要求进行实质性响应,并保证投标有效,力求中标;全面了解承包人在合同中的权利和义务;深入分析施工承包中所面临的和需要承担的风险;缜密地确定招标文件中的漏洞和疏忽,为制定投标策略寻找依据、创造条件。

4. 工程现场调查(或考察)和参加标前会议

现场考察既是承包人投标前全面了解现场施工环境、风险的重要途径,也是投标人报价的先决条件。按照国际惯例,投标人提出的报价单一般被认为是在现场勘察的基础上提出的,一旦标书交出并在投标截止日期之后,投标人就无法因现场勘察不周,情况了解得不细或因考虑不全面而提出个性标书、调整报价或给予补偿等要求。另外,编制标书需要的许多数据和情况也要从现场勘察中提出,因此,投标人在报价以前必须认真地进行施工现场勘察,全面、细致地了解工地及周围的政治、经济、地理、法律等情况,收集与报价有关的各种风险与数据。

标前会议也称投标预备会,是由招标单位以正式会议的形式解答投标单位在考察前或考察后以书面形式提出的各种问题,并在会议结束后以"会议纪要"的文字形式通知投标人。标前会议是招标人给所有投标人提供的一次答疑的机会,有利于加深对招标文件的理解,投标人应积极参加标前会议。

(二)询价

1. 收集投标信息

在询价时,必须进行投标信息的收集与分析。投标信息是一种非常宝贵的资源,正确、全面、可靠的信息对投标决策起着至关重要的作用。投标信息包括影响投标决策的各种主观因素和客观因素。主观因素主要包括企业技术和经济方面的实力、企业的管理能力和社会信誉等。客观因素主要包括业主和监理工程师的情况、项目的社会环境、项目的社会经济条件、竞争环境、工程项目的难易程度等。

2. 核实工程量、编制施工组织设计

(1)核实工程量。招标文件中"工程量清单"上列出的工程数量属于估算的工程量,不能

作为承包商在履行合同义务过程中应予以完成的实际工程量。一般来说,招标文件中给出的工程量都比较准确,但投标人不能完全相信它,还需进行核实,否则,一旦有漏项或其他错误,就会影响中标或造成不应有的经济损失甚至亏本。因此,有必要进行复核,核对工程量应重点做好以下几项工作:

①全面核实设计图纸中各分项工程的工程量;

②计算受施工方案(施工方法)影响而额外发生(设计图纸中未能计算进去的)和消耗的工程量;

③根据技术规范中计量与支付的规定折算出新的工程量(在折算过程中有时需要对设计图纸中的工程量进行分解或合并)。

如果发现工程量有重大出入,特别是漏项时,可在标前会议中提出,要求业主给予书面确认,切记不要随意加以更改或补充,以免造成废标。

(2)编制施工组织设计。在进行计算标价之前,首先应制定施工规划,即初步的施工组织计划。施工规划是投标报价的一个前提条件,也是招标单位评标时要考虑的因素之一。施工组织设计内容一般包括工程进度计划和施工方案等。

3.询价

询价是报价中非常重要的一个环节,建筑材料、施工机械设备的价格优势差异较大,"货比三家"对承包人总是有利的。询价包括生产要素的询价和分包询价两个方面。

(1)生产要素的询价

①材料询价。其主要内容包括材料的价格、材料的供应数量、材料的运输、运输等。

②施工机械设备询价。在外地施工需用的机械设备,不一定要从本地运往工程所在地,有时在当地租赁或采购可能更为有利;必须采购的机械设备,可向供应厂商询价;对租赁的机构设备,可向专门从事租赁业务的机构询价,包括机械每台班的租赁费、机械停滞时租赁费、燃料费及机上人员工资是否在台班租赁费之内等。无论是外购还是租赁,都需考虑机械进出场费用。

③劳务询价。承包工程可使用本企业的工人,也可从本地或工程所在地的劳务市场雇佣工人。具体情况应经过比较确定。

(2)分包询价

对于一些专业性较强或风险较大的分项工程来说,可以采用分包的方式由分包人完成。分包人不是总承包人的雇佣人员,其赚取的不仅有工资,还有利润。分包工程的报价高低,对总包商的总报价影响较大。总包人确定分包人后,应在分包报价的基础上加上一笔适当的管理费后,方可纳入工程总报价。

(三)估价(基础标价的计算)

估价是指估价人员在施工总进度计划、主要施工方法、分包商和资源安排确定后,根据本公司的工料机消耗水平(企业定额)以及询价结果,对本公司完成招标工程所需费用的分析计算。其原则是根据本公司的实际情况合理确定施工成本和待摊费用,不考虑其他因素,不涉及投标决策问题、利润的高低及施工风险,即成本价由直接费、设备购置费、措施费、企业管理费、规费、税金和专项费用等组成,估价的主要内容是直接费和间接费的计算,并按规定计取税金后形成基础标价。

(四)报价

报价包括选择报价策略、调整标价、确定投标报价三个方面的内容。

三、投标报价的计算

(一)投标报价的组成

投标报价主要由施工成本、利润、税金和风险费用等组成。

1. 施工成本

施工成本包括施工过程中耗费的各种费用,如人工费、材料费、施工机械使用费、设备购置费、措施费、企业管理费、规费及专项费用等。

2. 利润

利润是根据本项目的具体情况和公司的利润目标来制定的。

3. 税金

税金是按规定应向国家缴纳的增值税、城市建设维护税及教育经费附加,根据国家征收标准计算。

4. 风险费用

风险费是对风险分析后确定的用于防范风险的费用,即在各种风险发生后需由承包人承担的风险损失。

(二)投标报价的形式

总报价与各计价细目综合单价的关系式如下:

$$总标价 = \sum_{1}^{n}(计价细目综合单价 \times 计价细目工程量) + 专项暂定金额 + 计日工合计 + 不可预见费 \tag{5-1}$$

$$计价细目综合单价 = 预算单价 + 摊入单价 \tag{5-2}$$

摊入单价考虑的因素包括未列入第100章总则中的临时工程费、保险费、供电贴费、工程造价增长费以及技术复杂程度和地形条件造成的施工难度增加因素、工期质量要求因素。

(三)投标报价的计算步骤与方法

1. 分析、分解清单项目

工程量清单拆分只是对清单中的综合项目进行分解,并不是每一个项目都必须要进行分解。综合项目是指清单中一个编号项目中含有两个及两个以上的定额子目。工程量清单分解的目的是为了计算出准确的单价。分解的依据是计量与支付细则、招标图纸、拟采用的施工方案及工料机消耗量标准等因素。

计量项目工程量要按工程量清单计量单位填列,各定额子目下的工程量要按定额单位填列。

2. 工程定额选用与调整

工程定额反映施工队伍的生产效率和管理水平,也是决定标价水平的重要因素。一旦工程定额选定,标价水平也大体确定了,因此,在标价计算时应慎重,根据具体情况灵活运用。在编制投标报价时,应选取企业的施工定额,如果企业没有施工定额,可以参考预算定额的工料机消耗,并根据企业的施工水平调整消耗。按工程量清单的顺序依次录入相关定额、输入定额工程量、进行定额调整,与概(预)算编制过程相同。但投标报价计算时,工、料、机消耗标准的确定比编制概(预)算时更为灵活,可在充分理解招标文件(图纸、技术规范)的前提下,对预算定额进行修改、调整、增删、抽换工料机、调整工料机消耗量及配合比等。

3. 工、料、机分析及单价计算

工、料、机单价是计算投标报价的基本要素。工资单价要按施工企业各项开支标准算出工日单价并结合工程所在地人工单价情况予以确定。

材料预算价格应在当地定额站所发布的"材料价格信息"基础上进行市场询价,并货比三家。在调查价格基础上要考虑大量供应及开工后的市场竞争、原料储备及生产与加工规模、运输条件、方式、运力等因素,计算出运抵现场的各种材料单价。同时应对固定单价合同中材料报价考虑价格上涨风险因素,或在后面统一考虑涨价风险费再行分摊,如果合同条款中规定物价上涨后即调整价差和有关费用,则报价中无须考虑物价上涨费。计算材料价格时首先应搞清楚该材料用处、作用和包含内容。

计算机械台班单价,调查租赁价格,确定是使用自己购置的机械还是当地租赁更能降低成本。然后按照所选用机械设备的来源和相应的费用计算。

4. 确定措施费和间接费费率、利润率和综合税率

选择费率时,既要考虑以此计算出的费用能涵盖实际发生的费用,又要使计算出的标价具有竞争力。其形式可以按概(预)算编制办法的综合费率构成来列,但费率应结合施工现场情况、工程条件、施工单位自身技术装备水平和管理水平,并充分考虑成本降低措施而适当调整(一般情况下调低,没有发生的费用尽量不要列)。施工单位最好能结合多年施工管理经验和统计资料编制适合自己的费用定额。利润率应结合企业及自身财力和投标策略确定,即尽量低于概(预)算中取费标准。综合税率要按国家税法计列。

5. 以工程量清单所列计量项目为单元,计算该计价细目的"分项工程费计算表"

以该计量项目为单元计算其人工费、材料费、机械费、设备购置费、措施费、规费、企业管理费和专项费用。

6. 计算该计量项目的预算单价

首先,将该章中所有计量项目在"分项工程费计算表"中汇总的人工费、材料费、机械费、设备购置费、措施费、企业管理费、规费合计值分别填入"建安工程费计算表"(03表)的对应栏中。其次,按相关规定计算利润、税金及建安费。注意"03表"中的"工程名称、单位、工程量"要按工程量清单中的计量项目名称、单位、工程量填写。最后,以本计量项目建安费除以工程量即得该计量项目的预算单价。它与公路概(预)算中的(预)算单价的不同之处在于,分项工程是以工程量清单中的计价细目为计算单元。

7. 分析计算摊销费,确定计价细目综合单价

所谓摊销费是指那些不能作为第100章总则费用单独列项,且涉及两个及两个以上清单计价细目的,需要直接摊入计价细目中的费用。摊销费可分为两类:一是费用类,如保险费(100章以外的)、风险金等。二是实事物类,如预制场站建设费用;拌和设备安、拆费用及第

100章以外的临时工程(便道、便桥、临时供水、临时供电)等。

分摊方式一般有三种:一是按集中拌和混凝土数量(指那些采用分散拌和定额,改为集中拌和项目中的混凝土数量)进行分摊;二是按集中拌和沥青混凝土数量进行分摊;三是按选择的摊销项目金额进行分摊。

工程量清单中各细目的单价应是综合单价,即"综合单价 = 预算单价 + 摊入单价",实际上它包括完成每个细目计量单位的工程量所花费的直接费、设备购置费、规费、企业管理费、利润、税金、专项费用、缺陷工程维修费和不可预见费等一切费用。

8. 单价重分配、降价系数的确定(报价决策)

业主一般都是根据完成的实际工程数量,按照工程量清单的单价进行结算与支付。因此,投标人往往在投标总报价控制之下,根据有关因素权衡利弊,采取"单价重分配"的技巧来调整项目单价,以期在工程结算时取得更好的经济效益。同时,为了确保报价更有竞争力,在递交投标文件前很短的时间里,投标人往往根据所掌握的业主和其他竞争对手的信息,对工程量清单总价和单价作出调价系数处理。

四、投标策略与技巧

(一)投标策略

投标决策正确与否,关系到能否中标和中标后的效益,关系到施工企业的发展前景和职工的经济利益。投标决策包括三方面内容:①针对项目招标是否投标;②若去投标,是投什么性质的标;③投标中如何采用以长制短、以优胜劣的策略和技巧。报价时常采用以下投标策略。

1. 盈利策略

盈利策略,即在报价中考虑了较大的利润值。

该投标策略通常在以下情况采用:建筑市场任务多;本企业任务饱满,利润丰厚;本企业对该项目拥有技术上的垄断优势。

2. 微利保本策略

微利保本策略,即降低利润目标,甚至不考虑利润。

该投标策略通常在以下情况采用:①通常在企业工程任务不饱满,无后继工程,或已出现部分窝工的情况;②建筑市场供不应求,竞争对手多,本企业对该项目又无优势可言;③业主按最低价定标时采用。

3. 低价亏损策略

低价亏损策略,即在报价中不仅不考虑企业利润,相反考虑一定的亏损后提出报价的策略。

该投标策略通常只在下列情况采用:①为打入新市场,取得拓宽市场的立足点;②在本企业领域里,为挤垮企图插足的竞争对手;③在竞争十分激烈的情况下,为中标而不惜血本压低标价;④本企业已大量窝工,严重亏损,如果能承担该工程至少可以使部分人工、机械运转,减少亏损。

使用该投标策略时应注意以下事项:①业主肯定是按最低价确定中标单位;②这种报价方法属于正当的商业竞争行为(不正当竞争行为是一种违法行为)。

4. 冒险投标策略

冒险投标策略,即在报价中不考虑风险费用,这是一种冒险行为,如果风险不发生,意味着承包人的报价成功;如果风险发生,则意味着承包人要承担极大的风险损失。这种报价策略同样只在市场竞争激烈,承包人急于寻找施工任务或着眼于打入该建筑市场,甚至独占该建筑市场(以后靠长期经营挽回损失)时才予以采用。

5. 用其他手段争取中标的策略

有些施工企业在报价时,采用种种带有策略性的方法争取中标。他们的策略是以最小代价而获得最大的经济效益。因此,有一些企业的投标价往往不是很高,但获得利润不少,具体做法如下:

(1)优化设计策略

施工企业在编制标书过程中,仔细研究设计图纸、合同文件和规范,发觉不合理或未尽完善处,或者认为可利用某项新技术达到降低造价的目的,在这种情况下按原设计提出报价,中标后提出新工艺和修改设计方案,往往可以得到监理工程师的批准,达到降低标价的目的。

(2)补充投标的优惠条件

利用种种优惠条件,解决业主短期暂时困难,替业主分忧,从而创造夺标条件。例如,通过先进的施工方案、施工方法、科学的施工组织或者优化设计来缩短合同工期;施工完后免费赠送进场的施工机械或设备;不要求招标人提供预付款等,以增加投标竞争力,争取中标。

(3)靠本企业管理水平取胜的策略

认真做好施工组织设计,充分发挥本企业管理水平和设备先进等优势以达到缩短工期、降低造价的目的。所报的价虽然低,但是一旦中标,也是不会亏损的。

(4)低价中标,着眼索赔

在购买招标文件后,认真研究合同条款、技术规范和补遗文件,发觉有不符之处,因而在报价时采用较低的价格,先争取中标,中标后着眼索赔。这种策略只有在合同条款中关于索赔的规定明显对己方有利的情况下方可使用,对于以 FIDIC 条款作为合同的项目招标不宜采用这种方法。

(二)投标技巧

投标报价时采用一定的技巧,中标可获得更多的正常收益。常用报价技巧如下。

1. 不平衡报价法

不平衡报价是在总价基本确定不变的前提下,调整工程各子项的单价的报价方法。具体表现形式如下:

(1)先期开工的项目(如土方、基础等)的单价报价高,后期开工的项目如高速公路的路面、交通设施及绿化等附属设施的单价报价低。

(2)估计以后会增加工程量的项目,单价报价高;反之,单价报价低。

(3)图纸不明确或有错误的,估计今后会修改的项目的单价报价高,估计今后会取消的项目的单价报价低。

(4)没有工程量,只填报单价的项目(如土方超运),其单价报价高。这样既不影响投标总价,又可多获取利润。

(5)暂定金额项目,承包商做的可能性大时,其单价报价高;反之,报价低。

(6)对于允许价格调整的工程,当利率低于物价上涨时,则后期施工的工程细目的单价报价高,反之报价低。

2. 扩大标价法

扩大标价法,即除了按正常的已知条件编制价格外,对工程中变化较大或没有把握的项目,采用扩大单价、增加"不可预见费"的方法来减少风险。

3. 多方案报价法

多方案报价法是利用工程说明书或合同条款不够明确之处,争取达到修改工程说明书和合同为目的的一种报价方法。其方法是,按原工程说明书和合同条款报一个价格,并加以注释,如"工程说明书和合同条款如做某些改变时,费用可降低多少",使报价成为最低的,以吸引业主修改说明书和合同条款。

4. 开口升级报价法

开口升级报价法将报价看成是协商的开始,报价时利用招标文件中规定的不明确的有利条件,将造价很高的一些单项工程的报价抛开作为活口,将标价降低无法与之竞争的数额。利用这种"最低标价"来吸引业主,从而取得与业主商谈的机会,利用活口进行升价加价,以达到最后赢利的目的。

5. 突然降价法

突然降价法是一种迷惑对手(或保密)的竞争手段。在整个报价过程中,仍按一般情况报价,甚至有意无意地将报价泄露,或者表示对工程兴趣不大,等到投标截止期临近之时,来一个突然降价,使竞争对手措手不及,从而解决标价保密问题,提高竞争能力和中标机会。

五、投标报价案例

以项目四中施工图预算编制案例为基础,进一步编写了投标报价文件。

按照招标文件中的相关规定,投标报价文件部分计算依据如下:

(1)在编制投标报价过程中,清单100章中,工程一切险是按第100章至第700章清单合计金额(不含本身及第三方责任险)的0.3%计算。

(2)安全生产费是按第100章至第700章合计金额(不含本身及保险费)的1.5%计算。

(3)第100章中其他费用是按照包干价的形式进行报价的。

(4)清单300章的编制虽是以施工图预算编制中的相关条件进行的,但对定额的消耗量和相关费率进行了适当的调整。由于第100章中没有列出沥青混凝土拌和设备的细目,所以在300章中将沥青混凝土拌和设备的费用分摊到相关细目中。

(5)本例中的不可预见费是按第100章至第700章合计金额减去专项暂定金后的5%计算的。

具体的工程量清单表格见表5-8~表5-19。

标表1　工程量清单汇总表　　　　　　　　表5-8

合同段:K0+000~K6+000(清单)

序　号	章　次	科　目　名　称	金额(元)
1	100	清单　第100章　总则	1162131
2	300	清单　第300章　路面	27910080

续上表

合同段:K0+000~K6+000(清单)

序 号	章 次	科目名称	金额(元)
3		第100章至700章清单合计	29072211
4		已包含在清单合计中的专项暂定金额小计	50000
5		清单合计减去专项暂定金额(即3-4=5)	29022211
6		计日工合计	471500
7		不可预见费	870666
8		投标价(3+6+7)=8	30414377

标表1-1 专项暂定金额汇总表   表5-9

合同段:K0+000~K6+000(清单)			货币单位:人民币(元)	
清单编号	细目号	名　　称	估计金额(元)	
100	102-4	信息化系统(暂估价)	50000	
小计(结转至第1页工程量清单汇总表)人民币			50000	元

标表2 工程量清单   表5-10

合同段:K0+000~K6+000(清单)　　　　　　　　　货币单位:人民币(元)

清单　第100章　总则

细目号	细目名称	单位	数量	单价	合价
101	通则				
101-1	保险费				
-a	按合同条款规定,提供建筑工程一切险	总额	1	83730.00	83730
-b	按合同条款规定,提供第三者责任险	总额	1	80000.00	80000
102	工程管理				
102-1	竣工文件	总额	1	50000.00	50000
102-2	施工环保费	总额	1	100000.00	100000
102-3	安全生产费	总额	1	428401.00	428401
102-4	信息化系统(暂估价)	总额	1	50000.00	50000
104	承包人驻地建设				
104-1	承包人驻地建设	总额	10	100000.00	100000
105	施工标准化				
105-1	施工驻地	总额	1	150000.00	150000
105-2	工地试验室	总额	1	120000.00	120000

清单　第100章合计　人民币　1162131

标表 2　工程量清单

表 5-11

合同段:K0+000~K6+000(清单)　　　货币单位:人民币(元)

清单　第 300 章　路面

细目号	细目名称	单位	数量	单价	合价
309	热拌沥青混合料面层				
309-2	中粒式沥青混凝土				
-a	厚 50mm	m²	144000.000	55.42	7980480
309-3	粗粒式沥青混凝土				
-a	厚 70mm	m²	144000.000	74.76	10765440
310	沥青表面处治与封层				
310-2	封层	m²	144000.000	9.12	1313280
311	改性沥青及改性沥青混合料				
311-3	SMA 路面				
-a	厚 40mm	m²	144000.000	54.52	7850880

清单　第 300 章合计　人民币　**27910080**

标表 3　计日工汇总表

表 5-12

合同段:K0+000~K6+000(清单)

名　　称	金额(元)
计日工:	
1.劳务	12500.00
2.材料	395000.00
3.施工机械	64000.00
计日工合计(结转至第 1 页工程量清单汇总表)	471500.00

标表 3-1　计日工劳务单价表

表 5-13

合同段:K0+000~K6+000(清单)

细目号	名　称	估计数量(小时)	单价(元/小时)	合价(元)
	普通工	500	15.00	7500
	班长	200	25.00	5000
	计日工劳务(结转至第 1 页计日工汇总表)			12500

标表 3-2　计日工材料单价表

表 5-14

合同段:K0+000~K6+000(清单)

细目号	名　称	单位	估计数量	单价(元)	合价(元)
	橡胶沥青	t	20	6000.00	120000
	普通沥青	t	50	5500.00	275000
	计日工材料小计(结转至第 1 页计日工汇总表)				395000

标表 3-3　计日工机械单价表

表 5-15

合同段:K0+000~K6+000(清单)

细目号	名　称	估计数量(小时)	租价(元)	合价(元)
	12~15t 轮胎式压路机	320	200.00	64000
	计日工施工机械小计(结转至第 1 页计日工汇总表)			64000

标表 4-2 单价分析表

表 5-16

细目号：309-2-a

细目名称：厚 50mm

计量单位：m² 单价：55.42 数量：144000.00 货币单位：人民币（元）

编号	项目名称	单位	工程量	人工费	材料费	机械费	工料机合计	综合费费率（%）	综合费	合计	单价
	沥青混凝土拌和站	座	0.313		219100						
2-2-11-12	240t/h 以内拌和中粒式沥青混凝土混合料	1000m³ 路面实体	7.200	18831	5743634	635340			899909	899909.00	124987.36
2-2-13-1	8t 以内自卸车运输沥青混合料 3km	1000m³	7.200			84177			12482	12482.00	1733.61
2-2-14-47	机械摊铺中粒式沥青混凝土混合料（240t/h 以内）	1000m³ 路面实体	7.200	13800		152893			27411	27411.00	3807.08

标表 4-2 单价分析表

表 5-17

细目号：309-3-a

细目名称：厚 70mm

计量单位：m² 单价：74.76 数量：144000.00 货币单位：人民币（元）

编号	项目名称	单位	工程量	人工费	材料费	机械费	工料机合计	综合费费率（%）	综合费	合计	单价
	沥青混凝土拌和站	座	0.438		306600						
2-2-11-5	240t/h 以内拌和粗粒式沥青混凝土混合料	1000m³ 路面实体	10.080	26471	7686389	894876			1211039	1211039.00	120142.76
2-2-13-1	8t 以内自卸车运输沥青混合料 3km	1000m³	10.080			117848			17474	17474.00	1733.53
2-2-14-46	机械摊铺粗粒式沥青混凝土混合料（240t/h 以内）	1000m³ 路面实体	10.080	19106		212810			38135	38135.00	3783.23

标表 4-2　单价分析表　　　　　　　　　　　　　　　　　　　　　　　　　　　　　　表 5-18

细目号：310-2										
细目名称：封层									货币单位：人民币(元)	
项目名称	单位	工程量	计量单位：m²			单价：9.12		数量：144000.00		单价
			人工费	材料费	机械费	工料机合计	综合费费率(%)	综合费	合计	
乳化沥青稀浆封层 ES-2 型	1000m²	144.000	74716	841412	177494			162202	162202.00	1126.40
编号										
2-2-16-16										

标表 4-2　单价分析表　　　　　　　　　　　　　　　　　　　　　　　　　　　　　　表 5-19

细目号：311-3-a										
细目名称：厚 40mm									货币单位：人民币(元)	
项目名称	单位	工程量	计量单位：m²			单价：54.52		数量：144000.00		单价
			人工费	材料费	机械费	工料机合计	综合费费率(%)	综合费	合计	
沥青混凝土拌和站	座	0.250		175000						
240t/h 以内拌和橡胶沥青玛蹄脂碎石混合料	1000m³ 路面实体	5.760	17017	5686380	597305			899440	899440.00	156152.78
8t 以内自卸车运输沥青混合料 3km	1000m³	5.760			67342			9986	9986.00	1733.68
机械摊铺橡胶沥青混凝土混合料(240t/h 以内)	1000m³ 路面实体	5.760	12991		175552			30958	30958.00	5374.65
编号										
2-2-12-8										
2-2-13-1										
2-2-14-60										

 能力训练

一、思考题

1. 工程项目招标的类型有哪些？招标的方式可分为哪几种？
2. 什么是工程量清单？其作用是什么？
3. 什么是招标控制价？招标控制价的作用是什么？
4. 投标报价编制过程中询价的内容包括哪些？
5. 投标报价由哪些费用组成？
6. 列出投标报价的计算形式，并解释什么是综合单价。
7. 简述投标报价的编制流程。
8. 报价常用策略和技巧有哪些？
9. 什么是不平衡报价法？其调整单价的主要原则有哪些？

二、综合练习题

结合项目二中综合练习题的第1题、第2题和第3题，完成下列习题：

(1) 试编写该项目的工程量清单(考虑一定数量的计日工)。

(2) 如果招标文件中规定，工程一切险是按第100章至第700章清单合计金额(不含本身及第三方责任险)的0.3%计算；安全生产费是按第100章至第700章合计金额(不含本身及保险费)的1.5%计算；第100章中其他费用是按照包干价的形式进行报价的。不可预见费是按第100章至第700章合计金额减去专项暂定金后的5%计算的。

试完成该项目的施工投标报价。

(3) 若考虑到施工过程中，钻孔灌注桩混凝土数量可能会增加，试利用不平衡报价法调整各细目的综合单价。

项目六　工程费用结算

【概述】　工程结算是施工企业按照承包合同和已完工程量向建设单位办理工程价款清算的经济行为。由于公路工程建设周期长,结构复杂,受自然条件和社会条件的影响与制约,在建设过程中不可避免地会出现一些难以预料的事件,涉及建设各方的经济利益。因此,正确地进行工程费用结算成为工程项目承包中的一项复杂和重要的工作。本项目主要介绍公路工程施工合同管理基础知识、工程变更和索赔的范围、程序及费用确定方法,并结合实例介绍工程项目建设过程中工程费用的结算与支付方法。

任务一　学习合同管理基础知识

(1)了解建设工程合同的分类及作用;
(2)明确施工合同条款内容、组成及解释顺序;
(3)明确合同管理的工作内容。

建设工程合同明确了合同双方的责任、权利及义务,确定了建设工程实施和管理的主要目标,是双方进行各种经济活动的依据。通过学习,要求学生熟悉建设工程合同类型,明确施工合同条款内容、组成及解释顺序,为正确处理工程结算中的各项工作奠定基础。

一、工程合同分类及作用

工程合同是承包人进行工程建设、发包人支付价款的合同。合同中明确了双方当事人各自的经济责任、权利和义务。工程合同按内容可分为勘察设计合同、施工承包合同、监理咨询合同以及其他与工程相关的借款合同、机械设备租赁合同、供用电合同、买卖合同、劳务合同等。

工程合同具有以下作用:
(1)合同确定了工程实施和管理的主要目标,是双方进行各种经济活动的依据。
(2)合同是协调双方经济关系的主要手段。
(3)合同具有法律上的最高优先地位,是当事人双方的最高行为准则。
(4)合同是当事人双方在工程实施过程中解决争执和纠纷的依据。

二、施工合同的类型及特点

施工合同,即建筑安装工程承包合同,是由具有法人资格的发包人和承包人为完成商定的建筑安装工程,明确双方权利、责任与义务关系的协议。

施工合同是控制工程建设质量、进度、投资的主要依据,要求承、发包双方必须具备相应的资质条件和履行合同的能力,签订合同时应遵守自愿、公平、诚实信用等原则。发包人既可以是建设单位,也可以是取得建设项目总承包资格的项目总承包单位。

施工合同按不同的划分标准可以分为以下类型。

(一)按工程规模内容分

1. BOT 项目承包合同

BOT 项目承包合同是指建设—经营—转让,全过程项目承包的合同形式。它是政府通过授权,把本属于政府支配、拥有或控制的资源,委托给资本拥有者进行投资建设并经营获益,在特许经营期届满时移交政府继续经营。

2. 总承包合同

总承包合同是指承包人与发包人之间直接签订的关于工程项目施工全部工作的协议。

3. 分包合同

分包合同是指经发包人认可和合同约定,分包人从工程承包人承包的工程中,承包部分工程而订立的合同。

(二)按工程计价方式分

1. 总价合同

总价合同是指支付给承包人的工程款项在承包合同中是一个规定的总金额。总价合同是以设计图纸和工程说明书为依据,由合同双方协商确定的,其特征有两点:一是根据招标文件的要求由承包人实施全部工程任务,按承包人在投标报价时提出的总价确定;二是拟实施项目的工程性质和工程量应在事先基本确定。总价合同中承包人要承担全部的工程风险,报价比较高。

总价合同又分为以下两种形式:

(1)固定总价合同。固定总价合同是按双方商定的总价承包工程。它是以图纸和技术规范为依据,明确承包内容和计算包价,签约时一次包死。在合同执行中,除非发包人要求变更原定的承包内容,承包方一般不得要求变更包价。它通常适用于规模小、工期短、技术不太复杂的工程。

(2)变动(调值)总价合同。变动总价合同是指在报价及签订合同时,以设计图纸、技术规范、工程量及当时价格计算并签订工程总价,合同执行过程中由于变更、违约索赔、材料涨价等因素变化,依据合同相关条款总价可相应地变动或调整。它适用于公开招标、工期较长的大规模工程。

2. 单价合同

单价合同是指承包人按发包人提供的工程量清单内的分部分项工程内容填报单价,并据此签订承包合同,最终以实际完成工程量乘以所报单价计算结算款的方法。单价合同特征是,工程量清单中的分部分项工程量在合同实施过程中允许浮动变化,但各分部分项工程造价一般不得变更。单价合同较为合理地分担了双方在合同履行过程中承担的风险,适用于工期长、技术复杂、工程实施过程中不可预见因素较多的工程,是一种常用的工程合同计价方式。

单价合同又分为以下三种形式:

(1)估算工程量单价合同。承包人投标时依据工程量清单中开列的分部分项工程内容和估算工程量填报相应的单价,工程结算时以实际完成工程量乘以所报单价累积计算合同价。

(2)纯单价合同。招标文件中仅给出各分部分项工程的工作内容一览表、工程范围和必要的说明,不提供工程量。承包人投标时只要报出各工程细目的单价,实施过程中按实际完成工程量结算。

(3)单价与总价混合合同。对建设项目中能用某种单位计算工程量的,均要求报单价,按实际完成工程量乘以合同单价结算;对建设项目中不易给出工程量的分项工程,则采用包干价给付。

3. 成本加酬金合同

成本加酬金合同,又称为称成本补偿合同,是指发包人向承包人支付工程项目的实际成本,并按事先约定的某种方式支付酬金的合同类型。其合同特征:一是发包人对工程总价不能实施实际控制;二是承包人可能对降低成本不关心,发包人需要承担项目全部风险。成本加酬金合同适用于需要立即开展的项目(紧急工程),时间特别紧迫(如抢险、救灾工程),来不及进行详细的计划和商谈,或者承包方在某方面具有独特技术或经验的项目。

成本加酬金合同又分为以下四种形式:

(1)成本加固定百分比酬金合同。签订合同时,双方约定酬金按实际发生的直接成本乘以某具体百分比计算。

(2)成本加浮动酬金合同。签订合同时,双方约定工程的预期成本和固定酬金,以实际发生的直接成本与预期成本比较后,对酬金进行奖罚调整,当实际成本超支需减少酬金时,以原定的基本酬金额为减少的最高限额。

(3)成本加固定酬金合同。在签订合同时,酬金在合同内约定为某一固定值。

(4)目标成本加奖罚合同。签订合同时,以估算的目标成本为依据,并以百分比形式约定基本酬金和奖罚酬金的计算办法。最后结算时,如果实际直接成本超过目标成本商定的界限,超出部分按约定百分比计算在基本酬金中扣减;反之,如有节约,则应增加酬金。

三、施工合同内容与管理

(一)施工合同文件组成及解释顺序

组成公路工程施工合同的文件包括以下内容:

(1)施工合同协议书及各种合同附件(含评标期间和合同谈判过程中的澄清文件和补充资料)。

(2)中标通知书。

(3)投标函及投标函附录。

(4)项目专用合同条款。

(5)公路工程专用合同条款。

(6)通用合同条款。

(7)工程量清单计量规则。

(8)技术规范。

(9)图纸。

(10)已标价工程量清单。

(11)承包人有关人员、设备投入承诺及投标文件中的施工组织设计。

(12)其他合同文件。

上述组成合同的各项文件应能互相解释、互相说明,当合同文件中出现不一致时,除项目专用合同条款另有约定外,上面所列顺序就是合同的优先解释顺序。当合同文件出现含糊不清或当事人有不同理解时,可以按照合同中争议的解决方式处理。

(二)施工合同管理

施工合同管理是指对工程项目施工过程中所发生的或所涉及的一切经济、技术合同的订立、履行、变更、索赔、解除、解决争议、终止与评价全过程进行的管理工作。施工合同管理的任务是根据法律、法规和管理者自身职责,运用组织、指导、检查、考核、协调和监督等手段,促使合同双方当事人依法签订合同,全面实际履行合同,及时妥善处理合同争议和纠纷,不失时机地进行合理索赔,预防违约事件发生,避免造成经济损失,以保证合同目标的顺利实现。

四、施工合同条款

合同条款是招标文件与施工合同中重要的、实质性的合同文件,它约定了双方在履行合同全过程中的工作规则,也是办理工程费用结算的重要依据。合同条款必须符合国家法律、法规及部门规章,贯彻落实合同法的公平原则,条款内容应广泛具体、可操作性强、文字应严密、逻辑性强。

为加强公路工程施工招标管理,规范招标文件编制工作,交通运输部在国家发展改革委牵头编制的《标准施工招标文件》基础上,以相关法律法规和部门规章为依据,结合公路工程招标特点和施工需要编制了《公路工程标准施工招标文件》(2018年版),它适用于依法必须进行招标的各等级公路和桥梁、隧道建设项目,其他公路项目也可参照执行。对于世界银行和亚洲开发银行贷款项目一般则要求采用FIDIC(国际咨询工程师联合会)编写的《土木工程施工合同条件》。

《公路工程标准施工招标文件》(2018年版)内容分为四卷九章,其具体组成如图6-1所示。文件中除标准化的合同文本外,还包括有标准化的格式文件,如合同协议书等,合同双方只需在标准文件文本空格内填入相应的内容,并签字盖章即可。

《公路工程标准施工招标文件》(2018年版)第四章中的合同条款分为通用合同条款和专用合同条款两部分,其中专用合同条款又可分为公路工程专用合同条款和项目专用合同条款。

1.通用合同条款

通用合同条款直接采用国家九部委颁布的《标准施工招标文件》(2007版)中的通用合同

条款,条款内容是根据我国各建设行业工程合同管理中的共性规则制定,内容包括:一般约定、发包人义务、监理人、承包人、材料和工程设备、施工设备和临时设施、交通运输、测量放线、施工安全与治安保卫和环境保护、进度计划、开工和交工、暂停施工、工程质量、试验和检验、变更、价格调整、计量与支付、交工验收、缺陷责任与保修责任、保险、不可抗力、违约、索赔、争议的解决等24条131款,部分条款下根据需要又细分为若干项、目。

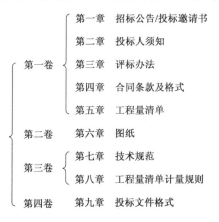

6-1 《公路工程标准施工招标文件》内容组成

2. 公路工程专用合同条款

公路工程专用合同条款是在通用合同条款基础上,由交通运输部组织专家结合公路工程的施工特点和管理工作的需要进行编制。公路工程专用合同条款是对各相应通用合同条款的补充、延伸或进一步明确,其延伸和补充约定的内容不能违背通用合同条款约定的基本原则。公路工程专用合同条款共24条140款,条款编号与通用合同条款一致,其中增加的9款款号根据其所在条款下的款号按序顺延。

3. 项目专用合同条款

项目专用合同条款是招标人根据招标项目的具体特点和实际需要,对通用合同条款及公路工程专用合同条款进行的补充和细化,除通用合同条款明确专用合同条款可作出不同约定以及公路工程专用合同条款明确项目专用合同条款可作出不同约定外,补充和细化的内容不得与通用合同条款和公路工程专用合同条款强制性规定相抵触。同时,补充、细化或约定的内容,不得违反法律、行政法规的强制性规定和平等、自愿、公平和诚实信用原则。项目专用合同条款的编号与通用合同条款和公路工程专用合同条款一致。

【例6-1】 某建设单位通过公开招标确定了施工单位和监理单位,并分别签订了施工承包合同和施工监理委托合同。监理单位按合同要求在施工监理未开始之前便开始了监理工作,建设单位将施工承包合同交给监理单位,并请监理单位指出施工承包合同中的不足,施工承包合同有以下条款:

(1)建设单位应在规定的时间内提供施工场地、施工图纸。
(2)由于监理工程师的指令错误造成的损失由监理单位承担。
(3)施工单位提供的工程数量,若监理工程师第8天还未发表任何意见,则表示工程量得到认可。
(4)建设单位提供的建筑材料、其质量不合格,需清理出场外,其清理费用由施工单位承担。

(5)施工单位提出的合理建议,建设单位采纳后发生的效益归建设单位独有。

问题:以上施工承包合同中哪些条款不妥?正确处置的方法是什么?

解 根据《公路工程标准施工招标文件》(2018年版)中通用合同条款和公路工程专用合同条款分析如下:

(1)正确。

公路工程专用合同条款1.6.1规定:监理人应在发出中标通知之后42天内,向承包人免费提供由发包人或其委托的设计单位设计的图纸、技术规范和其他技术资料2份,并向承包人进行技术交底。承包人需要更多份数时,需自费复制。由于发包人未按时提供图纸造成工期延误的,按照11.3款的约定,承包人有权要求发包人延长工期和(或)增加费用,并支付合理利润。

通用合同条款2.3还规定:发包人应按约定向承包人提供施工场地,以及施工场地内地下管线和地下设施等有关资料,并保证资料的真实、准确、完整。

(2)不妥。

通用合同条款3.4.5规定:由于监理人未能按合同约定发出指示、指示错误或指示延误而导致承包人费用增加和(或)工期延误的,由发包人承担赔偿责任。

(3)正确。

通用合同条款17.1.4(6)规定:监理人应在收到承包人提交的工程量报表的7天内进行复核,监理人未在规定时间内复核的,承包人提交的工程量报表中的工程量视为承包人实际完成的工程量,据此计算工程价款。

(4)不妥。

通用合同条款5.2.6规定:发包人提供的材料和工程设备的规格、数量或质量不符合合同要求的,或由于发包人原因发生交货日期延误或交货地点变更等情况,发包人应承担由此增加的费用和(或)工期延误,并向承包人支付合理利润。

(5)不妥。

公路工程专用合同条款15.5.2规定:承包人提出的合理化建议降低了合同价格或者提高了工程经济效益,发包人可按项目专用合同条款中规定的金额给予奖励。

任务二 工程变更费用的确定

(1)明确工程变更的内容及程序;
(2)掌握变更工程价格确定原则与方法;
(3)计算确定变更项目费用。

工程变更通常发生于工程项目实施过程中,直接关系到参建各方的经济利益,影响项目的投资、质量和进度等管理目标,对工程变更进行有效的管理和控制非常重要。通过学习,要求学生明确工程可变更的内容及程序,掌握变更工程价格确定原则与方法,能够正确确定变更项目费用,并按照规定程序处理变更各项事宜。

相关知识

一、工程变更基本知识

（一）工程变更的基本概念

工程变更是合同变更的一种特殊形式,是指对合同中的工作内容做出修改、追加或者取消某一项工作。由于公路工程地质水文条件和施工条件的复杂性,对工程或其任何部分的结构形式、质量、等级或数量等做出变更是较为普遍的。

工程变更通常发生在工程承包合同执行过程中,事先无法预测或没有考虑到。工程变更不仅会产生额外工程成本,延长工期,而且会影响其他相关工作,对工程产生多米诺骨牌效应。如果处理不当,会造成人力、财力、物力的浪费,造成停工、窝工,产生索赔隐患,甚至会使业主对其工程投资失去控制,因此,对工程变更必须予以高度重视。

（二）工程变更的原因

工程变更按照产生原因的不同,一般可分为以下几种情况:

(1)发包人原因。发包人对项目提出新的要求,如工程规模、使用功能、工艺流程、质量标准的变化以及工期改变等对合同内容的调整。

(2)设计原因。设计错漏、设计调整以及因自然因素或其他因素而进行的设计改变等。

(3)施工原因。因现场施工环境发生变化、施工质量或安全需要变更施工方法、作业顺序和施工工艺等。

(4)监理原因。监理人出于工程协调和对工程目标控制有利的考虑,而提出的施工工艺、施工顺序等的变更。

(5)合同原因。原订合同部分条款因客观条件变化,需要结合实际修正和补充。

(6)环境原因。不可预见自然因素和工程外部环境变化导致工程变更。

(7)政府及其职能部门等第三方引起的变更。例如,某公路经过某城市时,原设计路线对该城市的发展起到了制约作用,当地政府便可提出改变该路线位置的变更意向申请。

（三）工程变更的内容

根据《标准施工招标文件》(2007年版)和《公路工程标准施工招标文件》(2018年版)的相关条款规定,除专用合同条款另有约定外,在履行合同中发生以下情形之一,应按照规定进行变更。

(1)取消合同中任何一项工作,但被取消的工作不能转由发包人或其他人实施,由于承包人违约造成的情况除外。

(2)改变合同中任何一项工作的质量或其他特性。

(3)改变合同工程的基线、高程、位置或尺寸。

(4)改变合同中任何一项工作的施工时间或改变已批准的施工工艺或顺序。

(5)为完成工程需要追加的额外工作。

二、工程变更处理原则

在处理工程变更时,应遵循以下原则:

(1)必须明确工程设计文件内容,经过审批的文件不能任意变更。若需变更,应按照相关规定上报,经过审批后才能进行变更。

(2)工程变更必须符合需要、标准及工程规范,做到切实有序地开展、节约工程成本、保证工程质量和进度的同时,兼顾各方利益,确保变更有效。

(3)工程变更必须在承包合同文件的约束下进行,任何变更均不能使原承包合同失效。

(4)提出变更申请时,应提交完整变更方案,方案中应包括变更原因、变更设计图纸、变更工程报价书等。

(5)工程变更需要现场监理严格把关,审查论证变更的必要性,做好变更的核实、计量与评估工作,做到公平、合理,符合规定程序后方可受理。

(6)工程变更处理应及时、正确,避免出现工程纠纷,影响工程进度的情况。

(7)合同履行过程中,经发包人同意,监理人可按变更程序向承包人作出变更指示,承包人应遵照执行。没有监理人的变更指示,承包人不得擅自进行任何变更。

三、工程变更程序

处理工程变更时,应遵循以下程序办理。

1. 变更的提出

(1)在合同履行过程中,可能发生变更情形时,监理人可向承包人发出变更意向书。变更意向书应说明变更的具体内容和发包人对变更的时间要求,并附必要的图纸和相关资料。变更意向书应要求承包人提交包括拟实施变更工作的计划、措施和竣工时间等内容的实施方案。发包人同意承包人根据变更意向书要求提交的变更实施方案的,由监理人按照合同约定发出变更指示。

(2)承包人收到监理人按合同约定发出的图纸和文件,经检查认为其中存在变更情形的,可向监理人提出书面变更建议。变更建议应阐明要求变更的依据,并附必要的图纸和说明。监理人收到承包人书面建议后,应与发包人共同研究,确认存在变更的,应在收到承包人书面建议后的14天内作出变更指示。经研究不同意作为变更的,应由监理人书面答复承包人。

(3)若承包人收到监理人的变更意向书后认为难以实施此项变更,应立即通知监理人,说明原因并附详细依据。监理人与承包人和发包人协商后确定撤销、改变或不改变变更意向书。

2. 变更估价

(1)除专用合同条款对期限另有约定外,承包人应在收到变更指示或变更意向书后的14天内,向监理人提交变更报价书,报价内容应根据合同条款约定的估价原则,详细列变更项目的价格组成及其依据,并附必要的施工方法说明和有关图纸。

(2)变更项目影响工期的,承包人应提出调整工期的具体细节。监理人认为有必要时,可要求承包人提交要求提前或延长工期的施工进度计划及相应施工措施等详细资料。

(3)除专用合同条款对期限另有约定外,监理人收到承包人变更报价书后的14天内,根据合同条款约定的估价原则,与合同当事人商定或确定变更价格,并应征得发包人同意。

3. 变更指示

(1)变更指示只能由监理人发出。

(2)变更指示应说明变更的目的、范围、变更内容及变更的工程量及其进度和技术要求,并附有关图纸和文件。承包人收到变更指示后,应按变更指示进行变更工作。

工程变更指示由监理人以书面形式发出。如果是口头指示,承包人也应遵守执行,但在执行过程中应要求监理人尽快以书面形式确认。

对于要取消的任何一项分部工程,工程变更应在该分部工程尚未施工之前进行,以免造成人力、物力、财力的浪费,使发包人多支付工程款项。

4. 变更的执行

承包人应按照监理人指示执行工程变更,如果对监理人商定或确定事项有异议时,可按合同条款中有关争议的约定方法处理。在争议解决前,应按监理人的确定执行,后期对监理人的确定作出修改的,按修改后的结果执行。

设计变更程序应执行《公路工程设计变更管理办法》的相关规定。

四、工程变更费用计算

(一)工程变更工程量核算

工程变更必然会引起工程量的变化,监理人应对工程量清单中的项目进行增减和重新核算,作为工程变更费用支付的基础。对原工程量清单中列有的项目,应将变更后的数量与变更前的数量进行对比,从而确定工程量的增加或减少量,并计算出相应的百分比;原工程量清单中没有的新增项目需要准确计算工程量。

监理人核算变更工程量的主要依据如下:

(1)设计图纸、合同文件及技术规范。

(2)监理人记录。监理工程师和旁站人员的现场记录是核算变更项目实际工程量的重要依据,因此,监理人应高度重视现场记录、试验数据和其他原始资料的积累。

(3)承包人提供的工程数量。经过监理人的审核,承包人提供的工程数量也可以作为核算工程量的依据,但承包人单方提供而没有经监理人证明和签认的工程量仅能作为参考,不能作为依据。

(二)变更工程估价原则

工程变更费用计算涉及业主和承包人的切身利益,确定变更工程单价应坚持约定优先和公平合理的原则。根据《公路工程标准施工招标文件》(2018年版)专用合同条款15.4款规定,除项目专用合同条款另有约定外,因变更引起的价格调整按照以下约定处理:

(1)如果取消某项工作,则该项工作的总额价不予支付。

(2)已标价工程量清单中有适用于变更工作的子目的,采用该子目的单价。

(3)已标价工程量清单中无适用于变更工作的子目,但有类似子目的,可在合理范围内参照类似子目的单价,由监理人按照合同有关条款商定或确定变更工作的单价。

(4)已标价工程量清单中无适用或类似子目的单价,可在综合考虑承包人在投标时所提供的单价分析表的基础上,由监理人与承包人按照合同有关条款商定或确定变更工作的单价。

(5)如果本工程的变更指示是因承包人过错、承包人违反合同或承包人的责任造成的,则这种违约引起的任何额外费用应由承包人承担。

(三)变更单价确定方法

(1)如果工程量清单中相应工程细目的单价或总额价适宜,应以其为依据确定变更工程价格的增加或减少额。

【例6-2】 某高速公路项目设计中原设置有若干座人行通道,但在施工中发现,由于部分通道之间距离较大,给沿线村民生活带来不便。应地方政府的要求,业主决定在适当的地方增设几座人行通道,试确定新增人行通道单价。

解 处理该工程变更时,考虑到承包人原报价中有若干类似的通道,现只增加几座,故可直接采用工程量清单中的报价。监理工程师在综合分析通道长度、断面尺寸、地理位置以及施工条件等各种情况后,在清单中若干座通道的价格中,选择最接近新增加工程情况的通道价格,作为确定此项变更工程的价格依据。

(2)如果工程量清单中虽列有同类工作的单价或价格,但对具体变更工作已不适用,则应在原单价或价格的基础上制定合理的新单价或价格。

【例6-3】 某工程项目中设计钻孔桩有3种,直径分别为1.2m、1.5m和1.8m。原合同选择直径为1.2m的钻孔桩做静载试验。施工中,业主和监理工程师均认为选择1.5m的桩做静载试验,更具有代表性和指导意义,于是决定进行变更。但原工程量清单中仅有1.2m钻孔桩的静载试验价格,试确定1.5m桩静载试验试验价格。

解 由于钻孔桩静载试验费用主要由试验费用和桩施工费用两部分组成,可以认为变更费用增加主要是由于钻孔桩施工变化引起的,而试验费用没有变化。而普通钻孔桩的单价在工程量清单中可以找到,所以变更后的费用可以采用1.2m桩的静载试验费加上1.5m钻孔桩的清单价格。

(3)如果工程量清单中无相应的单价作计价依据,发包人认为有必要时,可由监理人通知承包人以计日工方式实施变更的零散工作。计日工是指对零散工作采取的一种计价方式,其价款按列入已标价工程量清单中的计日工计价子目及其单价进行计算。

采用计日工计价的任何一项变更工作,应从暂列金额中支付。暂列金额是指已标价工程量清单中所列的暂列金额,用于签订协议书时尚未确定或不可预见变更的施工及其所需材料、工程设备、服务等的金额,包括以计日工方式支付的金额。

(4)如果工程量清单中没有相应工程子目的单价,且又不宜采用计日工单价作为计价依据,监理工程师应根据授权和发包人、承包人协商确定新的工程子目单价。

新的工程子目单价确定可以采用以下方法:

①以合同单价为基础定价。该方法简单且有合同依据,但如果原单价存在不平衡报价情况时,新确定的价格会出现偏高或偏低现象,影响到工程总价。

②以预算方法为基础定价。以《公路工程预算定额》(JTG/T 3832—2018)及《公路工程基本建设概算预算编制办法》(JTG 3830—2018)作为定价依据,该方法产生的价格相对合理,能

真实地反映完成变更工程的成本和利润。其缺点是不同的施工方案与施工方法会有不同的单价。另外，该方法无法反映竞争产生的原有招标成果的作用，特别是当承包人有不平衡报价时，该方法会加剧总造价的不合理性。

③采用加权定价法。该方法是在保持原有报价不受实质影响的前提下，对新增工程部分按概(预)算方法定价，以此加权确定新工程子目的单价。它可以克服前两种方法存在的不足，所确定的工程变更单价较为合理。

由于实践管理中遇到的问题较为复杂多变，所以确定单价的具体方法不仅仅局限于以上三种，应以约定优先和公平合理为基本原则，经各方协商确定。

【例6-4】 某合同中沥青路面原设计厚度为4cm，其合同单价为32元/m^2。现沥青路面进行设计变更为厚5cm。试确定变更后沥青路面的单价。

解 ①按照"以合同单价为基础定价"的方法，变更后沥青路面的单价可按"变更后的厚度÷原设计厚度×原合同单价"计算，故变更后5cm厚沥青路面单价为 5÷4×32=40（元/m^2）。

②按照"以预算方法为基础定价"的方法，应先确定沥青路面的施工方案，考虑沥青路面应计取的各项费用（如沥青混合料的拌和、运输、摊铺、碾压及拌和设备的安拆等），根据预算定额和预算编制办法进行各项费用的计算，确定其预算单价。

假定经过计算后5cm厚沥青路面的预算单价为50元/m^2，比第一种方法高出10元/m^2，它表明原合同中沥青路面(4cm)的单价偏低，偏低的原因可能是承包人的报价普遍偏低或承包人在该单价上采用了不平衡报价法。

③按照加权定价法，变更后5cm厚沥青路面的合理单价应为 32+50÷5=42（元/m^2）。

(5) 如果工程量清单中某一项支付细目所列金额超过合同价格的2%，且该支付细目变更后的工程实际数量超过或小于工程量清单中所列数量的25%，则该支付细目的单价或总额价应予以调整。

当变更超出某一范围时，该条实际上是对合同中因不平衡报价而产生的不公平现象的矫正。如果合同中存在不平衡报价，则单价与成本相比会偏高或偏低。当工程变更规模超过合同规定的某个范围时，继续采用原单价会有悖公平性，所以应对单价进行修订或调整。因为合同条件中并未就超出范围后如何调整价格给出具体模式，所以在实际使用中要慎重处理，稍不注意就会产生十分严重的后果，甚至有可能使工程造价失控。

(四)变更工程总价确定原则

按工程变更单价原则确定出来的造价，不一定是变更工程的最终造价。如果在签发交工证书时，发现合同价格的增加或减少总额超过"有效合同价格"的15%（"有效合同价格"是指扣除暂列金额后的合同价格），监理工程师应与发包人和承包人协商后，确定一笔管理费调整额，从合同价格中扣除或增加。调整金额仅限于增加或减少超过有效合同价15%的那一部分款额，如果为正值，管理费向下调；如果为负值，则向上调。中小型项目，如果项目专用条款另有规定，可不考虑此项调整。

工程量调整与变更过多，累计超过15%，意味着工程规模的扩大或缩小，直接费随之调整，但单价中包含的一些间接费（如预制厂、加工场）并未因工程规模增大而扩大，只是增加了利用率，但如果也随着工程量增加而上调，承包人因此而受益；反之，承包人则会因工程量大量削减而吃亏，因而才有这条管理费调整的规定。

任务三　工程索赔费用的确定

学习目标

(1) 明确工程索赔成立的条件和索赔内容；
(2) 掌握工程索赔的程序及时限要求；
(3) 掌握索赔工期和索赔费用的确定方法。

任务描述

公路工程建设周期长、结构复杂，受施工现场条件、施工技术、施工范围及施工进度等因素的影响，工程承包中不可避免地会出现索赔。本任务要求学生明确工程索赔成立的条件和索赔范围，能够正确确定项目的索赔费用和索赔工期，并在规定时限内按照索赔程序处理各项事宜。

相关知识

一、工程索赔基本知识

(一)工程索赔的基本概念

工程索赔是指在合同实施过程中，当事人一方对于并非自己过错，而由合同对方承担责任的情况造成的，且实际发生的损失，根据法律、合同约定及惯例，通过一定的合法程序向对方提出给予补偿要求的过程。广义上的索赔既包括承包人向发包人的索赔，也包括发包人向承包人的索赔(又称为反索赔)。狭义上的索赔仅指承包人向发包人提出的索赔。因为当承包人违约时，业主可以按照合同约定直接从应付工程款中或银行各类担保处得到补偿，同时业主对工程的具体要求已体现在合同条款中，所以索赔概率较低。本任务主要介绍承包人向发包人提出的索赔。

索赔是合同实施过程中，由于一方不履行合同义务或不适当履行义务时，合同另一方提出补偿自身损失的要求，并不意味着对对方过错的惩罚，因此，索赔既是签订合同双方各自应该享有的合法权利，也是发包人与承包人之间在分担工程风险方面责任的再分配；既是发包人、监理人和承包人之间一项正常的、普遍存在的合同管理业务，也是一种以法律和合同为依据，合情合理的行为。

(二)工程索赔的原因

索赔在工程承包中是不可避免的，引起索赔的原因主要有以下几个方面。

1. 发包人违约

发包人违约常常表现为发包人或其委托人未能按合同约定为承包人提供应由其提供的、使承包人得以施工的必要条件，或者未能在规定的时间内付款等。

2. 合同缺陷

合同缺陷常常表现为合同文件规定不严谨甚至出现矛盾、遗漏或者错误,既包括商务条款中的缺陷,也包括技术规范和图纸中的缺陷。监理人有权对此做出解释,但如果承包人执行其解释后引起成本增加或工期延长,则承包人可以对此提出索赔。监理人应给予证明,发包人给予补偿。

3. 施工条件变化

尽管施工前承包人已分析了地质勘查资料,并进行了实地考察,如果发生了无法预料的施工条件变化(包括不利的外界障碍和条件),如无法合理预见的地下水、地质断层等以及洪水、地震等自然灾害,对合同价格和工期产生了较大的影响,承包人可以提出施工索赔。

4. 工程变更

在施工过程中,监理人发现设计、质量标准和施工顺序等问题时,往往会指示承包人加速施工、进行某项工作、更换某些材料、采取某种措施或停工等。相应地,因这种指示(包括错误指示)而造成的成本增加和(或)工期延误,承包人有权进行索赔。

5. 国家政策及法律、法令变更

国家政策及法律、法令变更通常指直接影响到工程造价的某些政策及法律、法令的变更,就国内工程而言,因国务院各有关部门、各级建设行政管理部门或其授权的工程造价管理部门公布的价格调整,如定额、取费标准、税收、上缴的各种费用等,可以调整合同价款。如果未予以调整,承包人可以要求索赔。

6. 其他承包人干扰

通常指其他承包人未能按时、按序进行并完成某项工作而给本承包人的工作带来的干扰,而监理人作为业主委托人有责任组织协调好各个承包人之间的工作。

7. 第三方的原因

通常表现为因与工程有关的第三方的问题而引起的对本工程的不利影响。对于第三方原因造成的索赔,发包人给予补偿之后,应根据其与第三方签订的合同或有关法律规定再向第三方追偿。

(三)工程索赔的分类

1. 按照索赔依据分类

按照索赔依据可分为合同明示索赔和合同默示索赔。

合同明示索赔是指承包人提出的索赔要求在该工程项目的合同文件中有文字依据,承包人可以据此提出索赔要求,并取得经济补偿。

合同默示索赔是指索赔要求虽然在合同条件中没有专门的文字叙述,但是可以根据合同条件的某些条款的含义,推断出承包人有索赔权。这种索赔要求,同样有法律效力。

2. 按照涉及合同当事人分类

按照涉及合同当事人可分为承包人同发包人之间的索赔、承包人同分包商之间的索赔、承包人同供应商之间的索赔、承包人和发包人共同向保险公司索赔以及承包人或发包人在履约过程中与其他方面往来业务中发生的索赔。

3. 按照索赔目的分类

按照索赔目的可分为工期索赔和费用索赔

工期索赔是指由于非承包人责任的原因而导致施工进度延误,要求顺延合同工期的索赔。

费用索赔是指承包人向发包人要求补偿不应该由自身承担的经济损失或额外开支,即向发包人取得合理经济补偿的要求。

4. 按照索赔处理方式

按照索赔处理方式可为分单项索赔和总索赔

单项索赔是指在合同实施过程中针对某一干扰事件提出的,干扰事件发生时,或发生后立即执行。由于索赔处理及时,实际损失易于计算。

总索赔一般在工程竣工前,承包人将施工过程中未解决的单项索赔集中起来,提出总索赔报告,合同双方在工程交付前后进行最终谈判,以一揽子方案解决索赔问题。总索赔处理和解决都比较复杂。

二、工程索赔的原则

1. 索赔必须以合同为依据

监理人应以完全独立的身份,站在客观公正的立场上,以合同为依据审查索赔要求的合理性、索赔价款的正确性。

2. 索赔应及时、合理地处理

承包人的合理索赔要求如果长时间得不到解决,可能会影响其资金周转,从而影响工程进度。索赔事件的累积,也会使索赔问题变得复杂,增加处理难度,因此,应及时、合理地处理索赔事件。

3. 注意资料的积累

日常应积累一切可能涉及索赔论证的资料,技术问题、进度问题和其他重大问题的会议纪要应有参会者签名,以作为正式文档资料。同时,应建立严密的工程日志,建立业务往来文件档案等制度,为索赔提供充分的事实和数据依据。

4. 加强主动监理,减少工程索赔

监理人应对可能引起的索赔有所预测,及时采取补救措施,避免过多索赔事件的发生。

三、工程索赔成立的基本条件

承包人提出的工程索赔成立必须符合以下基本条件:

(1) 工程索赔的客观性,即干扰事件确实存在;干扰事件的影响确实存在;已造成工期拖延和(或)承包人经济损失;有可靠的数据与资料证明。

(2) 工程索赔的合法性,即有明确的合同依据(或法律依据)规定应给予补偿。

(3) 工程索赔的合理性。其合理性包括:

①索赔要求符合合同规定。

②索赔符合实际情况。

③索赔值的计算符合合同规定的计算方法和计算基础;符合公认的会计核算原则;符合工

程惯例;干扰事件的发生、责任和影响与索赔有直接的因果关系,索赔要求符合逻辑。

(4)工程索赔的时效性。承包人必须按合同规定的程序和时间提交索赔意向通知和索赔报告。

四、工程索赔的程序

索赔工作涉及合同双方的众多经济利益,是一项烦琐、细致、耗费精力和时间的工作,双方必须严格按照合同规定办事,遵照规定的索赔程序工作。《标准施工招标文件》(2007年版)通用合同条款23款和《公路工程标准施工招标文件》(2018年版)专用合同条款23款规定如下。

(一)承包人索赔的提出

承包人认为有权得到追加付款和(或)延长工期的,应按以下程序向发包人提出索赔:

(1)承包人应在知道或应当知道索赔事件发生后28天内,向监理人递交索赔意向通知书,并说明发生索赔事件的事由。承包人未在前述28天内发出索赔意向通知书的,丧失要求追加付款和(或)延长工期的权利。

(2)承包人应在发出索赔意向通知书后28天内,向监理人正式递交索赔通知书。索赔通知书应详细说明索赔理由以及要求追加的付款金额和(或)延长的工期,并附必要的记录和证明材料。

(3)索赔事件具有连续影响的,承包人应按合理时间间隔继续递交延续索赔通知,说明连续影响的实际情况和记录,列出累计的追加付款金额和(或)工期延长天数。

(4)在索赔事件影响结束后的28天内,承包人应向监理人递交最终索赔通知书,说明最终要求索赔的追加付款金额和(或)延长的工期,并附加必要的记录和证明材料。

(二)承包人索赔处理程序

(1)监理人收到承包人提交的索赔通知书后,应及时审查索赔通知书的内容、查验承包人的记录和证明材料,必要时监理人可要求承包人提交全部原始记录副本。

(2)监理人应按相关合同条款商定或确定追加的付款和(或)延长的工期,并在收到上述索赔通知书或有关索赔的进一步证明材料后的42天内,将索赔处理结果报发包人批准后答复承包人。如果承包人提出的索赔要求未能遵守23.1款中2~4项的规定,则承包人只限于索赔由监理人按当时记录予以核实的那部分款项和(或)工期延长天数。

(3)承包人接受索赔处理结果的,发包人应在作出索赔处理结果答复后28天内完成赔付。承包人不接受索赔处理结果的,转入争议的解决程序。

(三)承包人提出索赔的期限

承包人按合同约定接受了竣工付款证书后,应被认为已无权再提出在合同工程接收证书颁发前所发生的任何索赔。承包人提交的最终结清申请单中,只限于提出工程接收证书颁发后发生的索赔。提出索赔的期限自接受最终结清证书时终止。

(四)发包人的索赔

发生索赔事件后,监理人应及时书面通知承包人,详细说明发包人有权得到的索赔金额和

(或)延长缺陷责任期的细节和依据。发包人提出索赔的期限和要求与上述约定相同,延长缺陷责任期的通知应在缺陷责任期届满前发出。

监理人商定或确定发包人从承包人处得到赔付的金额和(或)缺陷责任期的延长期。承包人应付给发包人的金额可从拟支付给承包人的合同价款中扣除,或由承包人以其他方式支付给发包人。

五、索赔费用的计算

(一)索赔费用的项目构成

工程索赔的费用项目构成与合同报价所包含的内容相似,主要包括人工费、材料费、机械使用费、管理费及其他费用。表6-1列出了几种常见索赔情况的费用构成。

常见索赔情况费用项目构成分析　　　　　　　　　　表6-1

索赔事件	可能的费用损失项目	有 关 说 明
延期后的索赔	人工费增加	包括工资上涨、现场停工、窝工,生产效率降低,劳动力使用不经济的损失
	材料费增加	因延期出现材料价格上涨
	机械使用费增加	因延期引起设备折旧费、保养费、租赁费等增加
	管理费增加	包括现场管理费和总部管理费的增加
	物价上涨	因工期延长期间物价上涨使原工程成本增加
	利息增加	因延期造成银行贷款、其他方式筹资款利息的增加
业主指令工期提前	人工费增加	因抢工导致超合同投入大量劳动力致使工效降低造成损失
	材料费增加	因抢工导致不经济地使用材料或材料运费等增加
	机械使用费增加	增加大量机械,超合同地使用机械、停班多,费用增加
	管理费增加	临时增加人员、临时宿舍费、加班费、差旅费、生活补贴、管理人员等增加
	利息增加	因抢工导致临时增加贷款、增加流动资金,银行利息增加
工程中断	人工费增加	留守人员工资,人员遣返和重新招募费用,对工人的赔偿金
	机械费增加	设备停置费、额外设备进出场费、设备租赁费用等
	租赁设备费	
	利息增加	因工程中断造成银行贷款、其他方式筹资的利息增加
	总部管理费	因工程中断造成公司总部管理费用增加
	其他支出	如因工地重建而产生的部署、调遣费等
工程变更	工程量增加	变更工程的计价按工程变更的有关规定来处理,工程变更引起的工程中断及延期后的费用索赔按前述规定执行
	附加工程	
	工程的性质、质量、类型改变	

(二)索赔费用的计算方法

1.分项法

分项法是指对每个索赔事件所引起损失的费用项目分别分析计算索赔值,再将各费用项目的索赔值汇总,得到总索赔值的一种方法。在工程实践中,绝大多数工程都采用分项法计算。

分项法中的索赔费用主要包括该项工程在施工过程中所发生的额外的人工费、材料费、机械使用费、相应管理费以及应得到的间接费和利润等。

(1)人工费的计算

①停工及窝工的人工费。合同中规定了计算方法的,原则上按合同规定的方法计算;合同中未规定计算方法的,可以参考计日工单价、人工费预算单价、当前的人工工资水平来计算。

②增加的人工费。由于增加了合同以外的工程内容,或由于发包人原因造成工期拖延,致使承包人多用了人工或延长了工作时间,则承包人有权要求补偿人工费损失。其计算方法如下:

$$\text{增加的人工费} = \text{工资单价} \times \text{人工数} \times \text{应赔偿(或延长)天数} \tag{6-1}$$

经累加后,即要求赔偿的人工费。

(2)材料费的计算

材料费用包括实际材料用量超过计划部分的费用(额外材料的费用)和材料价格上涨费用。在材料费索赔计算中,要考虑材料运输费、仓储费、合理损耗的费用。

$$\text{①额外材料费用} = (\text{材料实际用量} - \text{材料计划用量}) \times \text{材料价格} \tag{6-2}$$

增加的材料运杂费、采购及保管费用按实际发生的费用与报价的差值计算。

$$\text{②某种材料价格上涨费用} = (\text{现行价格} - \text{基本价格}) \times \text{材料用量} \tag{6-3}$$

合同通用条款中规定,基本价格是指在递交投标书截止日期前第28天该种材料的价格;现行价格是指在递交投标书截止日期前第28天后的任何日期通行的该种材料的价格;材料用量是指在现行价格有效期内所采购的该种材料的数量。

③材料积压损失费。合同中已支付材料预付款的,原则上不考虑材料积压损失费;合同中未支付材料预付款的,可根据材料费价格及积压材料的费用总额计算其利息;对于使用时间有要求的材料,当材料积压时间太长时,应根据实际情况考虑材料超过使用期限后报废的损失。

(3)施工机械使用费的计算

①机械设备停置费。合同中规定了计算方法的,原则上按合同中规定的计算方法计算;合同中未规定计算方法的,可参考下列公式计算:

$$\text{机械设备停置台班单价} = (\text{折旧费} + \text{大修理费}) \times \alpha\% + \text{机上人员工资} + \text{养路费及车船使用税} \tag{6-4}$$

式中:折旧费、大修理费——机械台班费用定额中每台班的折旧费和大修理费;

$\alpha\%$——机械设备的使用率,查有关规定执行。

机上人员工资按停工、窝工人工费的计算方法确定;养路费及车船使用税可查有关定额或规定;施工单位租赁机械,可在出具租赁合同后,根据租赁价格扣除燃料费后确定其停置费。

②增加机械设备的费用。首先计算机械工作时间的增加量,即原有各种机械比预定计划所增加的工作时间(或台班);新增加各种机械和数量的工作时间(或台班)。其次,将求得以上各种工作时间的增加量乘以合同规定单价或台班单价。最后,将不同种类机械费用累计,就可以计算出机械的索赔金额。

(4)管理费的计算

①可根据实际情况由发包人、监理人、承包人协商确定(主要考虑现场管理费)。

②首先,按辅助资料表之单价分析表中的管理费比例,测算管理费占合同总价的比例,确

定合同总价中的管理费总额；其次,根据项目合同工期测算承包人每天的现场管理费总额；最后,根据增工、停工或窝工时间确定索赔事件发生期间所发生的管理费总额。

(5)延长工期后的费用

①当合同规定由承包人办理工程保险时,工程保险费追加可根据保险单或调查所得的保险费率来确定保险费用。

②承包人临时设施维护费,如已包含在现场管理费中,则不另行计算,否则可根据延长时间由发包人、监理人和承包人协商确定维护费用。

③当合同规定临时租地费由承包人承担时,延长期间的临时租地费可根据租地合同或其他票据参考确定。

④临时工程的维护费可根据临时工程的性质及实际情况由发包人、承包人及监理人协商确定。

(6)延期付款利息

根据项目专用合同条款数据表中规定的延期付款利率和延期付款时间按单利法或复利法进行计算。

(7)赶工费

为抢工期而增加的周转性材料增加费、工效和机械效率降低费、职工的加班费、不经济地使用材料等赶工费,由发包人、承包人和监理人根据赶工的工程性质和当时当地的实际情况协商确定。

(8)利润

一般来说,由于工程范围变更和施工条件变化引起的索赔,承包人是可以列入利润的。由于发包人的原因终止或放弃合同,承包人除有权获得已完工程款外,还应得到原定比例的利润。而对于工程延误的索赔,由于利润通常是包括在每项实施的工程内容的价格之内的,而延误工期并未影响、削减某些项目的实施而导致利润减少,所以,监理人一般很难同意在延误费用索赔中加进利润损失。

索赔利润款额的计算通常是与原报价单中的利润百分率保持一致。

(9)其他费用

其他费用根据实际情况由发包人、承包人及监理人协商确定。

【例6-5】 某项目建设单位与施工单位签订了工程施工承包合同,根据合同及其附件的有关条款,对索赔有如下规定:

(1)因窝工发生的人工费按25元/工日计算,监理方如果提前一周通知施工单位不以窝工计,以补偿费支付(4元/工日);

(2)机械台班费分别为塔吊300元/台班、混凝土搅拌机70元/台班、砂浆搅拌机30元/台班,因窝工而闲置时,只考虑折旧费,按台班费70%计算;

(3)因临时停工一般不补偿管理费和利润。

在施工过程中发生了以下事件:

事件1:6月8日至6月21日,因建设单位提供的模板未到而使1台塔吊、1台混凝土搅拌机和35名支模工停工,但建设单位已于5月30日通知承包方。

事件2:6月10日至6月21日,因建设单位原因导致工地停电停水,使1台砂浆搅拌机和30名工人停工。

事件3:6月20日至6月23日,因砂浆搅拌机故障而使1台砂浆搅拌机和35名工人停工。

问题:施工单位在有效期内提出索赔要求时,监理单位认为合理的索赔金额是多少?

解 (1)窝工机械闲置费。按合同机械限制只计取折旧费,则

塔吊 1 台:300×70%×14=2940(元)

混凝土搅拌机 1 台:70×70%×14=686(元)

砂浆搅拌机 1 台:30×70%×12=252(元)

小计:2940+686+252=3878(元)

(2)窝工人工费。因业主已于 1 周前(5 月 30 日)通知承包人,故只以补偿支付;因砂浆搅拌机故障造成的窝工不予补偿。

事件 1:4×35×14=1960(元)

事件 2:25×30×12=9000(元)

小计:1960+9000=10960(元)

(3)因临时停工一般不补偿管理费和利润,故合理的赔偿金额为:3878+10960=14838(元)

2. 总费用法

总费用法又称总成本法,是指当发生多次索赔事件后,重新计算出该工程的实际总费用,再从实际总费用中减去投标合同价,即索赔金额。其计算公式为

$$索赔金额 = 实际总费用 - 合同价 \tag{6-5}$$

该计算方法的缺点:

(1)实际总费用中可能包括了承包人自身原因(如管理不善等)而增加的费用。

(2)使承包人的低价中标无形中得到补偿。

通常,只有索赔较多难以计算索赔费用时才采用这种方法。

3. 修正的总费用法

修正的总费用法是对总费用法的改进,即在总费用计算的原则上,去掉一些不合理的因素,使其更合理。修正的内容如下:

(1)将计算索赔款的时段局限于受到外界影响的时间,而不是整个施工期。

(2)只计算受影响时段内的某项工程所受的损失,而不是计算该时段内所有施工工作所受的损失。

(3)与该项工作无关的费用不列入总费用中。

(4)对投标报价费用重新进行核算,应用受影响时段内该项工作的实际单价,乘以实际完成的该项工作的工作量,得出调整后的报价费用。

$$修正后索赔金额 = 某项工作调整后的总费用 - 该项工作的合同费用 \tag{6-6}$$

(三)索赔费用的支付

索赔金额经计算确定后,即可作为承包人的应收款项或作为中期支付证书(或最终支付证书)中的一个支付项目支付给承包人。

如果由于各方对索赔的争议较大,索赔处理时间持续较长,通常监理人可以将已经认可的那部分,在中期支付证书中进行暂定支付,这种支付是一项持续索赔的临时付款。监理人必须依据《索赔时间/金额审批表》,首先签发索赔支付证明,并按有关规定将其列入中期支付证书

或最终支付证书内予以支付,且必须按合同有关规定及《索赔时间/金额审批表》所确定的索赔金额支付。

六、工期索赔的计算

工期索赔计算主要有网络图分析和按比例计算两种方法。

1. 网络图分析法

网络图分析法是利用进度计划网络图,分析其关键线路。如果延误工作为关键工作,则延误的时间为索赔的工期;如果延误的工作为非关键工作,当该工作由于延误超过时差限制而成为关键时,可以延误时间与时差的差值为索赔工期;若该工作延误后仍为非关键工作,则不存在工期索赔问题。

网络分析法要求承包人切实使用网络技术进行进度控制,按此分析得出的索赔是科学合理的,容易得到认可。但在总索赔中,由于许多干扰事件影响加在一起,使实际施工过程大大偏离计划,这种干扰后的网络图的绘制和分析极为困难,需要实际工程管理和索赔经验。

2. 比例类推法

在实际工程中,干扰事件常常仅影响某些单项工程、单位工程或分部工程的工期,要分析这些干扰事件对总工期的影响,可采用较简单的比例类推法。比例类推法可分为两种情况。

(1) 按工程量进行比例类推

$$索赔工期 = 原工期 \times \frac{额外或新增加的工程量}{原工程量} \quad (6-7)$$

【例6-6】 某工程基础施工中,出现了不利的地质障碍,发包人指令承包人进行处理,土石方工程量由原来的 2760m³ 增至 3280m³,原定工期为 45 天。试确定计算承包人由此可提出的工期索赔。

解 因为合同规定 10% 范围内工程量增加为承包人应承担的风险,则工期索赔为

$$索赔工期 = 45 \times \frac{3280 - 2760 \times 110\%}{2760} = 4(天)$$

(2) 按造价进行比例类推

如果施工中出现了很多大小不等的工期索赔事由,较难准确地单独计算且有麻烦,经双方协商,可采用造价比较法确定工期补偿天数。

$$索赔工期 = 原合同工期 \times \frac{额外或新增加的工程量价格}{原合同价格} \quad (6-8)$$

【例6-7】 某工程合同总价 1000 万元,总工期 24 个月,现业主指令增加额外 90 万元的工程,则承包人提出工期索赔为多少?

解
$$索赔工期 = 24 \times \frac{90}{1000} = 2.16(月)$$

比例类推法简单方便,易于被接受和理解,但不够科学、合理,有时不符合工程实际情况,不适用于变更施工顺序、加速施工及减少工程量等事件的索赔。

有时干扰事件直接发生在关键线路上或一次性地发生在一个项目上,造成总工期的延误,这时可通过查看施工日志、变更指令等资料,直接将这些资料中记载的延误时间作为工期索赔值。如承包人按照监理工程师的书面变更指令,完成变更所用的实际时间即工期索赔值。

任务四　工程费用结算与支付

（1）掌握工程结算费用组成及支付方式；
（2）掌握工程各项结算费用的计算方法；
（3）掌握工程费用支付程序与要求。

工程费用结算是合同双方依据合同价款的约定所进行的经济活动，它对优质完成工程项目建设具有十分重要的作用。本任务要求学生明确工程费用支付内容，能够正确计算各项支付费用，并按规定的支付程序及要求完成工程费用支付的各项工作。

一、工程费用结算的概念

工程费用结算是发包人与承包人之间依据合同条件中的相关计价约定所进行的货币收支行为。它是发包人、承包人及监理人共同参与的活动，也是组织施工活动、及时掌握施工动态和变化情况的过程。正确、及时地做好工程费用结算各项工作具有十分重要的意义。

（一）工程费用结算的意义

（1）促使合同各方严格遵守合同，保证施工正常进行。
（2）强化监理人的监督作用，确保工程质量。
（3）促进资金周转，提高经济效益。
（4）确定工程费用实际数额。
（5）是发包人与承包人办理财务结账的依据。
（6）是建设单位编制竣工决算报告的基础资料。
（7）是承包人核对工程成本，考核企业盈亏的依据。

（二）工程费用结算的特点

1. 时间性

工程费用结算从结算申请、结算审查签认到费用支付，各个环节都有严格的时间限制。

2. 经济性

发包人与承包人均是独立的经济实体，通过工程费用的合理结算，使双方在共同参与的工程活动中公平地实现各自的经济利益，即资金随工程的进展情况逐步由发包人向承包人转移，而工程活动中的物资（材料）则经过承包人加工形成发包人所需要的结构物。

3. 合法性

工程费用结算不仅要遵守合同条款和国家、地区的有关政策规定,同时用于结算的各类凭证必须按国家有关政策合法提供,并且结算的各项工作程序必须符合合同规定的相关要求。

(三)工程费用结算的方式

工程费用结算的方式有按月结算、竣工后一次结算、分段结算、目标结算及结算双方约定的其他结算方法。其中,按月结算是目前最常用的一种结算方式,它是以分部分项工程为对象,实行旬末或月中预支、月终结算、竣工后清算的一种结算办法,须由监理人每月先对承包人所完成的合格工程进行计量,确认应获得的款项后,再提交发包人审批并付款。

二、工程费用结算的内容

根据合同文件规定,工程项目费用结算内容一般可分为工程量清单内的费用项目和清单以外、合同以内的费用项目两大类,即清单支付和合同支付。

(一)工程量清单内费用项目

工程量清单内费用项目是指工程量清单中有明确立项的支付项目。凡在工程费用预算时能够比较准确计算的工程细目和工作内容都应以物理单位或自然单位来计量;不太明确却可能发生的工程内容则使用计日工和暂列金额来计量支付。

1. 物理单位计量支付项目

工程量清单中的绝大部分工程内容是以物理单位计量支付,费用约占工程总费用的85%。

(1)支付条件

完成了技术规范和设计图纸所规定的工作内容,且质量合格,计量结果准确无误,并且经监理人审核通过后方可支付。

(2)费用支付方法

以每月实际完成工程项目的计量数量与报价单中相应单价相乘的乘积为支付金额。如果项目是分多次完成,则应在计量单上列出设计数量、上期累计完成数量和本期完成数量并附上计算公式和简图。

2. 自然单位计量支付的项目

以自然单位计量支付的项目可分为按项支付和单纯按自然单位计价支付两种。

按项支付的结构物项目,如某一涵洞、通道、房屋等,应先按结构形式和施工顺序将结构物分解成不同的工程部位;再估算各部位的价值并计算在该项结构物总额中所占百分比;等施工中某一部位完成并通过监理人复核确认后,再支付该部位的费用。

单纯按自然单位计价支付项目,在计算时将实际数量和报价单中的单价相乘所得乘积即为支付金额。

3. 暂列金额

(1)暂列金额应由监理人报发包人批准后指令全部或部分地使用,或者根本不予动用。

(2)对于经发包人批准的每一笔暂列金额,监理人有权向承包人发出实施工程或提供材料、工程设备或服务的指令。这些指令应由承包人完成，监理人应根据合同条款约定的变更估价原则和合同条款中计日工的有关规定，对合同价格进行相应调整。

(3) 当监理人提出要求时，承包人应提供有关暂列金额支出的所有报价单、发票、凭证和账单收据，除非该工作是根据已标价工程量清单列明的单价或总额价进行的估价。

4. 计日工

发包人认为有必要时，由监理人通知承包人以计日工方式实施变更的零散工作。其价款按列入已标价工程量清单中的计日工计价子目及其单价进行计算。

采用计日工计价的任何一项变更工作，应从暂列金额中支付，承包人应在该项变更的实施过程中，每天提交工作名称、内容和数量；投入该工作所有人员的姓名、工种、级别和耗用工时、材料类别与数量；投入的施工设备型号、台数和耗用台时等资料报表和有关凭证报送监理人审批。

计日工由承包人汇总后，按合同条款的有关约定列入进度付款申请单，由监理人复核并经发包人同意后列入进度付款。

（二）工程量清单以外、合同以内的费用项目

工程量清单以外、合同以内的费用项目是指工程量清单中虽未注明，但合同条款中有规定的费用项目，包括开工预付款、材料设备预付款、质量保证金、逾期交工违约金、提前交工奖金、逾期付款违约金、工程变更、索赔费用和价格调整等。虽然其在工程费用支付中所占比重不大，但是其灵活性大，比较难以把握和控制，是支付工作中的重点和难点。

1. 预付款

预付款是工程开工前根据合同规定发包人提供给承包人用于购置材料、工程设备、施工设备、修建临时设施以及组织施工队伍进场等的无息款项。预付款包括开工预付款和材料、设备预付款。

(1) 预付款额度和支付办法

①开工预付款的金额在项目专用合同条款数据表中约定。在承包人签订了合同协议书且承包人承诺的主要设备进场后，监理人应在当期进度付款证书中向承包人支付开工预付款。

承包人不得将该预付款用于与本工程无关的支出，监理人有权监督承包人对该项费用的使用，如经查实承包人滥用开工预付款，发包人有权立即向银行索赔履约保证金，并解除合同。

②材料、设备预付款按项目专用合同条款数据表中所列主要材料、设备单据费用（进口的材料、设备为到岸价，国内采购的为出厂价或销售价，地方材料为堆场价）的百分比支付。其预付条件如下：

a. 材料、设备符合规范要求并经监理人认可；

b. 承包人已出具材料、设备费用凭证或支付单据；

c. 材料、设备已在现场交货，且存储良好，监理人认为材料、设备的存储方法符合要求。

监理人应将此项金额作为材料、设备预付款计入下一次的进度付款证书中。在预计交工前3个月，将不再支付材料、设备预付款。

(2) 预付款保函

承包人无须向发包人提交预付款保函。发包人向承包人支付的预付款，应按照合同规定使用，承包人提交的履约保证金对预付款的正常使用承担保证责任。

(3) 预付款的扣回与还清

①开工预付款在进度付款证书的累计金额未达到签约合同价的 30% 之前不予扣回,在达到签约合同价 30% 之后,开始按工程进度以固定比例(每完成签约合同价的 1%,扣回开工预付款的 2%)分期从各月的进度付款证书中扣回,全部金额在进度付款证书的累计金额达到签约合同价的 80% 时扣完。

开工预付款的扣回有时也采用月度平均法,即自承包人获得工程进度款累计总额达到合同总价的 20% 时的当月开始扣,直到规定竣工日期前 3 个月扣清;在此期间内每个月等值地从应得工程进度款内扣回。

②当材料、设备已用于或安装在永久工程之中时,材料、设备预付款应从进度付款证书中扣回,扣回期不超过 3 个月。已经支付材料、设备预付款的材料、设备的所有权应属于发包人。若某月承包人应得工程进度款较少,不足以扣除应扣预付款时,其余额计入下月应扣款额内。

【例 6-8】 某项工程合同总价为 1500 万元,开工预付款在项目专用合同条款数据表中约定的额度为 10%,到第 7 个月时累计支付工程款金额为 400 万元,第 8 个月时累计支付工程款金额为 465 万元,第 9 个月时累计支付工程款金额为 540 万元。试计算每月扣回开工预付款的金额。

解 已知开工预付款总额 = 1500 × 10% = 150(万元)

合同总价的 30% = 1500 × 30% = 450(万元)

第 7 个月时,累计支付工程款金额为 400 万元 < 450 万元(合同总价的 30%),在期中支付中不扣除开工预付款。

第 8 个月时,累计支付工程款金额为 465 万元 > 450 万元(合同总价的 30%),则应从第 8 个月开始,在期中支付中按比例扣除开工预付款。

扣除方法:每完成合同总价的 1% = 15 万元,扣回开工预付款的 2% = 3 万元,则第 8 个月扣回的开工预付款 = (465 - 450)/15 × 3 = 3(万元)。

第 9 个月扣回的开工预付款 = (540 - 465)/15 × 3 = 15(万元)

2. 质量保证金

质量保证金是按合同约定承包人应向发包人缴纳的,作为督促承包人实施未完工程及修补工程缺陷的保证金。交工验收证书签发后 14 天内,承包人应向发包人缴纳质量保证金。

质量保证金可采用银行保函或现金、支票形式,金额应符合项目专用合同条款数据表的规定。当采用银行保函形式提交时,出具保函的银行须具有相应担保能力,且按照发包人批准的格式出具,所需费用由承包人承担。当质量保证金采用现金、支票形式提交时,发包人应在项目专用合同条款数据表中明确是否计付利息以及利息的计算方式。

在项目专用合同条款约定的缺陷责任期满,且质量监督机构已按规定对工程质量检测鉴定合格,承包人向发包人申请到期应返还承包人剩余的质量保证金金额,发包人应在 14 天内会同承包人按照合同约定的内容核实承包人是否完成缺陷责任。如无异议,发包人应当在核实后将剩余保证金返还承包人。

在合同条款约定的缺陷责任期满时,承包人没有完成缺陷责任的,发包人有权扣留与未履行责任剩余工作所需金额相应的质量保证金余额,并有权根据合同条款(缺陷责任期的延长)有关约定要求延长缺陷责任期,直至完成剩余工作为止,但缺陷责任期最长不超过 2 年。

3. 工程变更费用

工程变更费用的支付依据是工程变更令和工程变更清单,支付方式采用列入中期支付证书的形式进行,支付货币与其他支付项目相同,即按承包人投标时所提出的货币种类和比例进行付款。完成的变更工程数量应有监理人签认的变更工程计量证书。工程变更费用内容及计算方法已在本项目任务二中详细叙述。

4. 索赔费用

索赔费用的支付金额应按照监理人签发的索赔审批书来确认或者按照监理人暂时确定的赔偿额来支付。索赔及费用计算详见本项目任务三。

5. 价格调整

由于公路建设周期较长,为体现合同双方公平、合理分担价格意外风险的原则,在合同执行期间,由于劳务、材料或影响工程施工成本的任何其他事项的价格涨落而引起费用增减时,除项目专用合同条款另有约定外,因物价波动引起的价格调整应按照项目专用合同条款数据表的规定,按照以下原则处理。

(1)采用价格指数调整价格差额

因人工、材料和设备等价格波动影响合同价格时,根据投标函附录中的价格指数和权重表约定的数据,按下列公式计算差额并调整合同价格。

$$\Delta P = P_0 \left[A + \left(B_1 \times \frac{F_{t1}}{F_{01}} + B_2 \times \frac{F_{t2}}{F_{02}} + B_3 \times \frac{F_{t3}}{F_{03}} + \cdots + B_n \times \frac{F_{tn}}{F_{0n}} \right) - 1 \right]$$

$$A = 1 - (B_1 + B_2 + B_3 + \cdots + B_n) \tag{6-9}$$

式中:ΔP——需调整的价格差额;

P_0——合同条款中约定的付款证书中承包人应得到的已完成工程量的金额。此项金额应不包括价格调整、不计质量保证金的扣留和支付、预付款的支付和扣回。变更工程及其他金额已按现行价格计价的,也不计在内;

A——定值权重(不调部分的权重);

B_i——各可调因子的变值权重(可调部分的权重)为各可调因子在投标函投标总报价中所占的比例,$i = 1、2、3\cdots n$;

F_{ti}——各可调因子的现行价格指数,$i = 1、2、3\cdots n$;

F_{0i}——各可调因子的基本价格指数,指基准日期(送交投标书截止期前28天的所在年份)的各可调因子的价格指数,$i = 1、2、3\cdots n$。

以上价格调整公式中的各可调因子、定值和变值权重,以及基本价格指数及其来源在投标函附录价格指数和权重表中约定。

各可调因子是指对工程投资、工程成本影响较大且投入数量较多的主要材料。一般品种不宜太多,参与调价的因素取 5~10 种为宜,以便于计算。

价格指数是指某一个时期的数值与该数的基数之比,用来表达某种价格上涨或下降的,一般由代表官方的权威机构发布。

在采用价格调整公式进行调价时,应遵守以下规定:

①价格调整公式中的各可调因子、定值和基本价格指数及其来源,由发包人在投标函附录价格指数和权重表中约定。价格指数应首先采用国家或省(自治区、直辖市)价格部门或统计部门提供的价格指数,缺乏上述价格指数时,可采用上述部门提供的价格代替。

价格调整公式中的变值权重,由发包人根据项目实际情况测算确定范围,并在投标函附录价格指数和权重表中约定范围;承包人投标时在此范围内填写各可调因子权重,合同实施期间将按此权重进行调价。

②计算调整差额时得不到现行价格指数的,可暂用上一次价格指数计算,并在以后的付款中再按实际价格进行调整。

③工程变更导致原定合同中权重不合理时,可由监理人与承包人及发包人协商后进行调整。

④由于承包人原因未在约定的工期内竣工的,对原约定竣工日期后继续施工的工程,在使用价格调整公式时,应采用原约定竣工日期与实际竣工日期两个价格指数中较低的一个作为现行价格指数。

(2)采用造价信息调整价格差额

施工期内,因人工、材料、设备和机械台班价格波动影响合同价格时,人工、机械使用费按照国家或省、自治区、直辖市建设行政管理部门、行业建设管理部门或其授权的工程造价管理机构发布的人工成本信息、机械台班单价或机械使用费系数进行调整;需要进行价格调整的材料,其单价和采购数应由监理人复核,监理人确认需调整的材料单价及数量,作为调整工程合同价格差额的依据。

如果在基准日后,因法律变化导致承包人在合同履行中所需要的工程费用发生除上述"物价波动引起的价格调整"约定以外增减时,监理人应根据法律、国家或省(自治区、直辖市)有关部门的规定,按合同中有关条款的规定商定或确定需调整的合同价款。

6.逾期交工违约金

由于承包人原因造成工期延误,承包人应支付逾期交工违约金。逾期交工违约金的计算方法在项目专用合同条款数据表中约定,时间自预定的交工日期起到交工验收证书中写明的实际交工日期止(扣除已批准的延长工期),按天计算。逾期交工违约金累计金额最高不超过项目专用合同条款数据表中写明的限额。发包人可以从应付或到期应付给承包人的任何款项中或采用其他方法扣除此违约金。

承包人支付逾期交工违约金,不免除承包人完成工程及修补缺陷的义务。

如果在合同工程完工之前,已对合同工程内按时完工的单位工程签发了交工验收证书,则合同工程的逾期交工违约金,应按已签发交工验收证书的单位工程的价值占合同工程价值的比例予以减少,但本规定不应影响逾期交工违约金的规定限额。

7.提前交工奖金

发包人不得随意要求承包人提前交工,承包人也不得随意提出提前交工的建议。如遇特殊情况,确需将工期提前的,发包人和承包人必须采取有效措施,确保工程质量。发包人应承担承包人由此增加的费用,并向承包人支付专用合同条款约定的提前交工奖金。

如果承包人提前交工,发包人支付奖金的计算方法在项目专用合同条款数据表中约定,时间自交工验收证书中写明的实际交工日期起至预定的交工日期止,按天计算;但奖金最高限额不超过项目专用合同条款数据表中写明的限额。

8.逾期付款违约金

发包人不在合同规定的时间内按期支付工程进度款的,按项目专用合同条款数据表中约定的利率应向承包人支付逾期付款违约金。违约金计算基数为发包人的全部未付款额,时间从应付而未付该款额之日算起(不计复利)。

监理人在确认发包人在收到监理人签发的支付证书后,没有在合同规定的时间内向承包人付款,则应签发逾期付款利息的支付证明。

9. 农民工工资保证金

为确保施工过程中农民工工资实时、足额发放到位,承包人应按照项目专用合同条款约定的时间和金额缴存农民工工资保证金。农民工工资保证金可采用银行保函或现金、支票的形式。采用银行保函形式提交时,出具保函的银行须具有相应担保能力,且按照发包人批准的格式出具,所需费用由承包人承担。农民工工资保证金的扣留条件、返还时间按照项目专用合同条款的约定执行。

【例6-9】 某单位承包的一项工程有效合同为5000万元,其利润目标为有效合同价的5%,开工预付款为合同价的10%,预付款的扣回执行《公路工程标准施工招标文件》(2018年版)规定。工程完成合同价的60%时,由于业主违约,合同被迫终止。此时承包人另外完成变更工程150万元,完成暂定项目50万元,为工程合理订购材料库存80万元。由于合同终止,承包人设备撤回基地和遣返所有雇佣人员的费用共60万元(工程清单中未单独列项)。发包人就已完成的各类工程均已按合同规定给予支付。该项目实际工程量与清单工程量一致,且无调价。

在合同终止时,试分析:

(1)发包人扣回多少开工预付款?

(2)发包人实际已支付各类工程款共计多少?

(3)发包人还需支付各类补偿款多少?

(4)发包人总共应支付给承包人多少工程款?

解 (1)发包人扣回开工预付款

开工预付款按《公路工程标准施工招标文件》(2018年版)规定扣回,即在进度付款证书累计金额达到签约合同价的30%后开始扣回,全部金额达到签约合同价的80%时扣完。

已知开工预付款总额 = 5000 × 10% = 500(万元)

合同总价的 30% = 5000 × 30% = 1500(万元)

合同总价的 80% = 5000 × 80% = 4000(万元)

累计支付工程款金额 = 已完成工程价款 + 工程变更款 + 暂定项目金额

$$= 5000 \times 60\% + 150 + 50 = 3200(万元) > 1500 万元(合同总价的 30\%),则$$

扣回的开工预付款 = (3200 − 1500)/(4000 − 1500) = 340(万元)

未扣回开工预付款 = 500 − 340 = 160(万元)

(2)发包人实际已支付各类工程款

实际已支付工程款 = 已完成工程价款 + 工程变更款 + 暂定项目金额 + 未扣回开工预付款

$$= 5000 \times 60\% + 150 + 50 + 160 = 3360(万元)$$

(3)发包人还需支付各类补偿款

还需支付各类补偿款 = 订购材料库存费 + 设备撤回和人员遣返费用一部分 + 利润补偿费

设备撤回和人员遣返费用 = $\dfrac{(5000 - 5000 \times 60\%)}{5000} \times 60 = 24(万元)$

利润补偿费 = (5000 − 5000 × 60%) × 5% = 100(万元)

还需支付各类补偿款 = 80 + 24 + 100 = 204(万元)

(4）发包人总共应支付给承包人的工程款

总共应支付的工程款 = 实际已支付各类工程款 + 还需支付各类补偿款 − 未扣回开工预付款
$$= 3360 + 204 - 160 = 3404（万元）$$

三、工程费用支付的原则

1. 支付必须公平合理

工程费用支付时，监理人必须组织与协调好发包人与承包人之间的收支行为，使双方发生的每一项工程费用都符合合同规定，做到公平、合理。监理人应客观、准确地评价承包人的施工活动，认真计算各项工程费用，并及时签发付款证书，使承包人及时得到补偿；同时也要保证发包人获得质量合格的工程实体。

2. 支付必须以工程计量为基础

工程量清单中的工程量仅是估算工程量，不能作为承包人应予完成的工程的实际和确切工程量。工程计量是按照合同文件及技术规范中所规定的方法对承包人符合要求的已完工程的实际数量所进行的测量、计算、核查和确认的过程。工程计量是费用支付的基础，没有准确的计量就不可能有准确的支付，并且工程计量必须以工程质量合格为前提。

3. 支付必须以技术规范和报价单为依据

技术规范中对各个工程细目的工作内容、工作要求、计量方法及支付要求都作有具体规定。工程量清单中各个工程细目投标报价是费用支付时的单价依据。因此，计算工程支付费用时必须结合技术规范和已标价工程量清单内容，才能正确计算工程费用。

4. 支付必须以日常记录和合同条款为依据

工程费用支付除工程量清单中列明的项目外，还有许多工程量清单以外、合同以内的费用项目，招投标时常无法预计或准确估计，如一些变更、索赔等工程项目，因此，工程计量与审核时必须以日常详细的记录资料和合同条件为依据。

5. 支付必须及时

工程费用必须按照合同条款中的相关约定及时进行支付，通过建设资金的周转，既可以使承包人有足够建设资金以保证工程项目的顺利实施，又可以使发包人及时掌握施工动态和工程变化情况。

6. 支付必须遵循严格的程序

为了保证工程费用支付的合理性和及时性，合同文件中对各项费用的支付条件、支付方法以及申报、计算、复核、审批、支付等都规定了具体程序和严格的时间限制，因此，工程费用支付必须遵循规定的程序。

四、工程费用支付程序

工程费用支付是监理人对承包人应获得的工程进度款项予以确认，并由发包人给予支付的过程。工程费用支付按支付时间可分为预先支付、中期支付、交工结算和最终结清四类。

（一）预先支付

预先支付是指施工合同签订后，发包人按照合同约定预先支付给承包人一笔无息工程款，用于承包人施工前准备和购置材料、工程设备、施工设备、修建临时设施以及组织施工队伍进场等。预付款包括开工预付款和材料、设备预付款。预付款的支付条件、担保与扣回在项目专用合同条款中均有规定,具体见前述内容。

承包人在签订合同协议书和提交履约保证金(或履约保函)后向发包人提交预付款支付申请,发包人应在收到支付申请的7天内进行核实后向承包人发出预付款支付证书,并在签发支付证书后的7天内向承包人支付预付款。

(二)中期支付

中期支付又称为月进度支付,是监理人按月对承包人已完成的工作进行计量,根据合同规定从承包人当月应获得的工程进度款项中扣减相关款项后,由发包人支付给承包人费用的过程。其支付程序如下。

1. 中期支付申请

承包人应在每个付款周期末,按监理人批准的格式和专用合同条款约定的份数,向监理人提交由其项目经理签署的进度付款申请单,并附相应的支持性证明文件。除项目专用合同条款另有约定外,进度付款申请单内容包括以下方面:

(1)截至本次付款周期末已实施工程的价款。
(2)工程量清单中列有的任何其他项目,如临时工程、计日工费等。
(3)根据合同约定应增加和扣减的变更金额和索赔金额。
(4)根据合同约定应支付的预付款和扣减的返还预付款。
(5)根据合同应增加和扣减的其他金额,如因物价浮动和法规变更而引起的价格调整等。

中期支付项目及计算程序见表6-2。

费用支付项目及计算程序　　　　　表6-2

序号	项目	计算方法
1	工程量清单各章项目	截至本月完成累计金额
2	工程变更	算逐月累计额
3	计日工	同上
4	工程索赔	同上
5	截至本月已完成的工程总金额	1+2+3+4=5
6	开工预付款支付	加已拨付数额
7	扣回开工预付款	①已扣还数额;②剩余数额
8	材料、设备预付款支付	算逐月累计额
9	扣回材料、设备预付款	①已扣还数额;②剩余数额
10	本期支付总值	5+7②+9②=10
11	减:逾期违约罚金	合同规定百分比×合同价×逾期天数
12	截至本期总支付	10-11=12
13	减:上期支付证书第12项	
14	本期净支付总额	12-13=14

续上表

序　号	项　　目	计　算　方　法
	其中：　　％人民币　　％外汇	汇率：按合同汇率
15	加：延期付款利息	按合同规定办法计算本期发生额
	加：本期价格调整	应分人民币和外汇部分
	本期实际支付款额	人民币：　　　　外汇：

2. 中期支付申请的核查与签认

监理人在收到承包人进度付款申请单以及相应的支持性证明文件后的 14 天内完成核查，提出发包人到期应支付给承包人的金额及相应的支持性资料，经发包人审查同意后，由监理人向承包人出具经发包人签认的进度付款证书。

核查工作主要包括：

(1) 申请的格式和内容应满足合同要求。

(2) 各项资料、证明文件手续齐全。

(3) 所有款项计算与汇总正确。

核查中若发现所列出的数量不正确或者任何一个工程项目的质量不符合要求等，监理人有权扣发包人未能按照合同要求履行任何工作或义务的相应金额。

如果该付款周期应结算的价款经扣留和扣回后的款额少于项目专用合同条款数据表中列明的进度付款证书的最低金额，则该付款周期监理人可不核证支付，上述款额将按付款周期结转，直至累计应支付的款额达到项目专用合同条款数据表中列明的进度付款证书的最低金额为止。

3. 发包人的支付

发包人应在监理人收到进度付款申请单且承包人提交了合格的增值税专用发票后 28 天内，将进度应付款支付给承包人。

发包人不按期支付的，按项目专用合同条款数据表中约定的利率向承包人支付逾期付款违约金。违约金计算基数为发包人的全部未付款额，时间从应付而未付款额之日算起（不计复利）。

进度付款涉及政府投资资金的，按照国库集中支付等国家相关规定和专用合同条款的约定办理。

4. 工程进度付款的修正

在对以往历次已签发的进度付款证书进行汇总和复核中发现错、漏或重复的，监理人有权予以修正，承包人也有权提出修正申请，经双方复核同意的修正，应在本次进度付款中支付或扣除。

【例 6-10】 某工程项目，发包人与承包人签订了工程施工承包合同，合同中估算工程量为 5300 m^3，单价为 180 元/m^3。合同工期为 6 个月，有关支付条款约定如下：

(1) 开工前，发包人应向承包人支付估算合同价 20% 的预付款。

(2) 当累计实际完成工程量超过（或低于）估算工程量的 10% 时，价格应予调整，调价系数为 0.9（或 1.1）。

(3) 每月签发付款证书最低金额为 15 万元。

(4)预付款从施工单位获得累计工程款超过估算合同价的30%以后的下一个月起至第5个月均匀扣除。

(5)第4个月承包人完成价值3万元的变更工程,并获得索赔费用2万元。

承包人每月实际完成并经签证确认的工程量见表6-3。

每月实际完成并经签证确认的工程量(m^3) 表6-3

月份	单位	1	2	3	4	5	6
完成工程量	m^3	800	1000	1200	1200	1200	500
累计完成工程量	m^3	800	1800	3000	4200	5400	5900

问题:(1)估算合同总价是多少?

(2)预付工程款是多少?预付工程款从哪个月起扣留?每月扣预付工程款是多少?

(3)每月工程价款是多少?应签证的工程款是多少?实际应签发的付款凭证金额是多少?

解 (1)估算合同总价为95.4万元,即 $5300 \times 180 = 95.4$(万元);

(2)预付工程款为19.08万元,即 $95.4 \times 20\% = 19.08$(万元)。

因为第一、二期累计工程款:$1800 \times 180 = 32.4$(万元) $> 95.4 \times 30\% = 28.62$(万元),根据合同规定,累计工程款超过估算合同价的30%以后的下一个月起至第5个月均匀扣除,可知预付工程款从第3个月开始扣留。

每月应扣预付工程款:$19.08 \div 3 = 6.36$(万元)

(3)各月签发付款凭证金额

①第1个月工程款:$800 \times 180 = 14.4$(万元)

本月应签证的工程款:14.4(万元) < 15(万元)(本月不予付款)

②第2个月工程款:$1000 \times 180 = 18$(万元)

本月应签发的工程款:$18 + 14.4 = 32.4$(万元)

③第3个月工程款:$1200 \times 180 = 21.6$(万元)

本月应扣预付款:6.36(万元)

本月应签证的工程款:$21.6 - 6.36 = 15.24$(万元) > 15万元

④第4个月工程款:$1200 \times 180 = 21.6$(万元)

本月应扣预付款:6.36(万元)

本月应签证的工程款:$21.6 + 3 + 2 - 6.36 = 20.24$(万元)

⑤第5个月累计完成 $5400m^3$,比原估算的工程量多 $100m^3$,但未超过估算的10%,仍按原价估算工程价款:$1200 \times 180 = 21.6$(万元)

本月应扣预付款:6.36(万元)

本月应签证的工程款:$21.6 - 6.36 = 15.24$(万元)

⑥第6个月累计完成 $5900m^3$,比原估算的工程量多 $600m^3$,已超过估算的10%,对超过部分应调整单价。应调整单价的工程量:

$5900 - 5300(1 + 10\%) = 70(m^3)$

本月完成的工程价款:$(500 - 70) \times 180 + 70 \times 180 \times 0.9 = 8.874$(万元)

本月应签证的工程款:8.874万元

(三)交工结算

交工结算是指在签发交工证书后规定时间内进行的支付。

1. 交工付款申请单

承包人应在交工验收证书签发后 42 天内,按项目专用合同条款数据表中约定的份数向监理人提交交工付款申请单(包括相关证明材料)。除专用合同条款另有约定外,交工付款申请单应包括交工结算合同总价、发包人已支付承包人的工程价款和应支付的交工付款金额。

监理人对交工付款申请单有异议的,有权要求承包人进行修正和提供补充资料。经监理人和承包人协商后,由承包人向监理人提交修正后的交工付款申请单。

2. 交工付款证书及支付时间

(1)监理人在收到承包人提交的交工付款申请单后的 14 天内完成核查,提出发包人到期应支付给承包人的价款送发包人审核,并抄送承包人。发包人应在收到后 14 天内审核完毕,由监理人向承包人出具经发包人签认的交工付款证书。监理人未在约定时间内核查,又未提出具体意见的,视为承包人提交的交工付款申请单已经监理人核查同意;发包人未在约定时间内审核又未提出具体意见的,监理人提出发包人到期应支付给承包人的价款视为已经发包人同意。

(2)发包人应在监理人出具交工付款证书且承包人提交了合格的增值税专用发票后的 14 天内,将应支付款支付给承包人。发包人不按期支付的,按合同条款的约定,将逾期付款违约金支付给承包人。

(3)承包人对发包人签认的交工付款证书有异议的,发包人可出具交工付款申请单中承包人已同意部分的临时付款证书。存在争议的部分,按合同条款中争议的解决有关约定办理。

(4)竣工付款涉及政府投资资金的,按照国库集中支付等国家相关规定和专用合同条款的约定办理。

(四)最终结清

最终结清是指工程缺陷责任期满,在签发《缺陷责任终止证书》后规定时间内办理的最后一笔费用。

1. 最终结清申请单

承包人应在《缺陷责任期终止证书》签发后的 28 天内,按项目专用合同条款数据表中约定的份数向监理人提交最终结清申请单(包括相关证明材料)。最终结清申请单中要详细说明根据合同完成的全部工程价值和承包人依据合同认为还应支付给其的所有款项。最终结清申请单中的总金额应认为是代表了根据合同规定应付给承包人全部款项的最后结算。

发包人对最终结清申请单内容有异议的,有权要求承包人进行修正和提供补充资料,由承包人向监理人提交修正后的最终结清申请单。

2. 最终结清证书和支付时间

(1)监理人收到承包人提交的最终结清申请单后的 14 天内,提出发包人应支付给承包人的价款送发包人审核,并抄送承包人。发包人应在收到后 14 天内审核完毕,由监理人向承包人出具经发包人签认的最终结清证书。监理人既未在约定时间内核查,又未提出具体意见的,视为承包人提交的最终结清申请已经监理人核查同意；发包人既未在约定时间内审核又未提出具体意见的，监理人提出应支付给承包人的价款视为已经发包人同意。

（2）发包人应在监理人出具最终结清证书且承包人提交了合格的增值税专用发票后的 14 天内，将应支付款支付给承包人。发包人不按期支付的，按合同条款有关的约定，将逾期付款违约金支付给承包人。

（3）承包人对发包人签认的最终结算证书有异议的，按合同条款中争议的解决有关约定办理。

（4）竣工付款涉及政府投资资金的，按照国库集中支付等国家相关规定和专用合同条款的约定办理。

五、工程决算简述

公路建设项目工程决算是指项目实际完成的工程量、采用的单价和各项费用支出，以及与批准的概（预）算对比情况。工程决算全面地反映了公路建设项目从筹建到交付使用全过程各项资金的使用情况和设计概算执行的结果，是公路建设成果和财务情况的总结性文件。

工程决算文件由项目法人在交工验收后负责组织编制，竣工验收前编制完成。工程决算是建设项目竣工验收工作的重要组成部分。未编制工程决算的建设项目，不得组织竣工验收。

工程决算总费用由建设安装工程费、设备、工具及器具购置费、工程建设其他费用三部分构成。对于概（预）算编制办法规定的项目及批准的概（预）算文件中未列明且不能列入第一、二部分的费用列入第三部分。工程决算通过各种工程决算表进行计算。工程决算表格式样及填表说明可详见《公路建设项目工程决算编制办法》（交公路发〔2004〕507 号）。工程决算文件包括了工程决算编制说明和工程决算表。工程决算编制说明应包括以下内容：

（1）工程决算概况。
（2）工程概（预）算执行情况说明，其中应说明招标方式、结果及重大设计变更情况。
（3）设备、工具、家具购置情况的说明。
（4）工程建设其他费用使用情况的说明（包括征地拆迁费、建设单位管理费、监理费等）。
（5）预留费用使用情况的说明。
（6）工程决算编制中有关问题处理的说明。
（7）造价控制的经验与教训总结。
（8）工程遗留问题。
（9）其他需要说明的事项。

工程决算表格包括：
（1）建设项目概况表（01 表）。
（2）投资控制情况比较表（02 表）。
（3）工程数据情况比较表（03 表）。
（4）概（预）算分析表（04 表）。
（5）标底及合同费用分析表（05 表）。
（6）项目总决算（分析）表（06 表）。
（7）建安工程决算汇总表（07 表）。
（8）设备、工具及器具购置费用支出汇总表（08 表）。
（9）工程建设其他费用支出汇总表（09 表）。

工程决算数据软盘包括工程决算文件和基础数据表。基础数据表包括以下内容:
(1)合同段工程决算表。
(2)工程合同登记表。
(3)变更设计登记表。
(4)变更引起调整金额登记表。
(5)工程项目调价登记表。
(6)工程项目索赔登记表。
(7)计日工支出金额登记表。
(8)收尾工程登记表。
(9)报废工程登记表。
(10)工程支付情况登记表。

建设项目法人应加强建设项目投资管理工作,配备具有相应资质的公路工程造价人员,做好工程决算资料的收集、整理和分析工作,工程决算文件的编制应真实、准确和完整。工程决算文件应简明扼要、字迹清晰、数据真实、计算正确、符合规定。

能力训练

一、思考题

1. 什么是建筑施工合同?按工程计价方式它可分为哪些类型?对于公开招标,工期较长的大规模工程适合采用哪种合同形式?
2. 施工合同文件应包含哪些内容?当合同文件中出现前后不一致时,如何处理?
3. 施工合同条款如何分类?各类条款间有何联系?
4. 什么是工程变更?工程变更的范围包括哪些?
5. 工程变更产生的原因有哪些?
6. 简述工程变更估价的原则。
7. 工程变更单价如何确定?
8. 什么是工程索赔?工程索赔的类型有哪些?
9. 工程索赔成立的基本条件是什么?
10. 简述工程索赔产生的主要原因。
11. 简述工程索赔的程序及时效性要求。
12. 费用索赔的计算方法有哪些?试分析工期延误后的索赔费用组成。
13. 工期索赔的计算方法有哪些?
14. 什么是工程费用结算?工程费用结算有哪些特点?
15. 工程项目费用结算包含哪些内容?工程量清单内的项目如何计费?
16. 开工预付款的扣除有哪些要求?
17. 工程费用支付的原则有哪些?
18. 工程费用按支付时间可分为哪几类?简述期中支付费用计算程序。
19. 简述工程决算与工程结算的区别。

二、综合练习题

背景材料1:某工程项目建设单位通过公开招标与施工单位签订了施工承包合同,试根据

《公路工程标准施工招标文件》(2018年版)第四章中合同条款相关规定,分析合同中下列条款是否妥当,如有不妥,该如何修正?

(1)施工承包合同的解释顺序为合同协议书、投标函及投标函附录、中标通知书、通用合同条款、技术规范、工程量清单、图纸。

(2)监理人对承包人的试验和检验结果有疑问的,可要求重新试验和检验,试验和检验费用均由承包人承担。

(3)工程接收证书颁发后,施工单位应对施工现场进行清理,竣工清场的费用由施工单位承担。

(4)监理人应在工程项目正式施工之前按项目专用合同条款约定金额扣除承包人的质量保证金。

(5)承包人在施工过程中可以根据施工或工作需要任意更换主要管理人员和技术骨干。

背景材料2: 某二级公路工程,里程桩号为K0+000~K9+000,长9km,施工单位投标时编制出的预算总价为25673362元,为了中标,在调价函中将总价下浮10%(所有项目预算单价平均下浮10%),中标的合同造价为23106026元,中标的工程量清单(部分内容省略)见表6-4。

工程量清单表(部分) 表6-4

子目号	子目名称	单位	数量	单价	合价
100	第100章 总则	元			3296102
200	第200章 路基	元			9546611
	...				
203-1	路基挖方				
-a	挖土方	m³	146714	7.71	1131165
-b	挖石方	m³	174205	24.44	4257570
-d	挖淤泥	m³	4593.1	23.68	108765
204-1	路基填筑				
-a	换填土	m³	4593.1	13.52	62099
-b	利用土方	m³	69628	3.82	265979
-c	利用石方	m³	99300	6.07	602751
	...				
207-3	M7.5浆砌片石截水沟				
-a	500mm×500mm	m	1429.32	131.50	187956
208-5	护面墙				
-a	M7.5浆砌片石	m³	1089.2	116.71	127121
216-1	护肩、护脚				
-a	M7.5浆砌片石	m³	1690.7	111.00	187668
300	第300章 路面	元			5621296
304-4	5%水泥稳定碎石基层				
-a	厚180mm	m²	76220	22.3	1699706

续上表

子目号	子目名称	单位	数量	单价	合价
	...				
400	第400章 桥梁、涵洞	元			2351249
401-419	中桥	m	56	16256.64	910372
420-1	钢筋混凝土盖板涵(…m×…m)				
-j	1.6×2	m	75	2431.14	182336
-k	1.6×2.5	m	126	2774.34	349567
421-1	拱涵(…m×…m)				
-b	3×3	m	62.4	6486.88	404781
-c	3×3.5	m	46	5800.17	266808
-d	4×3	m	20.45	8723.55	178397
600	第600章 安全设施及预埋管线	元			145827
700	第700章 绿化及环境保护设施	元			21611
	暂定金额	元			3013829
	总计	元			23106026

在工程施工过程中,发生了以下工程变更事件:

(1)挖方土石成分及总量发生变化,挖土方数量减少35000m³,而挖石方数量增加38000m³。

(2)K1+200~K1+350段软基减少换填土1060m³,增加抛填石1560m³(抛填石预算单价为78元/m³)。

(3)全段共增加500mm×500mm M7.5浆砌片石截水沟230m,M7.5浆砌片石护脚555m³,M7.5浆砌片石护面墙235m³。

(4)厚180mm 5%水泥稳定碎石基层变更为厚200mm。

(5)取消K5+790处1.6m×2.5m钢筋混凝土盖板涵,长为13m。

(6)全线增设单孔φ1.0m钢筋混凝土圆管涵35.8m/3道(圆管涵预算单价为620元/m)。

(7)K6+300处3m×3m拱涵增大为4m×3m,长度不变,仍为11.5m。

合同双方在《项目专用合同条款》第15款中有如下约定:"如果合同的工程量清单中某一个支付细目所列金额或合价超过签约时合同价格的2%,而且该支付细目变更后的工程实际数量超过或少于工程量清单中所列数量的25%,则该支付细目的单价或总价额予以调整。"

问题:请根据《公路专用合同条款》,确定以上变更工程的单价及相应变更金额。

背景材料3:某路桥公司(乙方)于某年7月15日与业主(甲方)签订了修建某路口匝道的施工合同。乙方编制的施工方案和进度计划已经获得监理工程师批准。该工程的基坑开挖土方量为5000m³,综合费率为20%。该基坑施工方案规定:土方工程采用租赁一台斗容量为1.50的反铲挖掘机施工(租赁费500元/台班)。甲、乙双方合同约定8月1日开工,8月10日完工。在实际施工中发生了以下事件:

事件1:因租赁的挖掘机大修,晚开工2天,造成人员窝工10个工日。

事件2:施工过程中,因遇到软土层,接到监理工程师8月5日停工的指令,进行地质复查,配合用工15个工日。

事件3:8月9日接到监理工程师于8月10日复工指令,同时提出基坑开挖深度加深2m的设计变更通知单,由此增加土方开挖量1000m³。土方单价为4.20元/m³。

事件4:8月10日至8月12日,因大雨迫使基坑开挖暂停,造成人员窝工10个工日。

事件5:8月13日用30个工日修复冲坏的永久性道路;8月14日恢复挖掘工作,最终基坑于8月20日开挖完毕。

问题:(1)路桥公司可以就上述哪些事件向业主要求索赔?哪些事件不可以要求索赔?请说明原因。

(2)每项事件工期索赔是多少天?总计工期索赔多少天?

(3)假设人工费单价为23元/工日,因增加用工所需的管理费为增加人工费的30%,则合理的费用索赔总额是多少?

(4)乙方应向甲方提供的索赔文件有哪些?

背景材料4: 某公路工程项目业主与承包人签订了工程施工合同,合同中含有两个子项目工程,甲项目估算工程量为2300m³,乙项目为3200m³。子项目工程实际工程量见表6-5。经协商甲项目合同单价为180元/m³,乙项目为160元/m³。合同执行过程的第3月产生价值4万元变更工程;第4个月承包人成功索赔金额2万元。承包合同规定如下:

(1)开工前业主应向承包人支付合同价20%的预付款。预付款在最后两个月扣除,每月扣50%。

(2)当子项目工程实际累计工程量超过估算工程量的10%时,可进行调价,调价系数为0.9。

(3)根据市场情况规定价格调整系数平均按1.2计算。

(4)工程师签发月度付款最低金额为25万元。

子项目工程实际工程量(m³)　　　　　　表6-5

工程量＼月份	1	2	3	4
甲项	500	800	800	600
乙项	700	900	800	600

问题:(1)预付工程款是多少?

(2)每月的工程量价款是多少?监理工程师应签发的工程款是多少?实际签发的付款凭证金额是多少?

背景材料5: 某公路工程业主与承包人签订了工程施工合同,合同工期4个月,按月结算,合同中结算工程量为20000m³,合同价为100元/m³。承包合同规定:

(1)开工前,业主应向承包人支付合同价20%的预付款,预付款在合同期的最后两个月分别按40%和60%扣回。

(2)当实际累计工程量超过计划累计工程量的15%时,应对单价进行调价,调整系数为0.9。

(3)根据市场情况,调价系数见表6-6。

工 程 调 价 系 数　　　　　表6-6

月份	1	2	3	4
调价(%)	100	110	120	120

(4)监理人签发的月度付款最低金额为50万元。

(5)各月计划工程量与实际工程(表6-7)承包人每月实际完成工程已经监理工程师签证确认。

各月计划工程量与实际工程表(m^3)　　　　　表6-7

月份	1	2	3	4
计划工程量	4000	5000	6000	5000
实际工程量	3000	5000	8000	8000

问题:(1)该工程预付款和保留金各是多少?

(2)监理人每月应签发的工程款是多少?实际签发的付款凭证金额是多少?

附录一 概预算总项目表

分项编号	工程或费用名称	单位	主要工作内容	备注
1	第一部分 建筑安装工程费	公路公里		建设项目路线总长度(主线长度)
101	临时工程	公路公里		
10101	临时道路	km		新建施工便道与利用原有道路的总长
1010101	临时便道(修建、拆除与维护)	km		新建施工便道长度
1010102	原有道路的维护与恢复	km		利用原有道路长度
1010103	保通便道	km		
101010301	保通便道(修建、拆除与维护)	km		修建、拆除与维护
101010302	保通临时安全设施	km		临时安全设施修建、拆除与维护
10102	临时便桥、便涵	m/座		
1010201	临时便桥	m/座	修建、拆除与维护	临时施工汽车便桥
1010202	临时涵洞	m/座		
10103	临时码头	座		按不同的形式分级
10104	临时供电设施	总额		包括临时电力线路、变压器摊销等,不包括场外高压供电线路
10105	临时电信设施	总额		不包括广播线
	……			
102	路基工程	km		扣除主线桥梁、隧道和互通立交的主线长度,独立桥梁或隧道为引道或接线长度。下挂路基工程项目分表
	……			
103	路面工程	km		扣除主线桥梁、隧道和互通立交的主线长度,独立桥梁或隧道为引道或接线长度,下挂路面工程项目分表
	……			
104	桥梁涵洞工程	km		指桥梁长度
10401	涵洞工程	m/道		下挂涵洞工程项目分表
	……			
10402	小桥工程	m/座		
1040201	拱桥	m^2/m		下挂桥梁工程项目分表
1040202	矩形板桥	m^2/m		下挂桥梁工程项目分表
1040203	空心板桥	m^2/m		下挂桥梁工程项目分表
1040204	小箱梁桥	m^2/m		下挂桥梁工程项目分表
1040205	T梁桥	m^2/m		下挂桥梁工程项目分表
	……			
10403	中桥工程	m/座		

续上表

分项编号	工程或费用名称	单位	主要工作内容	备注
1040301	拱桥	m²/m		下挂桥梁工程项目分表,不分基础、上(下)部
1040302	预制矩形板桥	m²/m		下挂桥梁工程项目分表,不分基础、上(下)部
1040303	预制空心板桥	m²/m		下挂桥梁工程项目分表,不分基础、上(下)部
1040304	预制小箱梁桥	m²/m		
1040305	预制T梁桥	m²/m		
1040306	现浇箱梁桥	m²/m		
	……			
10404	大桥工程	m/座		
1040401	×××桥(桥型、跨径)	m²/m		下挂桥梁工程项目分表
	……			
10405	特大桥工程	m/座		
1040501	××特大桥工程	m²/m		按桥名分级;技术复杂大桥先按主桥和引桥分级再按工程部位分级
104050101	引桥工程(桥型、跨径)	m²/m	不含桥面铺装及附属工程内容	标注跨径、桥型,下挂桥梁工程项目分表
104050102	主桥工程(桥型、跨径)	m²/m	不含桥面铺装及附属工程内容	标注跨径、桥型,下挂桥梁工程项目分表
104050103	桥面铺装	m³		下挂桥梁工程项目分表相应部分
104050104	附属工程	m		下挂桥梁工程项目分表相应部分
10406	桥梁维修加固工程	m²/m		下挂桥梁工程项目分表相应部分
	……			
105	隧道工程	km/座		按隧道名称分级,并注明其形式
10501	连拱隧道	km/座		
1050101	××隧道	m		下挂隧道工程项目分表
	……			
10502	小净距隧道	km/座		
1050201	××隧道	m		下挂隧道工程项目分表
	……			
10503	分离式隧道	km/座		
1050301	××隧道	m		下挂隧道工程项目分表
	……			
10504	下沉式隧道	km/座		
1050401	××隧道	m		下挂隧道工程项目分表

续上表

分项编号	工程或费用名称	单位	主要工作内容	备 注
	……			
10505	沉管隧道	km/座		
1050501	××隧道	m		下挂隧道工程项目分表
	……			
10506	盾构隧道	km/座		
1050601	××隧道	m		下挂隧道工程项目分表
	……			
10507	其他形式隧道	km/座		
1050701	××隧道	m		下挂隧道工程项目分表
	……			
106	交叉工程	处		按不同的交叉形式分目
10601	平面交叉	处		按不同的类型分级
1060101	公路与等级公路平面交叉	处		下挂路基和路面等工程项目分表
1060102	公路与等外公路平面交叉	处		下挂路基和路面等工程项目分表
	……			
10602	通道	m/处		按结构类型分级
1060201	箱式通道	m/处		
1060202	板式通道	m/处		
1060203	拱形通道	m/处		
	……			
10603	天桥	m/座		按不同的结构类型分级,若有连接线,下挂路基和路面等工程项目分表
1060301	钢结构桥	m/处		
1060302	钢筋混凝土拱桥	m/处		
1060303	钢筋混凝土梁桥	m/处		
1060304	钢筋混凝土板桥	m/处		
	……			
10604	渡槽	m/处		按不同的结构类型分级
10605	分离式立体交叉	km/处		主线下穿时,上跨主线的才计入分离立交,按交叉名称分级
1060501	××分离式立体交叉	处		
106050101	××分离立交桥梁	m		下挂桥梁模块
106050102	××分离立交连接线	km		下挂路基、路面、涵洞工程项目分表
	……			
10606	互通式立体交叉	km/处		按互通名称分级
1060601	××互通式立体交叉	km		注明类型,如单喇叭,再按主线和匝道分级

续上表

分项编号	工程或费用名称	单位	主要工作内容	备注
106060101	主线工程	km		下挂路基、路面、涵洞、桥梁等工程项目分表
106060102	匝道工程	km		下挂路基、路面、涵洞、桥梁等工程项目分表
	……			
107	交通工程及沿线设施	公路公里		
10701	交通安全设施	公路公里		下挂交通安全设施工程项目分表
	……			
10702	收费系统	车道/处		收费车道数/收费站数
1070201	收费中心设备安装与土建	收费车道		按不同的设备分级
1070202	收费中心设备费	收费车道		按不同的设备分级
1070203	收费站设备安装与土建	收费车道		按不同的设备分级
1070204	收费站设备费	收费车道		按不同的设备分级
1070205	收费车道设备安装与土建	收费车道		按不同的设备分级
1070206	收费车道设备费	收费车道		按不同的设备分级
1070207	收费系统配电工程	收费车道		按不同的设备分级
	……			
1070208	收费岛工程	收费车道	收费岛土建、收费亭	按不同的工程及设备分级
	……			
10703	监控系统	公路公里		
1070301	监控中心、分中心	公路公里		
107030101	监控中心、分中心设备安装	公路公里	含中心、分中心和隧道管理站等	按不同的设备分级
107030102	监控中心、分中心设备费	公路公里	含中心、分中心和隧道管理站等	按不同的设备分级
1070302	外场监控	公路公里		
107030201	外场监控设备安装	公路公里		按不同的设备分级
107030202	外场监控设备费	公路公里		按不同的设备分级
1070303	监控系统配电工程	公路公里		按不同的设备分级
	……			
10704	通信系统	公路公里		
1070401	通信系统设备安装	公路公里		按不同的设施分级
1070402	通信系统设备费	公路公里		按不同的设施分级
	……			

续上表

分项编号	工程或费用名称	单位	主要工作内容	备注
1070403	缆线安装工程	公路公里		主材与安装费分列
107040301	缆线安装	公路公里		
107040302	缆线主材费用	公路公里		
	……			
10705	隧道机电工程	km/座		指隧道双洞长度及座数。按单座隧道进行分级
1070501	×××隧道机电工程			下挂隧道机电工程项目分表
	……			
10706	供电及照明系统	km		不含隧道内供配电
1070601	供电系统设备及安装	公路公里		按不同的部位分级
107060101	场区供电设备安装	公路公里		按不同的设施分级
107060102	场区供电设备费	公路公里		按不同的设施分级
1070602	照明系统设备与安装	公路公里		
107060201	场区照明安装	公路公里		
107060202	场区照明系统设备费	公路公里	不含灯杆、灯架、灯座箱	
107060203	大桥照明安装	公路公里		
107060204	大桥照明设备费	公路公里	不含灯杆、灯架、灯座箱	
	……			
10707	管理、养护、服务房建工程	m²		
1070701	管理中心	m²/处		
107070101	房建工程	m²		
	……			
1070702	养护工区	m²/处		
107070201	房建工程	m²		注明砖混或框架等结构形式
107070202	附属设施	m²		围墙、大门、道路、场区硬化、照明、排水等,不含土石方工程
	……			
1070703	服务区	m²/处		
107070301	服务区房屋	m²		注明砖混或框架等结构形式
107070302	附属设施	m²	含围墙、大门、道路、场区硬化、照明、排水等,不含广场(场坪)土石方工程	广场(场坪)填挖土石方工程在主线土石方工程中
	……			
1070704	停车区	m²/处		

续上表

分项编号	工程或费用名称	单位	主要工作内容	备注
	……			
1070705	收费站(棚)	m²/处		
107070501	服务区房建工程	m²		注明砖混或框架等结构形式
107070502	收费大棚	m²		注明砖混或框架等结构形式
107070503	附属设施	m²	含围墙、大门、道路、场区硬化、照明、排水等,不含广场(场坪)土石方工程	广场(场坪)填挖土石方工程在主线土石方工程中
	……			
1070706	公共交通车站	处		
107070601	港湾式	处		
107070605	直接式	处		
	……			
108	绿化及环境保护工程	公路公里		
10801	主线绿化及环境保护工程	公路公里		下挂绿化及环境保护工程项目分表
	……			
10802	互通立交绿化及环境保护工程	处		
1080201	××互通立交绿化及环境保护	处		下挂绿化及环境保护工程项目分表
	……			
10803	管养设施绿化及环境保护工程	m²		按管养设施名称分级
1080301	××管理中心绿化及环境保护	m²		下挂绿化及环境保护工程项目分表
	……			
1080302	××服务区绿化及环境保护	m²		下挂绿化及环境保护工程项目分表
	……			
1080303	××停车区绿化及环境保护	m²		下挂绿化及环境保护工程项目分表
	……			
1080304	××养护工区绿化及环境保护	m²		下挂绿化及环境保护工程项目分表
	……			
1080305	××收费站绿化及环境保护	m²		下挂绿化及环境保护工程项目分表
	……			
10804	污水处理设施	处		按不同的内容分级
	……			
10805	取、弃土场绿化	处		下挂绿化及环境保护工程项目分表
	……			
109	其他工程	公路公里		
10901	联络线、支线工程	km/处		
1090101	××联络线、支线工程	km/处		下挂路基、路面、涵洞、桥梁、隧道、交通安全设施等工程项目分表

续上表

分项编号	工程或费用名称	单位	主要工作内容	备 注
	……			
10902	连接线工程	km/处		
1090201	××连接线工程	km/处		下挂路基、路面、涵洞、桥梁、隧道、交通安全设施等工程项目分表
	……			
10903	辅道工程	km/处		
1090301	××辅道工程	km/处		下挂路基、路面、涵洞、桥梁、隧道、交通安全设施等工程项目分表
	……			
10904	改路工程	km/处		下挂路基工程项目分表
	……			
10905	改河、改沟、改渠	m/处		下挂路基工程项目分表
	……			
10906	悬出路台	m/处		
10907	渡口码头	处		
10908	取、弃土场排水防护	m³		下挂路基工程项目分表
	……			
110	专项费用	元		
11001	施工场地建设费	元		
11002	安全生产费	元		
	……			
2	第二部分 土地使用及拆迁补偿费	公路公里		
201	土地使用费	亩		
20101	永久征用土地	亩		按土地类别属性分类
20102	临时用地	亩		按使用性质分类
202	拆迁补偿费	公路公里		
203	其他补偿费	公路公里		
	……			
3	第三部分 工程建设其他费	公路公里		
301	建设项目管理费	公路公里		
30101	建设单位(业主)管理费	公路公里		
30102	建设项目信息化费	公路公里		
30103	工程监理费	公路公里		
30104	设计文件审查费	公路公里		
30105	竣(交)工验收试验检测费	公路公里		
302	研究试验费	公路公里		

续上表

分项编号	工程或费用名称	单位	主要工作内容	备注
303	建设项目前期工作费	公路公里		
304	专项评价(估)费	公路公里		
305	联合试运转费	公路公里		
306	生产准备费	公路公里		
30601	工器具购置费	公路公里		
30602	办公和生活用家具购置费	公路公里		
30603	生产人员培训费	公路公里		
30604	应急保通设备购置费	公路公里		
307	工程保通管理费	公路公里		
30701	保通便道管理费	km		
30702	施工期通航安全保障费	处		
30703	营运铁路保通管理费	处		
	……			
308	工程保险费	公路公里		
309	其他相关费用	公路公里		
4	第四部分 预备费	公路公里		
401	基本预备费	公路公里		
402	价差预备费	公路公里		
5	第一至四部分合计	公路公里		
6	建设期贷款利息	公路公里		
7	公路基本造价	公路公里		

注:此项目表和分项编码文本及电子库由本办法主编单位统一管理。编制概算、预算时,应执行统一的分项编号。

附录二 路面工程项目分表

分项编号	工程或费用名称	单位	主要工作内容	备注
LM01	沥青混凝土路面			
LM0101	路面垫层	m²		按不同的材料分级
LM010101	碎石垫层	m²		按不同的厚度分级
LM010102	砂砾垫层	m²		按不同的厚度分级
	……			
LM0102	路面底基层	m²		按不同的材料分级
LM010201	石灰稳定类底基层	m²		按不同的厚度分级
LM010202	水泥稳定类底基层	m²		按不同的厚度分级
LM010203	石灰粉煤灰稳定类底基层	m²		按不同的厚度分级
LM010204	级配碎(砾)石底基层	m²		按不同的厚度分级
	……			
LM0103	路面基层	m²		按不同的材料分级
LM010301	石灰稳定类基层	m²		按不同的厚度分级
LM010302	水泥稳定类基层	m²		按不同的厚度分级
LM010303	石灰粉煤灰稳定类基层	m²		按不同的厚度分级
LM010304	级配碎(砾)石基层	m²		按不同的厚度分级
LM010305	水泥混凝土基层	m²		按不同的厚度分级
LM010306	沥青碎石混合料基层	m²		按不同的厚度分级
	……			
LM0104	透层、黏层、封层	m²		按不同的形式分级
LM010401	透层	m²		按不同的材料分级
LM010402	黏层	m²		按不同的材料分级
LM010403	封层	m²		按不同的材料分级
LM010404	沥青表处封层	m²		
LM010405	稀浆封层	m²		
LM010406	沥青同步碎石封层	m²		
LM010407	土工布	m²		
LM010408	玻璃纤维格栅	m²		
	……			
LM0105	沥青混凝土面层	m²		
LM010501	粗粒式沥青混凝土面层	m²		按不同的厚度分级
LM010502	中粒式沥青混凝土面层	m²		按不同的厚度分级
LM010503	细粒式沥青混凝土面层	m²		按不同的厚度分级

续上表

分项编号	工程或费用名称	单位	主要工作内容	备 注
LM010504	改性沥青混凝土面层	m²		按不同的厚度分级
LM010505	沥青玛蹄脂碎石混合料面层	m²		按不同的厚度分级
	……			
LM02	水泥混凝土路面	m²		
LM0201	路面垫层	m²		按不同的材料分级
LM020101	碎石垫层	m²		按不同的厚度分级
LM020102	砂砾垫层	m²		按不同的厚度分级
	……			
LM0202	路面底基层	m²		按不同的材料分级
LM020201	石灰稳定类底基层	m²		按不同的厚度分级
LM020202	水泥稳定类底基层	m²		按不同的厚度分级
LM020203	石灰粉煤灰稳定类底基层	m²		按不同的厚度分级
LM020204	级配碎(砾)石底基层	m²		按不同的厚度分级
	……			
LM0203	路面基层	m²		按不同的材料分级
LM020301	石灰稳定类基层	m²		按不同的厚度分级
LM020302	水泥稳定类基层	m²		按不同的厚度分级
LM020303	石灰粉煤灰稳定类基层	m²		按不同的厚度分级
LM020304	级配碎(砾)石基层	m²		按不同的厚度分级
LM020305	水泥混凝土基层	m²		按不同的厚度分级
LM020306	沥青碎石混合料基层	m²		按不同的厚度分级
	……			
LM0204	透层、黏层、封层	m²		按不同的形式分级
LM020401	透层	m²		按不同的材料分级
LM020402	黏层	m²		按不同的材料分级
LM020403	封层	m²		按不同的材料分级
LM020404	沥青表处封层	m²		
LM020405	稀浆封层	m²		
LM020406	沥青同步碎石封层	m²		
LM020407	土工布	m²		
LM020408	玻璃纤维格栅	m²		
	……			
LM0205	水泥混凝土面层	m²		按不同的材料分级
LM020501	水泥混凝土	m²		按不同的厚度分级
LM020502	钢筋	t		
LM03	其他路面	m²		按不同的类型分级
	……			

续上表

分项编号	工程或费用名称	单位	主要工作内容	备注
LM04	路槽、路肩及中央分隔带	m²		
LM0401	挖路槽	m²		按不同的土质分级
LM040101	土质路槽	m²		
LM040102	石质路槽	m²		
LM0402	路肩	km		
LM040201	培路肩	m³		
LM040202	土路肩加固	m³		按不同的加固方式分级
LM04020201	现浇混凝土	m³		
LM04020202	铺砌混凝土预制块(路边石)	m³		
LM04020203	浆砌片石	m³		
	……			
LM0403	中间带	km		
LM040301	回填土	m³		
LM040302	路缘石	m³		按现浇和预制安装分级
LM040303	混凝土过水槽	m³		
	……			
LM05	路面排水	km		按不同的类型分级
LM0501	拦水带	m		按不同的材料分级
LM050101	沥青混凝土	m²/m		
LM050102	水泥混凝土	m³/m		
LM0502	排水沟	m³/m		按不同的类型分级
LM050201	路肩排水沟	m³/m		
LM050202	中央分隔带排水沟	m³/m		
LM0503	混凝土过水槽	m³		
LM0504	排水管	m		按不同的类型分级
LM050401	纵向排水管	m		按不同的管径分级
LM050402	横向排水管	m/道		
LM0505	集水井	m³/个		按不同的规格分级
LM0506	检查井	m³/个		
	……			
LM06	旧路面处理	km/m²		按不同的类型分级
	……			

参 考 文 献

[1] 中华人民共和国行业标准. 公路工程预算定额:JTG/T 3832—2018[S]. 北京:人民交通出版社股份有限公司,2018.

[2] 中华人民共和国行业标准. 公路工程概算定额:JTG/T 3831—2018[S]. 北京:人民交通出版社股份有限公司,2018.

[3] 中华人民共和国行业标准. 公路工程估算定额:JTG/T 3821—2018[S]. 北京:人民交通出版社股份有限公司,2018.

[4] 中华人民共和国行业标准. 公路工程机械台班费用定额:JTG/T 3833—2018[S]. 北京:人民交通出版社股份有限公司,2018.

[5] 中华人民共和国行业标准. 公路工程建设项目概算预算编制办法:JTG/T 3830—2018[S]. 北京:人民交通出版社股份有限公司,2018.

[6] 中华人民共和国行业标准. 公路工程建设项目造价文件管理导则:JTG/T 3810—2017[S]. 北京:人民交通出版社股份有限公司,2018.

[7] 周庆华. 公路工程定额编制与运用[M]. 北京:人民交通出版社股份有限公司,2019.

[8] 焦莉. 公路工程造价与招投标[M]. 北京:高等教育出版社,2009.

[9] 石勇民. 公路工程定额管理与估价[M]. 2版. 北京:人民交通出版社,2013.

[10] 俞素平,宁金成. 公路工程定额与造价[M]. 北京:科学出版社,2011.

[11] 宾雪峰. 公路工程定额与造价[M]. 北京:人民交通出版社股份有限公司,2014.

[12] 俞素平,丁永灿. 公路工程造价与招投标[M]. 北京:人民交通出版社,2011.

[13] 高峰,张求书. 公路工程造价[M]. 北京:北京理工大学出版社,2010.

[14] 中华人民共和国交通运输部. 公路工程标准施工招标文件(2018年版)[M]. 北京:人民交通出版社股份有限公司,2018.